普通高等教育财会类专业规划教材

会计学原理

第 2 版

主　编　吕孝侠
副主编　吕　晨
参　编　刘朝敏

机械工业出版社

本书是在编者多年教学经验和实践工作积累的基础上编写完成的。首先介绍了会计的含义、特点、基本前提、职能、会计要素等基本内容，然后结合实用案例详细讲解了会计核算的七种专门方法，包括设置账户、复式记账、填制和审核凭证、登记账簿、成本计算、财产清查和编制财务报告。本书在内容安排上充分体现和突出了系统性、科学性、实用性，并由浅入深、循序渐进地安排和讲解了会计理论和方法。为更好地将会计理论应用于会计实践，每章都配有大量的案例以及思考题和练习题，并在书后附有练习题参考答案，因此，本书具有极强的实用性。

本书不仅可以作为高等院校普通本科会计学专业的教材，也可以作为经济与管理类其他专业的专业基础课教材，还可以作为广大会计人员和财务管理工作者的学习用书。

图书在版编目（CIP）数据

会计学原理/吕孝侠主编 . —2 版 . —北京：机械工业出版社，2019.6
普通高等教育财会类专业规划教材
ISBN 978-7-111-62934-4

Ⅰ. ①会⋯ Ⅱ. ①吕⋯ Ⅲ. ①会计学 – 高等学校 – 教材 Ⅳ. ①F230

中国版本图书馆 CIP 数据核字（2019）第 114155 号

机械工业出版社（北京市百万庄大街 22 号　邮政编码 100037）
策划编辑：刘鑫佳　　　　责任编辑：刘鑫佳　吴　洁
责任校对：陈　越　佟瑞鑫　封面设计：陈　沛
责任印制：郜　敏
北京圣夫亚美印刷有限公司印刷
2019 年 8 月第 2 版第 1 次印刷
184mm×260mm・18.5 印张・459 千字
标准书号：ISBN 978-7-111-62934-4
定价：44.80 元

电话服务　　　　　　　　网络服务
客服电话：010-88361066　机 工 官 网：www.cmpbook.com
　　　　　010-88379833　机 工 官 博：weibo.com/cmp1952
　　　　　010-68326294　金　书　网：www.golden-book.com
封底无防伪标均为盗版　　机工教育服务网：www.cmpedu.com

第2版前言

《会计学原理》自2014年2月出版以来，得到了广大授课教师、学生及会计从业人员等使用者的一致好评，至今已经重印了3次。在此衷心地感谢大家对本书的认可和支持！

目前，基于我国《企业会计准则》及相关法规和税法的改革与调整，考虑到书中有些内容需要进一步更新以满足广大使用者的需要，特对本书进行了修订。本次修订，除了秉承第1版的编写体例、编写风格、编写特色和主要内容外，还结合了《企业会计准则》、税法和税收制度、企业财务报告格式等最新的变化，对书中的相关内容进行了修订。为了体现这些变化，更好地服务于"会计学原理"的教学，本次修订主要做了如下增减和调整：

(1) 进一步补充和完善了会计原始凭证的种类和样式。

(2) 充分体现了税收法规的变化（如增值税税率的调整等），全面修改了有关增值税会计处理的内容。

(3) 按照财政部的有关要求进行了会计科目的补充和调整，例如，增加"合同资产""合同负债""持有待售资产"等会计科目，将原"营业税金及附加"科目更新为"税金及附加"科目，并对其核算内容的变化进行了阐述。

(4) 根据财政部新发布和修订的《企业会计准则》及《关于修订印发2018年度一般企业财务报表格式的通知》，对第1版教材中的相关内容进行了全面修改。

(5) 根据教材使用者反馈的意见和建议，对教材中的例题和练习题等内容进行了补充、修改和完善。

本次修订由天津城建大学吕孝侠任主编并确定修订的思路和提纲，天津城建大学吕晨任副主编，天津农学院刘朝敏参编。本次修订依然保持原有分工不变，全书共九章，其中第一、四、八和九章由吕孝侠编写；第二、三、五和六章由吕晨编写；第七章由刘朝敏编写。最后由吕孝侠总纂定稿。

本书在修订过程中，参考了有关专家、学者的优秀著作、教材和其他相关文献，在此一并表示感谢！我们查阅了大量的资料，也付出了很多的精力，但受时间和水平所限，书中不妥之处在所难免，恳请读者多提宝贵意见和建议，以便我们进一步修订完善。

编　者

第 1 版前言

随着经济的快速发展，会计信息对于投资者、债权人及相关的信息使用者和决策者来说越来越重要。会计工作者所从事的工作就是会计信息的收集和整理工作，并定期为会计信息使用者提供全面、系统、科学、有用的会计信息资料。本书是根据我国2006年2月15日财政部发布的《企业会计准则》及此后出台的《企业会计准则应用指南》的相关规定编写而成的，吸收了目前国际上先进的会计理论和方法，融合了学生将来从事经济及管理工作对会计基本知识的需求，系统、全面、科学地阐述了会计核算的基本理论和方法，以帮助学生们尽快掌握会计学基本原理和方法，为其将来能够成为优秀的会计信息提供者（即会计工作者）奠定扎实的基础。

"会计学原理"课程是会计学专业的专业基础课，对于会计学专业的学生来说，学好"会计学原理"至关重要，因为这将直接影响他们后续课程的学习和将来的就业，乃至一个人一生的职业规划和发展。而对于非会计学专业的其他经济与管理类专业的学生来说，即使他们将来不从事会计工作，也是会计信息的使用者，培养这些学生分析和利用会计信息的能力远比培养他们提供会计信息的能力重要。

"会计学原理"课程，从内容上讲，既涉及理论又涉及实践，从方法上讲，既抽象又实用，对于初涉会计领域或刚刚接触"会计学原理"课程的初学者来说确实有一定的难度。但如果能够跟随本书由浅入深地系统学习，则掌握这门课程的理论和方法将不再是难事。

会计核算的方法就是对企业的经济交易或者事项进行确认、计量、记录和报告，以核算和监督企业经济活动的方法。这些会计核算方法主要包括设置账户、复式记账、填制和审核凭证、登记账簿、成本计算、财产清查和编制财务报告七种专门方法。本书在阐述相关概念和会计理论的基础上，主要进行会计核算方法的讲解，并结合大量的实用案例介绍会计方法的运用，以帮助学习者尽快地理解和掌握会计核算的基本理论和方法。此外，本书每章都给出了本章的教学目的，以帮助和引导学习者开始一章的预习，理顺学习思路。各章章末均配有思考题、练习题等多种强化训练题，并在书后附有练习题参考答案，以方便学习者理解各章知识，巩固各章所学内容并强化实务训练。

本书编写人员多年在普通高等院校本科会计学专业从事教学工作，具有丰富的教学经验，了解学生的学习需求，同时也了解现有人才市场对应用型人才的需求状况。因此，根据各教学单位培养会计学专业人才的教学需求和各单位会计岗位人员继续教育学习的需要，编写了《会计学原理》这本书，以帮助学生及相关读者尽快掌握会计基本理论及核算方法，为后续课程的学习和更好地胜任会计工作奠定扎实的理论基础。

本书除主要用于普通本科院校会计学、财务管理、审计学等专业教学外，也适用于经济与管理类其他专业的"会计学原理"课程的教学，还可以作为会计人员继续教育及高等职业技术院校的会计学专业教学用书或参考用书。

  本书由天津城建大学经济与管理学院吕孝侠任主编，负责结构设计和写作提纲的确定，并承担部分编写任务。天津城建大学经济与管理学院吕晨任副主编，天津农学院财务处刘朝敏参与编写。

  本书共九章，其中第一、四、八和九章由吕孝侠编写；第二、三、五和六章由吕晨编写；第七章由刘朝敏编写。最后由吕孝侠总纂定稿。

  本书在写作过程中，参考了有关专家、学者的优秀著作、教材和其他相关文献，在此一并表示感谢！

  受时间和水平所限，书中不妥之处在所难免，恳请读者批评指正。

编　者

目 录

第2版前言
第1版前言

第一章　总论 ··· 1
第一节　会计的产生与发展 ······················· 1
第二节　会计的含义及特点 ······················· 3
第三节　会计核算的基本前提和基础 ········· 4
第四节　会计目标与会计信息的质量要求 ··· 6
第五节　会计的职能 ································· 9
第六节　会计对象与会计要素 ··················· 9
第七节　会计核算方法 ···························· 21
思考题 ··· 22
练习题 ··· 23

第二章　会计科目与会计账户 ················ 26
第一节　会计科目 ···································· 26
第二节　会计账户 ···································· 32
思考题 ··· 41
练习题 ··· 41

第三章　复式记账 ··································· 44
第一节　复式记账原理 ···························· 44
第二节　借贷记账法 ································ 47
思考题 ··· 56
练习题 ··· 56

第四章　借贷记账法的运用 ···················· 60
第一节　企业主要经济业务概述 ·············· 60
第二节　资金筹集的核算 ························· 61
第三节　供应过程的核算 ························· 68
第四节　生产过程的核算 ························· 75
第五节　销售过程的核算 ························· 86
第六节　财务成果的核算 ························· 93
思考题 ··· 99
练习题 ··· 99

第五章　会计凭证 ································· 104
第一节　会计凭证概述 ·························· 104
第二节　原始凭证 ·································· 106
第三节　记账凭证 ·································· 115
第四节　会计凭证的传递与保管 ············ 122

思考题 ··· 124
练习题 ··· 124

第六章　会计账簿 ································· 127
第一节　会计账簿概述 ·························· 127
第二节　账簿的设置与登记 ···················· 131
第三节　结账和对账 ······························ 146
第四节　错账的查找和更正 ···················· 149
第五节　会计账簿的更换和保管 ············ 152
思考题 ··· 153
练习题 ··· 153

第七章　财产清查 ································· 159
第一节　财产清查概述 ·························· 159
第二节　财产清查的方法及其运用 ········· 162
第三节　财产清查结果的账务处理 ········· 167
思考题 ··· 171
练习题 ··· 171

第八章　账务处理程序 ·························· 175
第一节　账务处理程序概述 ···················· 175
第二节　记账凭证账务处理程序 ············ 176
第三节　汇总记账凭证账务处理程序 ····· 177
第四节　科目汇总表账务处理程序 ········· 179
第五节　日记总账账务处理程序 ············ 181
第六节　账务处理程序运用举例 ············ 183
思考题 ··· 209
练习题 ··· 209

第九章　财务报告 ································· 214
第一节　财务报告概述 ·························· 214
第二节　资产负债表 ······························ 216
第三节　利润表 ····································· 227
第四节　现金流量表 ······························ 234
第五节　所有者权益变动表 ···················· 239
第六节　报表附注 ·································· 242
思考题 ··· 242
练习题 ··· 243

附录　练习题参考答案 ··························· 246
参考文献 ·· 290

第一章 总 论

【教学目的】

> 通过本章学习，学生应当了解并掌握：
> 1. 会计的产生与发展。
> 2. 会计的含义及特点。
> 3. 会计核算的基本前提和基础。
> 4. 会计目标与会计信息的质量要求。
> 5. 会计的职能。
> 6. 会计对象与会计要素。
> 7. 会计核算方法。

第一节 会计的产生与发展

一、会计的产生

会计是社会进步和经济发展的必然，是随着社会生产实践和经济管理的客观需要而产生的，在实践过程中不断丰富和完善，继而形成现在规范、科学的会计理论，并用于指导实践，以满足社会、经济不断发展的需要，因此，才有了"经济越发展，会计越重要"的科学论断。

人类要生存，社会要发展，就必须要有物质资料的生产，而物质资料的生产又必然产生一定的人、财、物的耗费。在物质资料生产的过程中，人们总是力求以尽可能少的耗费，取得尽可能多的物质财富和劳动成果。在此过程中，为了适应生产实践和经济管理的客观需求，需要借助专门的方法对各种人、财、物的耗费及物质财富和劳动成果进行确认、计量、记录和报告，以反映社会、经济发展的过程及结果。这种专门的方法便是会计，会计是一门应用性科学。

二、会计的发展

会计作为一门应用性科学，与其他科学一样，均经历了从无到有、从简单到复杂、从低级到高级、从不完善到完善、从实践上升到理论，再由理论反过来指导实践的极为漫长的发展历程。

会计的发展进程，从时间上来讲，大致可以划分为三个阶段，即古代会计、近代会计和现代会计。

1. 古代会计

从时间上看，古代会计是从会计的产生到复式簿记出现这一期间，大约是旧石器时代的中、晚期到封建社会末期，即1494年世界上第一部专门论述复式簿记的书籍——《算术、几何及比例概要》出现之前。

在人类社会发展的历史长河中，早在旧石器时代的中、晚期就有了原始的计算、记录行为。尽管当时的人们还不能进行科学规范的账务处理，也没有专职的人员去从事会计工作，他们仅凭大脑进行记忆，但那毕竟是会计的雏形。后来随着生产活动的日益复杂，单凭记忆已经不能满足经济发展的需要，便出现了借助于简单的符号进行计算和记录，如"结绳记事""刻石记事"等。尽管如此，这种原始的经济计算和记录等工作，还不能作为独立的会计工作而存在，依然停留在属于生产职能的一部分的层面。在人们生产活动过程中，还不能科学地进行生产耗费、成果分配等的计算和记录。

到了原始社会末期，随着社会生产力的提高和生产规模的扩大，生产力有了发展，剩余产品出现，劳动过程中的计算和记录内容逐渐增多，生产者已无暇兼顾计算和记录工作。这时，便有了由专人负责计算和记录的活动，即会计从生产职能中分离出来，标志着会计的诞生。

在我国奴隶社会的西周时期，就设立了叫"司会"的官吏，专司朝廷钱粮收支，并进行"月计岁会"，即"零星算之为计，总合算之为会"。

到了封建社会的宋朝，产生了用以反映钱粮的"四柱清册"，即"旧管""新收""开除""实在"四个项目，并以"旧管＋新收－开除＝实在"清晰地表达了各项目间的内在关系，充分体现了我国古代劳动人民的聪明才智。"旧管""新收""开除""实在"四个项目，相当于现代会计的期初结存、本期收入、本期支出、期末结存，这四者的数量关系是：期初结存＋本期收入－本期支出＝期末结存。

明清时期，随着商品经济的发展，开始用货币计量各种收入和支出。在清朝时期出现了龙门账。龙门账是将账目划分为进、缴、存、该，并采用"进－缴＝存－该"作为计划手段，年终通过进与缴对比、存与该对比、确定盈亏，称为"合龙门"。此时的中国会计已经有了由单式记账向复式记账发展的现实积累和理论思维，但由于受当时中国社会落后的影响和经济发展的停滞，致使中国会计的发展也停滞不前。

2. 近代会计

从时间上看，近代会计是从1494年世界上第一部专门论述复式簿记的书籍——《算术、几何及比例概要》出版，至20世纪50年代初。

1494年，意大利传教士卢卡·帕乔利（Luca Pacioli）所著的《算术、几何及比例概要》一书出版。该书第一次系统地介绍了借贷复式记账法，并从理论上对借贷复式记账法进行了阐述，为复式簿记在全世界的广泛应用奠定了基础。卢卡·帕乔利所著的《算术、几何及比例概要》的问世，是近代会计的一个重要里程碑，标志着近代会计的开始，卢卡·帕乔利也因此被称为"现代会计之父"。

随着英国社会化大生产和劳动分工、专业化的不断发展，股份公司出现，使得企业经营权和所有权分离，企业的经营者有责任向股东、债权人、证券交易机构、政府管理机构、潜在投资者提供真实、准确的财务报告，以反映公司的经营状况及经营成果。为了防止编制报告时各行其是，会计界便形成了一套有关财务报告的规范和准则，称为"公认会计原则"。1854年，在英国爱丁堡首创了"执业会计师制度"，世界上第一个会计师协会——会计师公会成立，这是近代会计的又一个里程碑，标志着会计工作从只服务于某一会计主体，扩展到可以为所有的会计主体和所有的报告阅读人服务。"公认会计原则"和"执业会计师制度"是现代会计最基本的特征，奠定了现代会计理论的基础。

3. 现代会计

从时间上看，现代会计是从20世纪50年代至今。

进入20世纪，由于企业组织形式实现了革命性的变革、股份公司数量快速增加，对会计产生了最直接的影响，主要有两个方面：一是经营者要定期向股东、债权人、证券交易机构、政府管理机构、潜在投资者提供财务报告；二是产生了评价经理人履行职责的客观需要。这已证明会计的作用越来越重要，经济管理工作对会计的要求越来越高。

美国等西方国家为了使会计工作规范化，先后研究和制定了会计原则（后改称为会计准则），把会计理论和会计方法推向了一个新的水平。

20世纪50年代以后，会计领域由于引入了信息论、控制论、系统论、现代数学、行为科学等学科，不但丰富了会计学的基本理论内容，而且促使传统的会计逐渐形成了相对独立的两个分支：财务会计和管理会计。

从核算手段上看，随着科学技术的迅猛发展，会计核算也由原来的纯手工会计向电算化会计过渡和转化，使会计人员从烦琐的劳作中解脱出来，也大大提高了会计信息的生成效率和利用率。手工簿记被电算化会计取代，是现代会计一次技术手段的革命，标志着会计发展史上的簿记时代已经结束。

此外，现代会计还产生了许多新的领域，如物价变动会计、人力资源会计等。

从会计的产生和发展过程可以看出，社会经济的发展直接决定了会计的发展，"经济越发展，会计越重要"这一著名论断也早已被实践所证明。

第二节 会计的含义及特点

一、会计的含义

关于会计的含义，即什么是会计，学术界已争论多年，学者们有着不同的观点，各执己见。但无论哪种观点，都只停留在学术观点的分歧上。究其原因，关键在于人们对会计本质的认识存在着不同的看法，而对会计本质的认识不同，便产生不同的会计含义。

对会计本质问题的理论研究主要集中在20世纪，至今仍无定论。但从中外学者对会计本质问题所形成的主流学派来看，主要包括会计管理活动论、会计信息系统论和受托责任论三种观点。

1. 会计管理活动论

会计管理活动论认为，会计是一种经济管理活动。会计在进行核算和监督的过程中，需要按照国家的有关法律、规章、制度及企业的内部管理制度等进行核算的同时，也在履行监督的职能，以便如实地反映企业的生产经营过程及结果，其目的在于提高经济效益。会计进行核算和监督的过程就是在参与经济管理活动。

2. 会计信息系统论

会计信息系统论认为，会计是一种经济信息系统，旨在向利害相关的各单位或个人，提供对企业或单位富有意义的以财务信息为主的经济信息。会计运用其专门的方法，进行经济业务的确认、计量、记录的目的在于向投资者、债权人、政府相关部门、潜在投资者等提供财务报告。财务报告对投资者、债权人等使用者而言是指导决策的重要信息，对税务机关而言是依法收税的依据等，对其他报告使用者而言也是有用的信息。

3. 受托责任论

受托责任论认为，会计基于委托—代理关系，受托方接受委托，管理委托方所交付的资源，并向资源委托方报告受托责任履行情况。受托责任论产生的经济背景是在企业所有权与经营权相分离的前提下，投资者与经营者之间的委托与受托关系。受托方承担有效地管理与应用受托资源，并使其保值、增值的责任。

基于会计管理活动论的观点，本书将会计的概念界定为：会计是以货币为主要计量单位，以凭证为依据，借助于专门的技术方法，对一定会计主体的经济活动进行连续、系统、全面的核算与监督，并向会计信息使用者提供会计信息的一种经济管理活动。

二、会计的特点

1. 以货币为主要计量单位

会计核算主要是利用货币量度，综合反映各单位的经济活动过程和结果。当然也不排除其他量度单位的辅助使用，如对经济活动过程和结果的数量进行反映时，可以采用实物量度、货币量度和劳动量度。由于经济活动的复杂性，要想综合反映和比较不同类别的经济活动及其结果，只能使用货币量度，所以会计核算中以货币作为主要计量单位。

2. 以凭证为依据

会计所提供的信息资料只有真实、可靠，才能客观地反映企业经营管理的过程及结果。因此，会计要想提供真实、准确的信息资料，就必须依据符合会计核算要求的凭证进行会计业务处理，即企业必须准确填制和严格审核会计凭证，以保证依据会计凭证所登记的账簿真实可靠，继而保证会计信息的真实、可靠。

3. 对经济活动进行连续、系统、全面的核算与监督

会计核算的连续性是指按经济业务发生的时间顺序进行不间断的计量、记录、报告；会计核算的系统性是指对会计对象要按科学的方法进行分类，进行系统的加工、整理、汇总，以便提供经济管理所必需的数据资料；会计核算的全面性是指对会计核算的所有内容都要进行计量、记录、报告，不能有任何遗漏。

4. 核算方法具有特殊性

会计的方法是指用来核算和监督会计对象，实现会计职能，执行和完成会计任务的手段。会计是由会计核算、会计分析和会计检查三个主要部分组成。会计核算是会计的基本环节。会计核算的方法比较特殊，主要包括：设置账户、复式记账、填制和审核凭证、登记账簿、成本计算、财产清查、编制财务报告。会计核算的这些方法是相互联系、密切配合的，构成了一个完整的方法体系。

第三节　会计核算的基本前提和基础

一、会计核算的基本前提

会计核算中的确认、计量、记录和报告，需要在一定的前提条件下进行。会计核算的基本前提又称会计假设，是对会计核算所处的时间、空间环境及计量尺度等所做的合理设定。我国《企业会计准则——基本准则》规定了四个会计基本前提，即会计主体、持续经营、会计分期和货币计量。

1. 会计主体

会计主体是指会计为之服务的特定单位或组织，即会计实体。会计主体为会计核算和财务报告明确了空间范围和界限，会计主体以是否进行独立会计核算为主要确认依据，能够进行独立会计核算的即为会计主体，不能进行独立会计核算的即不是会计主体。我国《企业会计准则》也明确了企业从事会计工作和提供会计信息的空间范围，如"企业应当对其本身发生的交易或者事项进行会计确认、计量和报告"。企业会计核算有了这样的空间范围，会计人员在业务核算时就能够明确哪些经济活动应予核算和监督，哪些活动不应在会计核算和监督的范围之内。

应注意和加以区分的是，会计主体与法律主体不同。法律主体是法律上承认的、拥有独立财产、能够独立承担民事责任和享受权利的主体，包括法人和自然人。任何一个法人都要按规定进行会计核算，自然人一般不需要进行会计核算，因此法人一定是会计主体，自然人一般不作为会计主体。会计主体不一定是法律主体。任何在工商管理部门登记注册的企业，都是会计主体，但企业中非独立法人的分支机构也可以是独立核算的会计主体，但却不是法律主体。

2. 持续经营

我国《企业会计准则——基本准则》规定，企业会计确认、计量和报告应当以持续经营为前提。持续经营是假设企业在可预见的未来，能够按照预期的发展目标永远经营下去，不会破产清算。这只是企业应用会计核算理论、核算方法，及时提供会计信息的一个基本前提和假设。如果企业终止经营、破产清算，则需要按清算规则进行业务处理。所以，企业在正常经营情况下，其资产、负债、所有者权益、收入、费用、利润都必须按照常规的会计方法进行核算，即在持续经营前提下进行核算。

3. 会计分期

企业的经营是一个连续不断的过程，要想确切地核算企业最终的经营成果，理论上讲需要等到会计主体终止经营，才可得出结论。然而，事实上企业不可能等到终止经营时再去计算其经营成果。因为企业在其经营过程中，本身要随时了解企业的经营状况、经营成果及企业经营管理中存在的各种问题，企业外部的投资者、债权人及相关利益者也需要及时了解企业的经营状况及经营成果等相关信息，为此，将一个企业连续不断的生产经营活动划分成若干相等的期间，这就是会计分期。我国《企业会计准则——基本准则》规定，企业应当划分会计期间，分期结算账目和编制财务报告。

会计期间分为年度和中期。按年划分的会计期间称为会计年度。我国企业的会计年度与日历年度相同，即每年1月1日至12月31日为一个会计年度。中期是指短于一个完整的会计年度的报告期间，如半年度、季度和月度。有些国家或地区的会计年度与日历年度并不相同，如我国香港特别行政区政府机构以当年的4月1日至下一年的3月31日为一个会计年度，还有的以当年的7月1日至下一年的6月30日为一个会计年度。

4. 货币计量

货币计量是指企业在会计核算过程中统一采用货币作为计量单位。对于日常会计核算选用何种货币作为记账本位币，取决于生产经营活动中的交易或事项主要以何种货币结算。在我国，会计核算要求采用人民币作为记账本位币。同时也规定，业务收支以外币为主的单位也可以选择某种外币作为记账本位币，但编制的财务报告应当折算为人民币反映。在境外设立的中国企业向国内报送的财务报告，应当折算为人民币报送。

需要注意的是，货币计量的前提假设，其实还有另外一层含义，即币值稳定的假设。货币是通过其购买力或物价水平予以体现其自身价值的，当物价水平变动时，币值也会随之变动。当出现通货膨胀时，货币计量将遭遇挑战并受到冲击，此时，需要采用特殊会计准则予以解决。

二、会计基础

会计基础是会计确定记账时间点的标准。由于企业在生产经营活动过程中，会出现经济业务发生的时间与款项结算时间不在同一会计期间的情况，那么，这些经济业务所产生的结果到底应该归属于哪一个会计期间，需要有合理的标准予以确定。因此，在会计分期假设下，就出现了权责发生制和收付实现制两种会计基础。

权责发生制又称应计制或应收应付制，是指凡是当期已经实现的收入和已经发生或应当负担的费用，无论款项是否收付，都应作为当期的收入和费用，计入利润表；凡是不属于当期的收入和费用，即使款项在当期已经收到或已经付出，也不应当作为当期的收入和费用。

收付实现制又称现金制或实收实付制，是指凡是在本期收到的款项和支付的费用，不论是否属于本期，都应当作为本期的收入和费用处理；反之，即使收入取得或费用发生，没有实际款项的收入或付出，也不应作为当期的收入和费用入账。

权责发生制强调的是权力、责任的形成和发生，收付实现制强调的是款项是否收付。二者的业务处理时间的确定标准不同。

我国《企业会计准则——基本准则》第九条规定："企业应当以权责发生制为基础进行会计确认、计量和报告。"

第四节 会计目标与会计信息的质量要求

一、会计目标

会计目标也称会计目的，是会计工作应达到的标准。不同的经济发展时期、不同的社会经济环境、不同的企业或组织，其会计目标均不相同。这里仅就企业会计的目标加以分析。在市场经济条件下，企业会计的总体目标是实现经济效益和企业价值最大化。企业会计的具体目标表现在以下几点。

1. 为国家提供会计信息

国家是社会经济活动的组织者和管理者，国家在运用经济手段对国民经济实行宏观调控时，所需要的经济信息大部分来源于各会计主体提供的财务报告。所以，企业为国家提供真实、有效的会计信息，是企业财务会计的重要工作任务及目标。

2. 为企业外部的信息使用者提供会计信息

企业外部的信息使用者主要是指企业的投资者、债权人、供应商、经销商及财政、税收、审计等部门及个人。这些企业外部的信息使用者，在投资、贷款、业务往来及税收征管等方面，都需要及时了解企业的财务状况、经营成果及现金流量等多方面信息。信息使用者出于利益的考虑，政府部门出于其实现政府职能的考虑，都非常关注企业的经营状况及成果，因此，企业有义务提供真实、可靠的财务会计信息，以便信息使用者做出正确的决策。

3. 为企业内部管理者提供会计信息

从会计的角度来说，企业为实现经济效益和企业价值最大化的目标，必须提升企业的综合管理水平，增强企业的市场竞争力。而这又与企业内部管理是密不可分的。企业内部管理中的经营决策、筹资决策、投资决策等又都离不开企业财务会计信息资料的分析和评价，为此，企业财务会计核算的信息资料，不仅是为企业外部的信息使用者提供的，也是为企业内部信息使用者提供的。为企业内部信息使用者提供会计信息，也是企业财务会计的具体目标之一。

4. 为企业管理层受托责任履行情况的评价提供依据

在现代企业管理中，企业的管理层是接受投资者和债权人的委托经营管理企业的受托者，他们不仅拥有资产管理权限，还负有保证企业资产的安全完整，使企业资产不断增值的责任。企业管理层在受托期间能否很好地履行受托责任，企业的投资者和债权人等委托人也要定期或经常对受托责任者进行客观评价。对受托责任者的评价依据就是财务会计核算的信息资料，通过对会计信息的分析，可以帮助投资者和债权人根据分析和评价结果做出对受托者继续任用或更换的决策。因此，财务会计提供反映企业管理层受托责任履行情况的会计信息，也是财务会计的具体目标之一。

二、会计信息质量要求

会计信息质量要求是对企业财务报告所提供的会计信息质量的基本要求，是使财务报告中所提供会计信息对投资者决策有用应具备的基本特征。根据我国企业会计准则的规定，企业会计信息质量要求包括以下八个方面。

1. 可靠性

可靠性要求企业应当以实际发生的交易或者事项为依据进行会计确认、计量和报告，如实反映符合确认和计量要求的各项会计要素及其他相关信息，保证会计信息真实可靠、内容完整。会计信息的可靠性包括真实性、客观性、完整性三方面含义。

会计信息的真实性是指会计应当如实核算企业发生的经济业务，不得对没有发生的或者尚未发生的交易或者事项进行确认、计量和报告。

会计信息的客观性是指会计对企业的经济活动进行确认、计量和报告时，应尊重客观事实，不能主观臆断。

会计信息的完整性是指在符合重要性和成本效益原则的前提下，不能随意遗漏或者减少应予披露的信息，保证会计信息的全面完整。

2. 相关性

相关性要求企业提供的会计信息应当与财务报告使用者的经济决策需求相关，有助于财务报告使用者对企业过去、现在或者未来的情况做出评价或者预测。

会计信息的价值在于是否有用，如果企业所提供的会计信息能满足使用者的经济决策需求，对信息使用者进行正确决策有帮助，则体现了会计信息的相关性，否则，会计信息就不具有相关性。

3. 可理解性

可理解性要求企业提供的会计信息应当清晰明了，便于使用者理解和使用。企业为会计信息使用者提供的会计信息不能含义模糊不清，也不能过于专业让信息使用者无法理解，当然也不是越简单越好。企业提供的会计信息应该是在保证充分披露所有重要事项的同时，避免过于烦琐，以免引起会计信息使用者理解混乱，最终影响信息使用者的决策。

4. 可比性

企业提供的会计信息应当具有可比性。可比性包括企业自身的纵向可比，也包括企业间的横向可比。同一企业不同时期发生的相同或者相似的交易或者事项，应当采用一致的会计政策，不得随意变更；确实需要变更的，应当在报表附注中说明，以保证企业会计信息资料纵向可比。不同企业发生的相同或者相似的交易或者事项，应当采用规定的会计政策，确保会计信息口径一致、相互可比，以使不同企业按照一致的确认、计量和报告要求提供有关会计信息，保证企业间会计信息资料横向可比。

5. 实质重于形式

我国《企业会计准则——基本准则》第十六条对实质重于形式提出了要求："企业应当按照交易或者事项的经济实质进行会计确认、计量和报告，不应仅以交易或者事项的法律形式为依据。"

企业发生的交易或事项的经济实质和法律形式在多数情况下是一致的，个别情况下二者不一致。当二者不一致时，企业会计人员在进行职业判断时，应该注重按经济实质进行会计确认、计量和报告，不能仅以交易或事项的法律形式进行确认、计量和报告，以保证会计信息的真实可靠，有利于会计信息使用者的决策。例如，企业以融资租赁方式租入的固定资产，从法律形式上讲企业并不拥有其所有权，但是从其经济实质上看，承租企业能够实际控制该资产，并能拥有该资产所创造的未来经济利益和承担相应的风险及损失，因此，承租企业应当将其视为自有资产进行管理和反映，列入企业的资产负债表。

6. 重要性

重要性要求企业提供的会计信息应当反映与企业财务状况、经营成果和现金流量有关的所有重要交易或者事项。

重要的交易或者事项对会计信息使用者的决策有较大影响，因此，应分项核算、详细反映、重点报告或披露。不重要的交易或者事项在保证真实性情况下，可以简化核算、合并反映、无须详细报告。那么一项具体的交易或者事项重要与否，会因企业的性质和规模的不同而不同。因此，在现实核算中某项交易或事项是否重要，需要会计人员进行职业判断，并予以区分。主要的判断依据有两个：一是在考虑企业所处环境和现实情况的基础上，从项目的性质和金额方面加以判断；二是考虑会计信息使用者在没有得到或得到错误信息时对其决策是否会产生重大影响加以判断。

7. 谨慎性

谨慎性要求企业对交易或者事项进行会计确认、计量和报告应当保持应有的谨慎，不应高估资产或者收益、低估负债或者费用。企业在不确定性因素存在的情况下进行职业判断时，应当充分估计各种风险和损失，尽可能不高估资产或者收益，也不低估负债或者费用，这样也可以体现出应有的谨慎。

8. 及时性

及时性要求企业对于已经发生的交易或者事项，应当及时进行确认、计量和报告，不得提前或者延后。任何信息都有时效性，会计信息也不例外。因此，企业应该在规定的时间内及时提供会计信息，以保证会计信息使用者充分、有效地利用会计信息。及时性也要求企业在日常的业务核算过程中，及时收集、加工处理会计信息并及时传递会计信息。

第五节 会计的职能

会计的职能是指会计在经济管理活动中所具有的功能。随着社会经济的不断发展和经济管理需求的逐步提高，会计职能的内涵也在不断扩展和充实。根据会计的含义及特点，会计的基本职能有两个：会计核算和会计监督。

一、会计核算

会计核算职能是会计最基本的职能，因为，会计核算工作是企业全部会计工作的基础，贯穿企业经济活动的全过程。所谓会计核算，是指以货币为主要计量单位，运用一系列的专门方法和程序对企业经济活动进行连续、系统、全面的确认、计量、记录和报告，为各利益相关者提供财务会计信息的行为。

会计核算实际工作中，会计确认和计量是记录的前提，记录是确认和计量的结果。财务报告是会计信息系统的最终环节，也是确认、计量、记录的结果和目的。财务部门在其日常的会计核算工作中，针对不同的经济业务可能同时出现确认、计量、记录工作，而对于一项经济业务来说是有先后顺序的，应该是先确认和计量，再进行记录，期末结账后才能进行财务报告。那么，什么是会计确认、计量、记录和报告呢？会计确认是指决定交易或事项中的某一项目作为一项会计要素加以记录和列入财务报表的过程，是财务会计的一项重要程序。确认主要解决应不应该确认、如何确认、何时确认的问题。会计确认分为初始确认和财务报表中的最终确认。计量是指根据被计量对象的计量属性，以货币或其他度量单位确定其货币金额或其他数量的过程，主要解决记录多少的问题。记录是指对已确认的会计事项运用会计专门方法进行数量登记的过程。报告是指将已记录的数据资料，以表格或文字形式报告给会计信息使用者。

二、会计监督

会计监督职能是指以财经法律、法规及准则、制度等为准绳或标准，对企业经济活动的全过程进行合法性、合理性的检查、控制和评价。会计监督职能有三种表现：事前监督、事中监督和事后监督。事前监督是指参与经济预测、计划或预算的编制等。事中监督体现在企业日常财务会计核算过程中，因为会计核算是对企业经济活动是否符合国家政策、法规的一种真实体现，会计核算的过程本身也是一种会计监督。事后监督是指以事先制定的目标、标准为依据，对已完成的经济活动的合法性、合理性、经济效益及计划完成情况进行客观的考核和评价。

第六节 会计对象与会计要素

一、会计对象

会计对象就是会计核算和监督的内容，具体来讲，会计对象就是特定主体的资金运动。资金在不同企业单位、事业单位、行政单位或其他组织中的运动具有较大的差异。即使是在企业单位，由于行业归属及其经济活动特点不同，各企业资金的运动也有较大差异。在各行业的企业中，制造业企业处于基础产业环节，它的生产经营过程最具有完整性和代表性。因此，本书以制造业企业为例，说明制造业企业（以下简称企业）的资金运动过。企业的资金运动过程如图1-1所示。

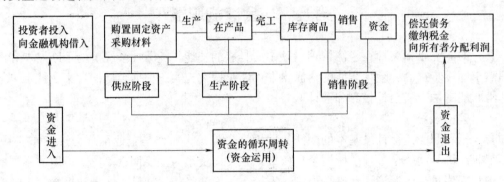

图1-1 资金运动过程

企业会计核算的具体对象从资金的循环周转方面来说主要包括供应、生产、销售全过程的资金运动。其中，供应阶段是指企业采购各种材料及购置生产经营和管理所用设备，用以保证生产正常运行的必备物资；生产阶段是指企业耗费材料、人工、设备等，将材料加工、制造至最后一道工序成为产成品，经检验合格验收入库后，便形成企业可供对外销售库存商品的过程；销售阶段是企业将库存商品销售出去，收回货款、缴纳税金等活动。企业通过销售收回货款后，大部分资金将再次用于维持简单再生产或扩大再生产，进行供、产、销三大核心环节周而复始的生产经营活动，少部分资金将退出企业的资金循环和周转，如偿还债务、缴纳税金、向所有者分配利润等。

企业会计核算的具体对象从资金形成及使用环节来说还包括筹资、投资、收入实现、成本计算、利润形成与分配等。从资金进出的环节来说主要包括资金进入、资金运用（即资金的循环周转）和资金退出三个阶段的资金运动。企业作为从事产品生产和经营的营利性单位，要想从事产品生产和经营活动，就必须先进行资金的筹集，以满足企业资金运动的需要。企业开办时筹集资金的渠道主要有投资者投入和向金融机构借入两种。筹集资金后，就是如何运用资金的问题，企业运用资金主要是用于购置固定资产、采购材料、雇佣人工等各项耗费。企业销售产品并收回资金后就要进行资金的分配，以实现企业的简单再生产或扩大再生产和资金的退出。

二、会计要素

会计对象是企业的资金及其运动。会计要素是对财务会计对象的基本分类。财务会计要素按其性质可分为资产、负债、所有者权益、收入、费用和利润。其中，资产、负债和所有者权益是反映企业财务状况的要素，是构成资产负债表的要素；收入、费用和利润是反映企业经营成果的要素，是构成利润表的要素。

（一）资产

1. 资产的定义及特征

资产是指企业过去的交易或事项形成的，由企业拥有或者控制的，预期会给企业带来经济利益的资源。根据资产的定义，资产具有以下特征。

（1）资产预期会给企业带来经济利益。资产预期会给企业带来经济利益是指资产具有直接或者间接导致现金和现金等价物流入企业的潜力。这种潜力来源于企业的日常生产经营活动和非日常生产经营活动。如果预期不能给企业带来经济利益的资源，是不能确认为企业资产的。即使是前期已经确认为资产的资源，将来不能再为企业带来经济利益的，因不符合资产的定义，所以，也不能再确认为企业的资产。

（2）资产是企业拥有或者控制的资源。拥有是指企业对该资源有所有权。控制是指企业不具有某项资源的所有权，但对该资源有控制权（企业有支配使用权，没有所有权）。如果企业拥有或控制了该项资源，该资源就应作为企业资产予以确认。如果企业既不拥有也不控制该资源，那么就不能将其作为企业的资产予以确认。

（3）资产必须是企业过去交易或事项形成的资源。这里所说的过去交易或者事项包括购买、生产、企业建造行为或者其他交易事项。企业只有发生了交易或事项才能引起资产的价值变动，才能在会计上将其作为资产予以确认。企业预期将要发生的交易或者事项，因不属于现实资产，所以也不能确认为资产。

2. 资产的分类

企业的资产按其流动性可分为流动资产和非流动资产两大类。

（1）流动资产，是指可以在一年（或超过一年的一个营业周期）内变现或耗用的资产，包括货币资金、交易性金融资产、应收票据、应收账款、预付账款、应收利息、应收股利、其他应收款、存货、合同资产、持有待售资产等。

（2）非流动资产，是指在一年（或超过一年的一个营业周期）内无法变现或耗用的资产包括债权投资、长期应收款、长期股权投资、固定资产、无形资产等。非流动资产也可以理解成流动资产以外的所有资产。

3. 资产的确认条件

将一项资源确认为资产，在满足资产定义的前提下，还需要同时满足以下两个条件。

（1）与该资源有关的经济利益很可能流入企业。

（2）该资源的成本或者价值能够可靠地计量。

（二）负债

1. 负债的定义及特征

负债是指企业过去的交易或者事项形成的，预期会导致经济流出企业的现时义务。根据负债的定义，负债具有以下特征。

（1）负债是企业承担的现时义务。现时义务是指企业在现行条件下已承担的义务。未来发生的交易或者事项形成的义务，不属于现时义务，不应当确认为负债。

（2）预期会导致经济利益流出企业。企业在偿还债务时，将以现金、实物资产、无形资产、提供劳务等方式履行现时义务，这些现时义务的履行将会导致企业经济利益的流出。

（3）负债是由企业过去的交易或事项形成的。这里所说的过去的交易或者事项包括购买货物、使用劳务、接受银行贷款等。企业未来将要发生的承诺、签订的合同等交易或事项，不能确认为负债。

2. 负债的分类

负债按其流动性，分为流动负债和非流动负债两大类。

（1）流动负债，是指在一年（或超过一年的一个营业周期）内必须偿还的负债。即满足下列条件之一的负债：①预计在一个正常营业周期中清偿；②主要为交易目的而持有；③自资产负债表日起一年内（含一年）到期应予以清偿；④企业无权自主地将清偿推迟至资产负债表日后一年以上。

企业常见的流动负债包括短期借款、应付票据、应付账款、预收账款、合同负债、应付职工薪酬、应付股利、应交税费、应付利息、其他应付款、持有待售负债以及一年内到期的非流动负债等。

（2）非流动负债，也称长期负债是指在一年（或超过一年的一个营业期）内不需偿还的负债，包括长期借款、应付债券、长期应付款等。非流动负债也可以理解成流动负债以外的负债。

3. 负债的确认条件

将一项现时义务确认为负债，在满足负债定义的前提下，还需要同时满足以下两个条件。

（1）与该义务有关的经济利益很可能流出企业。

（2）未来流出的经济利益的金额能够可靠地计量。

（三）所有者权益

1. 所有者权益的定义及特征

所有者权益是指企业资产扣除负债后由所有者享有的剩余权益。企业的所有者权益又称为股东权益。所有者权益有如下特征。

（1）企业正常经营情况下，不需要偿还所有者权益，除非企业减资或清算。

（2）所有者权益反映所有者对企业净资产的索取权。当企业清算时，只有在清偿完所有负债后，剩余财产才能用于偿还所有者。

（3）所有者权益的确认和计量主要是依赖于资产和负债的确认与计量。

2. 所有者权益的来源构成

所有者权益按其来源主要包括所有者投入的资本、直接计入所有者权益的利得和损失（其他综合收益）、留存收益等。

所有者投入的资本是指所有者投入企业的资本部分，它既包括构成企业注册资本或者股本部分的金额，也包括投入资本超过注册资本或者股本部分的金额，即资本溢价或者股本溢价。其中，资本溢价或者股本溢价根据企业会计准则规定计入资本公积，并在资产负债表中的资本公积项目下反映。

直接计入所有者权益的利得和损失（其他综合收益）是指不应计入当期损益、会导致所有者权益发生增减变动的、与所有者投入资本或者向所有者分配利润无关的利得或者损失。其中，利得是指由企业非日常活动所形成的、会导致所有者权益增加的、与所有者投入资本无关的经济利益的流入；损失是指由企业非日常活动所发生的、会导致所有者权益减少的、与向所有者分配利润无关的经济利益的流出。直接计入所有者权益的利得和损失（其他综合收益）反映了企业根据企业会计准则规定未在损益中确认的各项利得和损失扣除所得税影响后的净额。其他综合收益列报的内容包括：存货或自用房地产转换为采用公允价值模式计量的投资性房地产形成的利得和损失、套期保值（现金流量套期和境外经营净投资套期）形成的利得或损失等。

留存收益是指企业历年实现的净利润留存于企业的部分，主要包括计提的盈余公积和未分配利润。

3. 所有者权益的确认条件

由于所有者权益体现的是所有者在企业中的剩余权益,所以,所有者权益的确认主要取决于资产和负债的确认,所有者权益的计量也取决于资产和负债的计量。

(四) 收入

1. 收入的定义及特征

收入是指企业在日常活动中形成的、会导致所有者权益增加的、与所有者投入资本无关的经济利益的总流入。根据收入的定义,收入具有以下特征。

(1) 收入是企业日常活动中形成的。日常活动是指企业为完成其经营目标所从事的经常性活动以及与之相关的活动。这里强调日常活动的目的是为了区分利得。因为企业非日常活动所形成的经济利益的流入是不确认为收入的,而是计入利得的。不同性质的企业的日常活动也不相同,比如制造业生产和销售产品、商品流通企业从事购销活动、安装企业提供安装服务、咨询企业提供咨询服务、软件企业为客户开发软件、建筑企业提供建造服务等均属于企业的日常活动。特别需要说明的是,与日常活动相关但不经常发生的个别事项,如制造业企业销售不需用的原材料、转让无形资产使用权等所取得的经济利益也作为收入确认。企业处置固定资产、无形资产等非流动资产不属于与日常活动相关的业务,由此产生的经济利益的总流入不构成收入,应当确认为资产处置收益。

(2) 收入会导致所有者权益增加。所有者权益的大小取决于资产与负债之差,由于收入能使企业资产增加或负债减少,所以,收入的确认会导致所有者权益的增加。如果不能导致所有者权益增加,即使形成经济利益流入,也不符合收入的定义,不应确认为收入,如企业取得的银行借款。

(3) 收入是与所有者投入资本无关的经济利益的总流入。收入会导致经济利益流入企业,但并不是所有的经济利益流入都是收入。例如,投资者投入的资本形成了经济利益的流入,也增加了所有者权益,但却不能确认为收入,因为不是企业日常活动所形成的。

2. 收入的分类

(1) 根据企业收入所涵盖的范围,收入有广义和狭义之分。

广义的收入是指企业在一定会计期间内经济利益的总流入,其表现形式为资产增加或负债减少而引起的所有者权益增加,但不包括与所有者出资等有关的资产增加或负债减少。

狭义的收入是指企业在销售商品、提供劳务及让渡资产使用权等日常活动中所形成的、会引起所有者权益增加、与所有者出资无关的经济利益的总流入。

收入的分类如图 1-2 所示。

$$
\text{广义的收入}\begin{cases}\text{狭义的收入}\begin{cases}\text{营业收入}\begin{cases}\text{主营业务收入}\\\text{其他业务收入}\end{cases}\\\text{投资收益}\end{cases}\\\text{利得}\begin{cases}\text{公允价值变动收益}\\\text{营业外收入}\end{cases}\end{cases}
$$

图 1-2 收入的分类

广义的收入可分为狭义的收入和利得。利得是指企业在日常经营活动以外取得的经济利益流入,可分为公允价值变动收益、营业外收入等。公允价值变动收益是企业交易性金融资产等的公允价值变动形成的收益。营业外收入是企业在日常经营业务以外取得的收入。

狭义的收入可分为营业收入和投资收益。营业收入是指企业在从事销售商品、提供劳务和让渡资产使用权等日常经营业务活动中取得的收入。投资收益是指企业在从事各项对外投资活动中取得的净收入，其性质也属于让渡资产使用权取得的收入。

根据企业经营业务的主次，营业收入可分为主营业务收入和其他业务收入。主营业务收入是指企业为完成其经营目标而从事经常性活动所取得的收入。不同行业的主营业务收入所包括的内容各不相同，如制造业企业的产品销售收入、交通运输业的运输劳务收入、建筑施工企业的建筑劳务收入等。其他业务收入也称附营业务收入，是指企业从事除主营业务以外的其他经营活动所取得的收入。如制造业企业销售材料取得的收入、制造业企业出租固定资产和包装物等取得的租金收入。其他业务收入占企业营业收入的比重一般较小。

(2) 根据企业收入的性质，收入可以分为销售商品收入、提供劳务收入、让渡资产使用权收入和建造合同收入四大类。

① 销售商品收入，是指企业通过销售产品所取得的收入。如制造业企业销售产品取得的收入，商品流通企业销售商品取得的收入，房地产企业销售自行开发的房地产取得的收入。

② 提供劳务收入，是指企业通过提供劳务所取得的收入。如交通运输企业提供运输劳务取得的收入，建筑安装企业提供建筑安装业务取得的收入。

③ 让渡资产使用权收入，是指企业通过让渡资产使用权所取得的收入。如企业对外出租资产取得的使用费收入。

④ 建造合同收入，包括合同中规定的初始收入和因合同变更、索赔、奖励等而形成的收入。

3. 收入的确认条件

《企业会计准则——基本准则》第三十一条规定：收入只有在经济利益很可能流入从而导致企业资产增加或者负债减少且经济利益的流入额能够可靠计量时才能予以确认。由此可知，要将经济利益的流入确认为收入，除了满足收入的定义外，同时需要满足以下三个条件。

(1) 与收入相关的经济利益很可能流入企业。

(2) 经济利益流入企业会导致资产的增加或负债的减少。

(3) 经济利益的流入额能够可靠地计量。

根据财政部2017年发布的《企业会计准则第14号——收入》的有关规定，企业应当在履行了合同中的履约义务，即在客户取得相关商品（或服务）控制权时确认收入。取得相关商品（或服务）控制权，是指能够主导该商品（或服务）的使用并从中获得几乎全部的经济利益。

企业在确认收入时，需要遵循一定的判断依据与流程。根据《企业会计准则第14号——收入》第九条的规定，合同开始日，企业应当对合同进行评估，识别该合同所包含的各单项履约义务，并确定各单项履约义务是在某一时段内履行，还是在某一时点履行，然后，在履行了各单项履约义务时分别确认收入。其基本流程如图1-3所示。

根据《企业会计准则第14号——收入》第五条，当企业与客户之间的合同同时满足下列条件时，企业应当在客户取得相关商品控制权时确认收入：

图1-3 收入确认基本流程

（1）合同各方已批准该合同并承诺将履行各自义务。

（2）该合同明确了合同各方与所转让商品或提供劳务（以下简称"转让商品"）相关的权利和义务。

（3）该合同有明确的与所转让商品相关的支付条款。

（4）该合同具有商业实质，即履行该合同将改变企业未来现金流量的风险、时间分布或金额。

（5）企业因向客户转让商品而有权取得的对价很可能收回。

在合同开始日即满足上述条件的合同，企业在后续期间无须对其进行重新评估，除非有迹象表明相关事实和情况发生重大变化。合同开始日通常是指合同生效日。

根据《企业会计准则第14号——收入》第六条，在合同开始日不符合该准则第五条规定的合同，企业应当对其进行持续评估，并在其满足该准则第五条规定时按照该条的规定进行会计处理。

对于不符合该准则第五条规定的合同，企业只有在不再负有向客户转让商品的剩余义务，且已向客户收取的对价无须退回时，才能将已收取的对价确认为收入；否则，应当将已收取的对价作为负债进行会计处理。没有商业实质的非货币性资产交换，不确认收入。

（五）费用

1. 费用的定义及特征

费用是指企业日常活动中发生的、会导致所有者权益减少的、与向所有者分配利润无关的经济利益的总流出。根据费用的定义，费用具有以下特征。

（1）费用是企业日常活动中发生的。这里所说的日常活动与收入定义中日常活动是一致的。强调日常活动的目的是区分损失。因为企业非日常活动所形成的经济利益的流出并不确认为费用，而是计入损失。企业日常活动产生的费用通常包括营业成本、职工薪酬、折旧费、无形资产摊销费、运输费、业务招待费、水电费等。

（2）费用会导致所有者权益减少。与费用相关的经济利益的流出应当会导致所有者权益的减少，不会导致所有者权益减少的经济利益的流出不符合费用的定义，不应确认为费用。例如，企业用银行存款购置一台机器设备，此业务的发生导致企业银行存款这项资产减少，即企业经济利益流出，但因购置的机器设备属于固定资产，即增加了资产，并没有导致所有者权益减少。因此，银行存款这项利益流出企业，不能确认为费用。

（3）费用是与向所有者分配利润无关的经济利益的总流出。费用会导致经济利益流出企业，但并不是所有的经济利益流出都是费用。例如，企业向投资者分配利润会导致经济利益流出，但由于该项经济利益的流出属于所有者权益的抵减项目，也不是企业日常活动发生的，所以，将其排除在费用界定范围之外。

2. 费用的分类

企业的费用按照涵盖的范围，有狭义和广义之分。

广义的费用是指会计期间内经济利益的总流出，其表现形式为资产的减少或负债的增加而引起的所有者权益减少，但不包括与所有者分配有关的资产减少或负债增加。

狭义的费用是指企业在日常活动中发生的、会导致所有者权益减少的、与向所有者分配利润无关的经济利益的总流出。

费用的分类如图1-4所示。

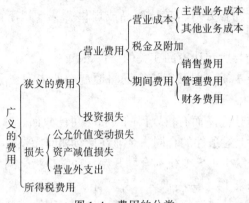

图1-4 费用的分类

广义的费用可分为狭义的费用、损失和所得税费用。损失是指企业在日常经营活动以外发生的经济利益流出。损失包括公允价值变动损失、资产减值损失和营业外支出。公允价值变动损失是指交易性金融资产等的公允价值变动形成的损失；资产减值损失是指各项资产减值形成的损失；营业外支出是指企业在经营业务以外发生的支出。所得税费用是指企业在税前利润中扣除的所得税费用。

狭义的费用可分为营业费用和投资损失。营业费用是指企业在经营管理过程中为了取得营业收入而发生的费用，包括营业成本、税金及附加、期间费用。投资损失是指企业在从事对外投资活动中发生的净损失。

营业成本是指企业经营业务所发生的实际成本。例如，工业企业销售商品的实际成本即为企业产品的生产成本。营业成本与营业收入存在直接的配比关系，依据营业收入的主次可分为主营业务成本和其他业务成本。主营业务成本是指企业在销售商品、提供劳务及让渡资产使用权等日常活动中所产生的与已确认的主营业务收入相配比的实际成本；其他业务成本是指企业在从事主营业务以外其他经营活动中为取得其他业务收入而发生的各项业务成本。

税金及附加是指企业开展营业活动依法应当缴纳的各种税费，包括消费税、房产税、城市维护建设税和教育费附加等。

期间费用是指企业在当期发生的、不能直接或间接归于某种产品成本的、直接计入损益的各项费用，包括销售费用、管理费用和财务费用。期间费用的发生虽然与企业的经营有关，但与具体的产品品种和劳务项目没有直接关系，不能对象化为成本，应在发生的当期直接从营业收入中予以扣除。

3. 费用的确认条件

要将经济利益的流出确认为费用，除了满足费用的定义外，同时需要满足以下三个条件。

（1）与费用相关的经济利益很可能流出企业。

(2) 经济利益流出企业会导致资产的减少或负债的增加。
(3) 经济利益的流出额能够可靠地计量。

（六）利润

1. 利润的定义

利润是指企业在一定会计期间的经营成果。利润往往是评价企业管理层业绩的一项重要指标，也是投资者等财务报告使用者进行决策时的重要参考。

2. 利润的构成

利润包括收入减去费用后的净额、直接计入当期利润的利得和损失等。

其中：收入减去费用后的净额反映的是企业日常活动的业绩。直接计入当期利润的利得和损失反映的是企业非日常活动的业绩。

直接计入当期利润的利得和损失是指应当计入当期损益、最终会引起所有者权益发生增减变动的、与所有者投入资本或向所有者分配利润无关的利得或者损失。

企业应严格区分收入和利得、费用和损失，全面反映企业的经营业绩。

3. 利润的确认条件

利润的确认主要取决于收入、费用、直接计入当期利润的利得和损失的确认。利润金额的计量主要取决于收入、费用、直接计入当期利润的利得和损失的计量。

三、会计等式

会计等式又称会计方程式，是运用数学方程来反映会计要素之间数量关系的一种表达式。会计等式是账户设置、复式记账、试算平衡和财务报表设计及编制的理论依据。

1. 资产、负债、所有者权益三要素间的等式关系

反映企业财务状况的资产、负债和所有者权益三要素，是构成企业资产负债表的要素。从企业资产来源的角度看，企业资产的来源有两种途径，一是来源于债权人，即企业借入的资金所形成的资产；二是来源于企业所有者，即企业所有者投入企业的资本部分形成的资产。债权人和所有者将其拥有的资金提供给企业使用的同时，也享有企业资产的要求权。其中，债权人对企业资产的要求权又叫债权人权益（即负债），所有者对企业资产的要求权又叫所有者权益，债权人权益和所有者权益统称为"权益"。因此，企业的资产等于权益，即用数学方程表示如下。

$$资产 = 权益$$

又因为权益由债权人权益和所有者权益两部分构成，因此，上述等式经过换算，就变换为如下方程式。

$$资产 = 债权人权益 + 所有者权益$$
$$资产 = 负债 + 所有者权益$$

等式"资产＝负债＋所有者权益"是会计的基本等式，也称会计恒等式，不论经济业务如何变化，都不会破坏资产和权益的平衡关系。另外，由于会计基本等式是反映企业在某一特定日期资产、负债和所有者权益状况的等式，所以又称为静态会计等式。

2. 收入、费用、利润三要素间的等式关系

收入、费用和利润是反映企业经营成果的要素，是构成利润表的要素。企业借入资金和接受投资者投入资产的目的，是为了利用这些经济资源进行生产经营活动，为企业获取更多

的经济利益，因此，企业的资产在发生各种耗费（即费用）的同时也会形成一定的收入，当企业的收入大于费用时，企业就会形成利润；反之，当企业的收入小于费用时，企业就会发生亏损。在不考虑直接计入当期利润的利得和损失的情况下，收入、费用、利润三要素之间的经济关系可用数学方程表示如下。

$$收入 - 费用 = 利润$$

等式"收入 – 费用 = 利润"反映企业一定时期的经营成果，是设计和编制利润表的理论依据。正因为该等式是反映企业一定时期经营成果的，所以，又称为动态会计等式。

3. 变形后的会计等式

在企业开始经营的初期，从资产来源的角度比较容易理解会计基本等式"资产 = 负债 + 所有者权益"。但在企业日常生产经营活动中，由于企业形成了收入，发生了费用，并且产生了利润，此时在理解上述会计等式时：一方面要知道收入的形成必然导致经济利益流入企业，而经济利益的流入在形成企业资产的同时，又增加了所有者的权益；另一方面要知道费用的发生必然导致经济利益流出企业，而经济利益的流出势必导致企业资产减少和所有者权益的减少。换言之，在企业日常生产经营活动中，企业利润的增加，一方面会增加企业的资产，另一方面会增加企业的所有者权益。因此，在企业日常活动中，上述两个会计等式经过变形后，可得出以下变形后的等式。

$$资产 = 负债 + 所有者权益 + 利润$$
$$资产 = 负债 + 所有者权益 + （收入 - 费用）$$
$$资产 + 费用 = 负债 + 所有者权益 + 收入$$

变形后的会计等式既有反映企业财务状况的会计要素也有反映企业经营成果的会计要素，说明企业的经营成果最终会影响企业的财务状况。

四、经济业务对会计等式的影响

经济业务是指企业在生产经营过程中发生的能以货币计量并能引起资产运动，导致会计要素发生增减变化的事项。

企业在生产经营过程中，每天会发生大量的经济业务，如所有者投入资本、企业向银行等金融机构借款、购买材料、销售商品、偿还债务、向投资者分配利润、生产领用原材料、支付工资等。众多的经济业务中任何一笔经济业务的发生都会引起会计等式中相关项目发生增减变动。不管企业经济业务有多少种，对会计等式的影响只有以下四种类型。

1. 资产与权益同时增加

经济业务发生后，引起会计等式两边会计要素同时发生变动，两边同增，增加的数额相等，但不影响会计等式的平衡。

2. 资产与权益同时减少

经济业务发生后，引起会计等式两边会计要素同时发生变动，两边同减，减少的数额相等，但不影响会计等式的平衡。

3. 资产内部有增有减

经济业务发生后，引起会计等式左边会计要素内部项目发生变动，一个项目增加，另一个项目减少，增减的数额相等。这类经济业务最终不会引起会计等式的总额发生变动，同样不影响会计等式的平衡。

4. 权益内部有增有减

经济业务发生后，引起会计等式右边会计要素内部项目发生的变动，一个项目增加，另一个项目减少，增减的数额相等。这类经济业务最终不会引起会计等式的总额发生变动，同样不影响会计等式的平衡。

下面举例说明经济业务与会计等式间的影响。

甲企业20××年8月31日简化资产、负债、所有者权益的具体情况如表1-1所示。

表 1-1 资产负债表   会企01表

编制单位：甲企业　　　　　　　20××年8月31日　　　　　　　　　　（单位：元）

资　产	期末余额	年初余额	负债和所有者权益（或股东权益）	期末余额	年初余额
流动资产			流动负债		
货币资金	525 000		短期借款	235 000	
应收票据	35 000		应付账款	525 000	
应收账款	300 000		应交税费	45 000	
应收股利	25 000		其他流动负债	35 000	
其他应收款	2 000		流动负债合计	840 000	
存货	590 000		非流动负债		
其他流动资产			长期借款	500 000	
流动资产合计	1 477 000		应付债券		
非流动资产			其他非流动负债		
长期应收款			非流动负债合计	500 000	
长期股权投资	370 000		负债合计	1 340 000	
固定资产	1 159 000		所有者权益（或股东权益）		
无形资产	90 000		实收资本（或股本）	1 500 000	
其他非流动资产			盈余公积	256 000	
非流动资产合计	1 619 000		所有者权益合计	1 756 000	
资产总计	3 096 000		负债和所有者权益总计	3 096 000	

表1-1中显示甲企业20××年8月31日资产总计3 096 000元，负债合计1 340 000元和所有者权益合计1 756 000元，符合会计基本等式。

资产 = 负债 + 所有者权益

3 096 000(元) = 1 340 000(元) + 1 756 000(元)

假设甲企业20××年9月发生如下经济业务，请根据各项经济业务判断其对会计等式的影响。

(1) 甲企业购入生产用原材料已经验收入库，价款10 000元，款项尚未支付。

此项经济业务的发生，一方面引起企业资产即库存原材料增加了10 000元，另一方面引起企业负债即应付账款增加了1 000元，会计等式两边同时增加且金额相等，所以，会计等式保持平衡。

(2) 甲企业收到法人单位追加投入资本50 000元，存入银行。

此项经济业务的发生，一方面引起企业资产即银行存款增加了50 000元，另一方面引起企业所有者权益即实收资本增加了50 000元，会计等式两边同时增加且金额相等，所以，会计等式保持平衡。

(3) 甲企业以银行存款 10 000 元偿还前欠购入的原材料款。

此项经济业务的发生，一方面引起企业资产即银行存款减少了 10 000 元，另一方面引起企业负债即应付账款减少了 10 000 元，会计等式两边同时减少且金额相等，所以，会计等式保持平衡。

(4) 甲企业经批准办理了资本金变更登记手续，减少注册资本 500 000 元，以银行存款退还给投资者。

此项经济业务的发生，一方面引起企业资产即银行存款减少了 500 000 元，另一方面引起企业所有者权益即实收资本减少了 500 000 元，会计等式两边同时减少且金额相等，所以，会计等式保持平衡。

(5) 甲企业收回上月的销货款 150 000 元，存入银行。

此项经济业务的发生，一方面引起企业资产即银行存款增加了 150 000 元，另一方面引起企业资产即应收账款减少了 150 000 元，会计等式左边有增有减且金额相等，所以，会计等式保持平衡。

(6) 甲企业向银行借入短期借款 50 000 元，直接偿还前欠供应单位的购货款。

此项经济业务的发生，一方面引起企业负债即短期借款增加了 50 000 元，另一方面引起企业负债即应付账款减少了 50 000 元，会计等式右边负债项目有增有减且金额相等，所以，会计等式保持平衡。

(7) 甲企业经批准将盈余公积 100 000 元转增资本。

此项经济业务的发生，一方面引起企业所有者权益即实收资本增加了 100 000 元，另一方面引起企业所有者权益即盈余公积减少了 100 000 元，会计等式右边所有者权益项目有增有减且金额相等，所以，会计等式保持平衡。

(8) 甲企业决定向投资者分配利润 20 000 元。

此项经济业务的发生，一方面引起企业所有者权益即利润分配减少了 20 000 元，另一方面引起企业负债即应付股利增加了 20 000 元，会计等式右边所有者权益项目和负债项目一减一增且金额相等，所以，会计等式保持平衡。

(9) 甲企业前欠乙企业购料款 80 000 元，乙企业与甲企业签订合同，将此欠款转作对甲企业的投资。

此项经济业务的发生，一方面引起企业所有者权益即实收资本增加了 80 000 元，另一方面引起企业负债即应付账款减少了 80 000 元，会计等式右边所有者权益项目和负债项目一增一减且金额相等，所以，会计等式保持平衡。

上述各项涉及资产、负债、所有者权益项目的经济业务发生，可以引起会计等式中有关会计要素的增减变动，但不会打破会计基本等式的平衡关系。

如果企业发生的经济业务不仅涉及资产、负债、所有者权益项目，还会涉及收入、费用等项目的变化，那么是否也会保持会计等式的平衡呢？下面仍以甲企业为例进一步予以说明。假如甲企业 9 月份还发生了如下经济业务。

(10) 甲企业销售 A 产品 200 件，每件 400 元，取得销售收入 80 000 元，款项存入银行。

此项经济业务的发生，一方面引起企业收入即主营业务收入增加了 80 000 元，另一方面引起企业资产即银行存款增加了 80 000 元，变形后的会计等式右边收入项目和左边资产项目同时增加且金额相等，所以，会计等式保持平衡。

(11) 甲企业销售 A 产品 100 件，以每件 400 元的价格给乙企业，直接抵付前欠乙企业的购料款 40 000 元。

此项经济业务的发生，一方面引起企业收入即主营业务收入增加了 40 000 元，另一方面引起企业负债即应付账款减少了 40 000 元，变形后的会计等式右边收入项目和负债项目一增一减且金额相等，所以，会计等式保持平衡。

(12) 甲企业行政管理部门本月发生水电费 2000 元，尚未支付。

此项经济业务的发生，一方面引起企业费用即管理费用增加了 2 000 元，另一方面引起企业负债即应付账款增加了 2 000 元，变形后的会计等式左边费用项目和右边的负债项目同时增加且金额相等，所以，会计等式保持平衡。

(13) 甲企业将已售商品的实际成本 12 000 元进行结转（即将库存商品的成本结转至主营业务成本中）。

此项经济业务的发生，一方面引起企业费用即主营业务成本增加了 12 000 元，另一方面引起企业资产即库存商品减少了 12 000 元，变形后的会计等式左边费用项目和资产项目一增一减且金额相等，所以，会计等式保持平衡。

企业发生涉及收入、费用项目的经济业务时，可以引起会计等式中有关会计要素的增减变动，但不会打破会计等式（包括变形后的会计等式）的平衡关系。

通过上述各种类型的经济业务分析，可以得出的结论是，无论企业发生何种经济业务，引起会计等式中哪项会计要素的增减变动，都不会打破会计等式的平衡关系。

第七节　会计核算方法

会计方法是指从事会计工作所使用的、专门用来核算和监督会计对象的各种技术方法，包括财务会计方法和管理会计方法。财务会计方法包括会计核算方法、会计分析方法和会计检查方法。管理会计方法主要包括会计预测方法、会计决策方法和会计控制方法。会计核算方法是基本的财务会计方法，本书主要介绍会计核算方法。会计核算方法就是对企业的经济交易或者事项进行确认、计量、记录和报告，以核算和监督企业经济活动的方法，包括设置账户、复式记账、填制和审核会计凭证、登记账簿、成本计算、财产清查和编制财务报表七种专门方法。

1. 设置账户

设置账户是对会计对象的具体内容进行确认、归类和监督的一种专门方法，其实质是对会计要素进行进一步的科学分类。由于企业的经济活动复杂多样，会计要素的具体存在形式各不相同，因此，为了便于记录，将会计要素进一步分为若干项目（即会计科目），并确定每个项目的记账方向及记账内容，即赋予一定的结构形式，用于分门别类地登记和归集各项经济业务。

2. 复式记账

复式记账是对每一项经济业务都要以相等的金额，同时在两个或两个以上的相关账户中进行登记的一种记账方法。采用复式记账，既可以通过账户的对应关系了解有关经济业务的来龙去脉，又可以通过账户的平衡关系检查有关经济业务的记录是否正确。因此，复式记账是一种比较完善、科学的记账方法。我国会计历史上曾经使用过的复式记账方法有：收付记账法、增减记账法和借贷记账法。目前，我国企业及政府、行政、事业单位统一采用的是借贷记账法。

3. 填制和审核会计凭证

会计凭证是记录经济业务，明确经济责任的书面证明，也是登记账簿的依据。填制和审核会计凭证是保证会计资料完整、可靠、真实、合理、合法而采用的一种专门方法。只有审核无误的会计凭证，才能据以登记账簿。

4. 登记账簿

会计账簿是用来记录各项经济业务的簿籍，是加工和保存会计资料的重要工具。登记账簿就是在账簿上全面、系统、连续地记录和反映企业经济活动的一种专门方法。登记账簿以会计凭证为依据，利用账户和复式记账的方法，将所有经济业务按照账户进行分类核算，并定期进行对账和结账，为编制财务报表提供必要的资料。

5. 成本计算

成本计算是对企业在生产经营活动中发生的全部费用，按照一定的对象和标准进行归集和分配，借以确定各个对象的总成本和单位成本的一种专门方法。通过成本计算，一方面核算和监督生产经营活动中所发生的各项费用，有利于进行成本控制；另一方面，可以正确地对会计核算对象进行合理计价，有利于提高企业经济效益。

6. 财产清查

财产清查是通过盘点实物、核对账目来查明各项财产物资、债权债务、货币资金实有数额，并进行账实核对，检查账实是否相符的一种专门方法。通过财产清查，可以查明各项财产物资的实有数与账面数是否相符，以便及时发现问题、明确责任，保证企业财产物资的真实、完整。通过财产清查，可以及时发现往来款项中各项债权债务款项是否及时结算、有无长期拖欠不清的情况。所以，财产清查具有重要的现实意义。

7. 编制财务报表

编制财务报表是定期总结反映企业的财务状况、经营成果和现金流量情况以及所有者权益变动情况，提供系统的会计信息的一种专门方法。财务报表是以一定格式的表格，对企业一定会计期间内账簿记录内容的总括反映。企业对外报送的财务报表主要包括资产负债表、利润表、现金流量表和所有者权益变动表。根据《中华人民共和国会计法》的规定，会计主体编报的财务报表都应当以人民币反映。

思 考 题

1. 会计的含义是什么？会计有何特点？
2. 会计的职能及目标是什么？
3. 会计核算的基本前提有哪些？各种前提对会计核算有何意义？
4. 会计基础有哪两种？它们的基本内容分别是什么？我国企业会计核算应当采用哪种会计基础？
5. 企业财务会计的信息应当具备哪些质量要求？这些质量要求的具体含义分别是什么？
6. 什么是会计要素？会计要素有哪几类？会计各要素的含义是什么？会计各要素确认应当分别符合哪些条件？
7. 用会计等式表示出各会计要素之间的关系。
8. 什么是财务会计核算方法？具体的核算方法有哪些？

练 习 题

一、单项选择题

1. 确立会计核算空间范围所依据的会计基本假设是（　　）。
   A. 会计主体　　　　B. 持续经营　　　　C. 会计分期　　　　D. 货币计量

2. 企业提供的会计信息应当清晰明了，便于财务会计报告使用者理解和使用。这体现的是（　　）要求。
   A. 相关性　　　　　B. 可靠性　　　　　C. 及时性　　　　　D. 可理解性

3. 会计所使用的主要计量单位是（　　）。
   A. 实物计量　　　　B. 货币计量　　　　C. 劳动计量　　　　D. 工时计量

4. （　　）是基本的财务会计方法。
   A. 会计分析方法　　B. 会计核算方法　　C. 会计检查方法　　D. 会计预测方法

5. 会计的基本职能是（　　）。
   A. 核算和管理　　　B. 控制和监督　　　C. 核算和监督　　　D. 核算与分析

6. 企业会计的对象是指企业的（　　）。
   A. 经济活动　　　　B. 资金运动　　　　C. 生产活动　　　　D. 管理活动

7. 对会计对象的具体内容所做的最基本的分类是（　　）。
   A. 会计科目　　　　B. 会计要素　　　　C. 会计账户　　　　D. 会计恒等式

8. 下列会计要素，属于静态要素的是（　　）。
   A. 资产　　　　　　B. 收入　　　　　　C. 费用　　　　　　D. 利润

9. 甲企业 5 月份购入了一批原材料，会计人员在 7 月份才入账，该事项违背的会计信息质量要求是（　　）要求。
   A. 相关性　　　　　B. 客观性　　　　　C. 及时性　　　　　D. 明晰性

10. 同一企业不同时期发生的相同或者相似的交易或者事项，应当采用一致的会计政策，不得随意变更；确需变更的，应当在报表附注中说明，其依据的会计信息质量要求是（　　）。
    A. 相关性　　　　　B. 可比性　　　　　C. 一贯性　　　　　D. 明晰性

11. 对于"数量少但金额大"的财产物资进行详细、具体的会计核算，体现的是会计核算的（　　）原则。
    A. 可比性　　　　　B. 实质重于形式　　C. 重要性　　　　　D. 可理解性

12. 企业会计核算应以（　　）作为记账基础。
    A. 永续盘存制　　　B. 收付实现制　　　C. 实地盘存制　　　D. 权责发生制

13. 根据《中华人民共和国会计法》规定，会计主体编报的财务报表都应当以（　　）反映。
    A. 记账本位币　　　　　　　　　　　　B. 会计主体自己所选定的货币币种
    C. 人民币　　　　　　　　　　　　　　D. 经济业务所涉及的主要货币

14. 明确会计核算时间范围的会计假设是（　　）。
    A. 货币计量　　　　B. 持续经营　　　　C. 会计主体　　　　D. 会计分期

二、多项选择题

1. 按照收付实现制原则的要求，下列收入或费用应计入本期的有（　　）。
   A. 本期预收客户下期的租金　　B. 本期提供劳务尚未收款　　C. 本期预付后期的费用
   D. 本期提供劳务当即收款　　　E. 本期支付上期的费用

2. 我国的会计分期有（　　）。
   A. 月度　　　　　B. 季度　　　　　C. 半年度　　　　D. 年度　　　　　E. 不定期间

3. 关于负债，下列说法中正确的有（　　）。

A. 负债是指企业过去的交易或者事项形成的、预期会导致经济利益流出企业的潜在义务

　B. 符合负债定义和负债确认条件的项目，应当列入资产负债表；符合负债定义，但不符合负债确认条件的项目，不应当列入资产负债表

　C. 如果未来流出企业的经济利益的金额能够可靠计量，应该确认为预计负债

　D. 未来发生的交易或者事项形成的义务，不属于现时义务，不应当确认为负债

　E. 企业预付的款项属于企业的负债。

4. 会计的基本假设包括（　　）。

　A. 会计主体　　B. 持续经营　　C. 历史成本　　D. 会计分期　　E. 货币计量

5. 下列各项中，不应确认为企业资产的有（　　）。

　A. 企业所拥有的人力资源　　B. 企业受托代销的商品　　C. 外购的固定资产

　D. 自行建造的厂房　　E. 合同资产

6. 反映企业财务状况的会计要素有（　　）。

　A. 收入　　B. 费用　　C. 所有者权益　　D. 资产　　E. 负债

7. 下列各项中，属于反映企业经营成果的会计要素有（　　）。

　A. 收入　　B. 费用　　C. 所有者权益　　D. 利润　　E. 资产

8. 下列项目中，属于所有者权益的有（　　）。

　A. 资本公积　　B. 未分配利润　　C. 库存现金　　D. 盈余公积　　E. 库存商品

9. 下列各项中，属于静态会计要素的有（　　）。

　A. 资产　　B. 收入　　C. 费用　　D. 负债　　E. 所有者权益

10. 下列关于会计要素之间关系的说法正确的有（　　）。

　A. 收入的取得，会引起资产的减少，或引起负债的增加

　B. 收入的取得，会引起资产的增加，或引起负债的减少

　C. 费用的发生，会引起资产的减少，或引起负债的增加

　D. 所有者权益的增加可能引起资产的增加，或引起费用的增加

　E. 以上说法都正确

11. 关于资产特征描述正确的有（　　）。

　A. 必须是企业拥有或控制　　B. 其价值能用货币计量　　C. 必须是有形的财产物资

　D. 必须是用来对外转让的　　E. 是企业过去交易或事项形成的

12. 会计的特点主要表现在（　　）。

　A. 以货币为主要计量单位　　B. 以凭证为依据

　C. 对经济活动进行连续、系统、全面的核算与监督　　D. 核算方法具有特殊性

　E. 核算内容为企业的日常经济活动

13. 下列属于会计信息质量要求的有（　　）。

　A. 谨慎性　　B. 配比性　　C. 重要性　　D. 及时性　　E. 真实性

14. 下列项目中属于会计核算方法的有（　　）。

　A. 会计科目　　B. 设置账户　　C. 复式记账　　D. 登记账簿　　E. 编制财务报表

15. 会计的基本职能包括（　　）。

　A. 会计核算　　B. 会计预测　　C. 会计监督　　D. 会计分析　　E. 会计决策

三、判断题

1. 在持续经营假设下，企业进行会计确认、计量和报告应当以持续经营为前提。（　　）

2. 如果企业某项会计信息的省略或错报金额较小，则该信息就不属于重要的信息。（　　）

3. 无论何种情况下，企业都应按照持续经营的基本假设选择会计核算的原则和方法。（　　）

4. 按照相关规定，我国所有单位都应以权责发生制作为会计核算基础。（　　）

5. 我国《企业会计准则》规定，企业应当以权责发生制为基础进行会计确认、计量、记录和报告。
（　　）

6. 可比性要求不同企业发生的相同或者相似的交易或者事项，应当采用规定的会计政策，确保会计信息口径一致，以便企业前后各期的会计信息相互可比。（　　）

7. 会计的本质可以理解为是一种经济管理活动。（　　）

8. 会计核算的各种方法是互相独立的，一般按会计部门的内部分工由不同的会计人员进行各自独立核算。（　　）

9. 一项负债增加则必定会引起一项资产增加。（　　）

10. 我国所有企业的会计核算都必须以人民币作为记账本位币。（　　）

11. 会计主体必须是能够进行独立核算的单位。（　　）

12. 不考虑自然人的情况下，法律主体一定是会计主体，会计主体不一定是法律主体。（　　）

13. "资产＝权益"这一会计等式在任何时点上都是平衡的。（　　）

14. 所有经济业务的发生，都会引起会计恒等式两边发生变化，但不破坏会计恒等式。（　　）

15. 企业应当在履行了合同中的履约义务，即在客户取得相关商品（或服务）所有权时确认收入。
（　　）

16. 在合同开始日，企业应当对合同进行评估，识别该合同所包含的各单项履约义务，并确定各单项履约义务是在某一时段内履行，还是在某一时点履行，然后，在履行了各单项履约义务时分别确认收入。
（　　）

17. 所有者权益是企业投资者对企业净资产的所有权，其大小由资产与负债两要素的大小共同决定。
（　　）

18. 会计方法就是会计的核算方法。（　　）

19. 只要是企业拥有或控制的资源就可以确认为资产。（　　）

20. 在我国，会计核算应以人民币作为记账本位币。但业务收支以外币为主的企业，也可选择某种外币作为记账本位币，但编报的财务会计报告应当折算为人民币反映。（　　）

第二章 会计科目与会计账户

【教学目的】

通过本章学习，学生应当了解并掌握：
1. 会计科目与会计账户的区别与联系。
2. 常用的会计科目。
3. 会计账户的基本结构。
4. 会计科目的级次关系。

第一节 会 计 科 目

一、会计科目的概念

1. 会计科目的定义

会计的本质就在于对企业的资金运动进行记录和反映，从而反映企业的各种经济活动。然而，在进行此种反映的过程中，有一个关键的问题必须解决，就是在不同的企业要保证会计信息的可比性。例如，对于同行业企业而言，如果不同企业在进行会计记录时使用不一样的记账名称，那么最后反映的内容就会难以比较；而在不同行业企业间，如果记账名称不同，也不利于国家进行宏观调控。

举一个简单的例子，蒙牛、伊利和三元都是乳制品行业的领先企业，但是如果蒙牛在购买白砂糖、麦芽糖、乳化剂的时候用的记账名称是"白糖""麦芽糖""乳化剂"，而伊利在购买同样的产品时使用的是"原材料"，而三元则使用"原料购买"的话，那么对于信息使用者而言就很难直观地了解三家企业的原材料购买情况，也就更难对孰优孰劣进行有效的判断。

因此，在记录企业的经济业务时，采用相对比较通用的名称来记账就成了会计里很重要的前提条件之一。这样，会计科目就应运而生了。

会计科目简称科目，是指对会计要素的具体内容进行分类核算的项目。

2. 设置会计科目的意义

设置会计科目是会计记录的前提，也是会计信息可比性的保障，它能够对会计要素的具体内容进行详细划分，进而使得会计信息得以规范反映。另外，通过设置会计科目，可以将复杂的经济业务进行科学分类，把会计对象中相同的具体内容进行集中反映，方便会计记录。例如，存货和固定资产都属于资产，但特性却不同，它们在周转方式和所起作用上存在较大的差异，如果使用同一科目进行反映显然会导致信息混乱。而在所有的存货中，也不是每项存货都有相同的作用，例如，原材料是用来进行进一步生产加工的，库存商品则是用来销售的，如果使用同一会计科目来反映这两项存货，将会出现歧义。因此，在会计上一般会设置成不同的科目，如"原材料""库存商品""固定资产"等，以分别进行反映。在负债方面，不同期限的负债对企业的影响不同，短期负债一般要在一年之内偿还，而长期负债则一般在一年以后才需要偿还，因此就产生了"短期借款"和"长期借款"等常见的会计科目。在所有者权益方面，虽然企业的原始投资和经营所得（即利润），都归企业所有者所有，但是原始投资是企业投入运行的基础，而利润则是企业经营的成果，显然两者不能归于同一科目，因此，需要设置"实收资本"和"利润分配"等科目。在收入和费用方面，也会根据不同的会计信息内容要求划分为"主营业务收入""其他业务收入""主营业务成本""其他业务成本""管理费用""财务费用"等科目。

通过设置会计科目，会计人员能确认分类核算的具体内容，通过确定会计科目的具体名称和内涵，限定在每个科目下的内容和范围，既满足了会计主体在记账时反映经济业务的需要，又在宏观上保证了会计数据逐级汇总时口径的一致。

二、设置会计科目的基本原则

会计科目是会计记录的最基本单位，只有保证其设置的合理性，才能进一步保证会计信息的真实性和可靠性，进而保证会计信息质量。在实务中，好的会计科目设置能够把一个企业的会计信息进行充分且合理的展示，省时省力又高效地完成会计的任务；而不好的科目设置则会导致企业会计信息的混乱，不利于管理。因此，在设置会计科目时要遵循以下原则。

1. 结合会计对象的特点

会计科目必须基于不同企业经济业务的特点，在保证能够全面反映该企业经济信息的前提下进行设置。在生产型企业中，会计必须能够从根本上反映该类型企业的整体经济业务内容，尤其是在生产过程中的各种经济活动。例如，生产型企业区别于服务型企业的重要特征主要是生产过程，而在生产过程中，不可避免地会发生购买原材料、原材料的入库和出库、人工成本的记入、产成品入库等业务。而针对这些具体的经济业务，生产型企业的会计就必须设置如"原材料""生产成本""制造费用""应付职工薪酬""库存商品"等科目，从而保证会计信息的完整性。而服务型企业和商品流通企业由于没有此类经济业务，也就不需要设置此类科目，否则就会产生大量的闲置科目，导致有科目、没业务，并造成会计信息混乱。

2. 满足经营管理需要

会计信息使用者之中，最重要的一个就是内部信息使用者，其中主要是经营管理者。作为管理者，每天要处理大量的事务，如果还要分心于区分和筛选会计信息就会极大地干扰企业的正常运行。因此，会计信息必须清晰明了地向管理者提供其所需的信息，保证管理者决策的高效性。例如，企业的收入和费用一般是管理者最关心的，而在各种收入和费用中，"管理费用"一定要与"财务费用"区别开来进行反映，因为对于企业经营者而言，前者是维持整个企业运行的基本支出，后者是在融资过程中所产生的支出，显然两者分别涉及管理者不同的决策内容，当然应该在会计上加以区分。

3. 环境适应性和相对稳定性

企业会计科目的设置必须随着时间的发展与时俱进，从而保证在不同经济发展时期各种经济业务都能得以充分的反映。例如，随着商业信用的发展，企业间大量出现"委托代销"业务，而为了增加对这部分的核算，增设了"委托代销商品"和"受托代销商品"等科目。又如，随着企业经营中各种专利技术、计算机软件等受到越来越多人的重视，"无形资产"科目也就应运而生了。

同时，会计科目又必须保证一定的稳定性，也就是一旦设置就要在相对较长的一段时期内保持不变，保证会计信息的可比性和一致性，以便内外部信息使用者能够做出相对合理的决策。

4. 统一性与灵活性相结合

在会计信息的外部使用者中，非常重要的使用者之一就是国家有关机构。他们要使用会计信息进行大量的统计研究，从而判定全行业甚至全国的整体状况。因此，企业会计准则应用指南对一些主要的会计科目进行了统一性的设置，以保证会计信息在某个行业甚至在全国范围内都是一致的、可比的。

灵活性是指每个企业对本企业会计科目的设置都是有一定自主权的，应该根据本企业的业务特点进行科目设置，而不是盲从于其他企业。例如，如果某些企业的预付业务不多，就没有必要设置"预付账款"科目，而可以考虑将其与"应付账款"科目合并设置。反过来，如果该企业由于业务需要，经常要先预付上游企业一定的款项才能维持上游企业的正常运营，那么就必须设置"预付账款"科目了。

另外，科目设置中"统一性"与"灵活性"的结合还要注意两种不利的倾向：一种是只设置国家要求的基础科目，导致会计科目过于简单，不能充分全面地反映会计信息；另一种则是科目设置过于繁复，导致记账的工作量增加。

5. 字义相符、通俗易懂

会计科目的设置必须与其所反映的经济业务保持一致，字义相符、简单明了。一方面，科目的设置必须根据汉语语言习惯，文题一致，望文生义，不能含糊不清；另一方面，会计科目要力求简明扼要，不能过于复杂。例如，"应收账款"科目很清晰地表达了"应当被收回的款项"的意思，而如果被写成"应当被收回的款项"，则显然过于冗长，不利于会计记账。

三、会计科目的分类

（一）按照所反映的会计要素划分

会计科目按照其所反映的会计要素也就是其经济内容，可以分为资产类、负债类、共同类、所有者权益类、成本类和损益类。

1. 资产类

资产类科目主要包括：库存现金、银行存款、其他货币资产、交易性金融资产、应收票据、应收账款、预付账款、在途物资、原材料、库存商品、合同资产、持有待售资产、债权投资、长期应收款、长期股权投资、固定资产、在建工程、无形资产等。

2. 负债类

负债类科目主要包括：短期借款、交易性金融负债、应付票据、应付账款、预收账款、合同负债、应付职工薪酬、应交税费、应付利息、应付股利、其他应付款、持有待售负债、长期借款、应付债券、长期应付款等。

3. 共同类

共同类科目主要包括：衍生工具、套期工具和被套期项目等。

4. 所有者权益类

所有者权益类科目主要包括：实收资本、资本公积、盈余公积、本年利润、利润分配等。

5. 成本类

成本类科目主要包括：生产成本、制造费用和劳务成本等。

6. 损益类

损益类科目主要包括：主营业务收入、其他业务收入、投资收益、营业外收入、主营业务成本、其他业务成本、税金及附加、销售费用、管理费用、资产减值损失、信用减值损失、财务费用、营业外支出、所得税费用等。

（二）按照提供指标的详细程度划分

会计信息有详略之分，这是因为会计信息使用者对会计信息的要求是有详有略的。例如，普通股东，尤其是上市企业的普通小股东可能更多地要求了解企业目前的简要情况，如总资产、总收入、总利润，最多要求企业提供具体的如固定资产总额、长期股权投资总额等情况。而会计信息的内部使用者则对会计信息有更多、更详细的要求。例如，企业的经理层可能更关注在所有的应收账款中，有哪些是容易收回的，哪些存在一定的风险，哪些需要尽快催讨，哪些是肯定无法收回的坏账。这样，经理人就可以根据这些具体的数据进行深入的研究、判断和决策，从而做出对企业更有利的决策和判断。更进一步说，对于企业的财务总监来说，可能对每项会计要素需要了解得更加细致和透彻。例如，他们可能更关注目前有多少负债，哪些负债要在短期内偿还，有没有足够的资金来进行偿还。这些都对会计信息提出了更细致的要求，而会计科目系统相应地设置了总分类科目和各个层次的明细分类科目，以满足信息使用者的要求。

1. 总分类科目

总分类科目，又称一级科目、总账科目，是对会计要素的具体内容进行总括分类的科目，是根据会计对象不同经济内容进行初次分类而设置的科目，如"实收资本""应收账款""短期借款"等。

在我国，总分类科目原则上是由财政部统一制定的，以会计核算制度的形式颁布，并在全国推行实施。而且，财政部还特别给每个总分类科目设置了统一的编号，以便于企业查找和使用。

2. 明细分类科目

明细分类科目是根据总分类科目对其所反映的经济内容进行进一步分类后的科目，从而使得所提供的信息更加详细、具体。例如，在"应收账款"总分类科目下，按照拖欠单位名称设置明细分类科目；在"库存商品"总分类科目下，按照不同的商品品种和类别设置明细分类科目等。

在企业实务中，明细分类科目一般是由企业根据自身需要进行设置的，但是一些较重要的、涉及国家统筹安排的内容是由国家来统一设置的，如"应交税费"的明细分类科目"应交增值税""应交所得税""应交城市维护建设税"等。另外，不同的企业，由于实务的需要，有时会在二级科目下再设置三级科目，以便清楚地反映会计信息。例如，在"固定资产"总分类科目下，一些大企业可能设置"房屋及建筑物""车辆"等二级科目，并在"车辆"二级科目下再按照每辆汽车专门设置三级科目。

综上所述，会计科目按照其提供指标的详细程度可划分为一级科目、二级科目和三级科目。这样，在总分类科目的统驭下形成一个横向的一级科目体系加一个纵向的二、三级科目体系的会计科目系统，如表 2-1 所示。

表 2-1 会计科目按所提供指标的详细程度划分

总分类科目（一级科目）	明细分类科目	
	二级科目	三级科目
原材料	主要材料	PVC 管材 PPR 管材
	辅助材料	催化剂 黏合剂 ⋮
	燃料	汽油 柴油 ⋮
应交税费	应交增值税	进项税额 销项税额 ⋮
	应交所得税	—
	应交城市维护建设税	—

四、会计科目表

为了满足会计信息的准确性与使用的便捷性，财政部为每个会计科目规定了统一的、固定的号码，这些号码被称为"会计科目编号"，从而形成了一个全面反映会计科目及其对应编号的表格。在会计科目表中，总分类科目一般采用四位数字的编号方法，每一位数字都表示不同的含义。

（1）从左至右的第一个数字表明该会计科目所属的会计要素大类。具体来讲，"1"代表资产类；"2"代表负债类；"3"代表共同类；"4"代表所有者权益类；"5"代表成本类；"6"代表损益类。

（2）从左至右的第二个数字代表的是会计科目大类下的各个小类。

例如，在资产类中第二位的"0"代表的是货币资金类，"1"表示交易性金融资产及应收类，"4"代表存货类，"6"代表固定资产类等。

（3）从左至右的最后两位代表的是各小类下的自然序号，目前有一些序号仍然为空号，主要是为了今后增加序号而预留的。

在手工记账的条件下，一般只对总分类科目进行编号。而在会计信息化条件下，除对总分类科目采用四位数编号外，还可以根据实际需要对二级科目和三级科目设置五位、六位或更多位数的编号。

根据我国《企业会计准则——应用指南》的规范，制造业企业常用会计科目如表 2-2 所示。

表 2-2 制造业企业常用会计科目表

序号	编号	会计科目名称	序号	编号	会计科目名称
		一、资产类	47	2221	应交税费
1	1001	库存现金	48	2231	应付利息
2	1002	银行存款	49	2232	应付股利
3	1012	其他货币资金	50	2241	其他应付款
4	1101	*交易性金融资产	51		*持有待售负债
5	1121	应收票据	52	2501	*长期借款
6	1122	应收账款	53	2502	*应付债券
7	1123	预付账款	54	2701	*长期应付款
8	1131	应收股利	55	2801	*预计负债
9	1132	应收利息	56	2901	*递延所得税负债
10	1221	其他应收款			三、共同类
11	1231	坏账准备	57	3101	*衍生工具
12	1401	材料采购	58	3201	*套期工具
13	1402	在途物资	59	3202	*被套期项目
14	1403	原材料			四、所有者权益类
15	1404	*材料成本差异	60	4001	实收资本
16	1405	库存商品	61	4002	资本公积
17	1406	*发出商品	62	4101	盈余公积
18	1471	*存货跌价准备	63	4103	本年利润
19		*合同资产	64	4104	利润分配
20		*合同资产减值准备			五、成本类
21		*持有待售资产	65	5001	生产成本
22		*债权投资	66	5101	制造费用
23		*债权投资减值准备	67	5201	*劳务成本
24		*长期应收款	68	5301	*研发支出
25	1511	长期股权投资			六、损益类
26	1512	*长期股权投资减值准备	69	6001	主营业务收入
27	1601	固定资产	70	6051	其他业务收入
28	1602	累计折旧	71	6111	投资收益
29	1603	*固定资产减值准备	72	6301	营业外收入
30	1604	在建工程	73	6401	主营业务成本
31	1605	工程物资	74	6402	其他业务成本
32	1606	固定资产清理	75	6403	税金及附加
33	1701	无形资产	76	6601	销售费用
34	1702	累计摊销	77	6602	管理费用
35	1703	*无形资产减值准备	78	6603	财务费用
36	1711	商誉	79	6701	资产减值损失
37	1801	*长期待摊费用	80	6711	营业外支出
38	1811	*递延所得税资产	81	6801	所得税费用
39	1901	待处理财产损溢	82	6901	*以前年度损益调整
		二、负债类	83		*信用减值损失
40	2001	短期借款	84		*研发费用
41	2101	*交易性金融负债	85		*资产处置损益
42	2201	应付票据	86		*合同取得成本
43	2202	应付账款	87		*合同取得成本减值准备
44	2203	预收账款	88		*合同履约成本
45		*合同负债	89		*合同履约成本减值准备
46	2211	应付职工薪酬			

注：带"*"的会计科目在本课程中较少涉及；编号空白的科目是目前财政部尚未给出编号的科目名称。

第二节 会计账户

一、设置会计账户的意义

会计科目只反映了会计信息的内容,而在实务中会计信息是多种多样且随时随地变化着的。这样,会计工作就需要一个实体来对会计科目所反映的各项经济业务进行序时、连续、系统的记录,从而反映各种会计要素的增减变动情况。因此,会计账户是根据会计科目开设的,用来分类、连续地记录各项经济业务的内容,反映各个会计要素增减变化情况的格式型载体。会计账户的实质就是一个按照会计科目所确定的经济内容登录和存储会计资料的数据库。

会计账户与会计科目既相互联系又相互区别。

首先,会计科目就是会计账户的名称,没有会计科目也就没有会计账户。

其次,会计账户是会计科目所反映的经济业务内容的载体,除了会计科目所规定的核算范围、内容及方法以外,还具有一定的结构和格式。这也是会计科目与会计账户的最大区别。

最后,由于会计账户是按照会计科目设置的,并按照会计科目命名,因此在实际工作中,会计科目与会计账户常被作为替换词使用,不加以严格的区别。

二、会计账户的结构

会计账户是会计科目的具体表现形式,载明了每个会计科目下发生的各项业务。而在实务中,如果只是在每个账户下简单地列明会计业务发生的日期和金额,显然不足以向会计信息使用者提供足够的有关经济业务的信息。例如,应收账款项目在3月1日发生了增加,金额为5 000元,如果只是简单记录,就在账户里写明3月1日,增加5 000元;而如果3月22日,又收回了刚才这笔欠款的一部分,3 000元,那么显然又要在里边记录减少3 000元;余额为2 000元。可见,经济业务越多,这些经济信息也就越混乱。因此,为了较全面地展现经济业务,会计账户就必须具备一定的格式。典型的会计账户一般包括以下内容:①账户名称(会计科目);②日期、摘要;③凭证号(说明记账的依据);④增加额、减少额和余额。会计账户的具体格式如表2-3 所示。

表2-3 账户名称 (单位:元)

日 期	凭 证 号	摘 要	金额(本期增加)	金额(本期减少)	余 额

在会计中,一般用左右来表示增减变化。还是以应收账款为例,一旦增加了一笔应收账款,就记到账户的左侧,一旦发生减少,就记到账户的右侧,并可以随时结出余额。如表2-4 所示。

表2-4 应收账款 (单位:元)

日 期	凭 证 号	摘 要	金额(本期增加)	金额(本期减少)	余 额
3月1日	转-0001	应收**公司货款	5 000		5 000
3月22日	转-0002	**公司归还部分货款		3 000	2 000

同时，由于应收账款账户左方记增加，右方记减少，这样会计人员就可以随时结出余额了。

账户在一定期间内登记的经济业务金额的集合称为账户的本期发生额，它反映了该企业在一定时期内各项会计要素的增减变动情况，提供动态的数据。本期发生额又可被分为本期增加发生额和本期减少发生额。前者是指账户在某报告期内增加金额的合计数，后者是指该账户在该报告期内减少金额的合计数。账户的本期增加发生额与本期减少发生额相抵后的差额加上该账户的期初余额就是该账户的期末余额。余额在账户中所在的方向一般与增加发生额的方向相同。另外，余额根据发生的时点不同可分为期初余额和期末余额，反映该账户在特定时点上的金额，提供静态数据。期初余额就是账户报告期开始时的账户金额，如果该企业为新成立的企业，那么多数账户的期初余额为0。期末余额则是一个报告期结束时账户内的余额。当会计把本期期末余额计算出来，并结转入下期期初的时候，该余额也就变成了期初余额。因此，账户结构能够清楚地反映出该账户的期初余额、本期增加发生额、本期减少发生额和期末余额。以上四者关系也可以用公式表示为：

期末余额 = 期初余额 + 本期增加发生额 – 本期减少发生额

在教学中，为了便于说明和讲解，通常使用简化后的 T 形账户，也叫丁字账。如图 2-1 所示。

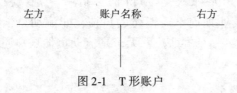

图 2-1 T 形账户

三、账户的分类

每个会计账户只能独立地展现会计信息的一部分，不可能对企业的全部经济业务都加以记录。但是会计信息使用者却需要了解整个企业的全貌，这就需要开设出相互关联的一个账户体系。账户的分类，就是根据不同账户的共同特征及其在会计中的地位和作用，对账户进行的划分，以加深对会计账户的认识，正确地设置和运用账户，更好地反映经济业务情况。

（一）按所反映的经济内容划分

所谓经济内容，是指账户所反映的经济业务的具体内容。每个账户所反映的经济内容并不相同，但是把账户按照所反映的经济业务进行分类，有助于会计信息的记录，也有利于会计信息使用者收集会计信息。事实上，按照经济内容对账户进行分类，基本上就是按照会计要素对其进行分类。另外，不同的财务报表包含不同的会计要素，因此对会计要素进行内容的划分有助于正确衔接会计账户与财务报表的数据。这样，会计账户按照经济内容就可以划分为五类：资产类账户、负债类账户、所有者权益类账户、成本类账户和损益类账户。

1. 资产类账户

资产类账户是核算企业各种资产增减变动及其结存情况的账户。在根据会计要素建立起来的会计恒等式中，资产位于其左侧，因此资产类账户的期初余额和本期增加额体现在账户的左方，资产的减少则体现在账户的右方，而期末余额则一般在左方。

资产类账户按流动性（可变现性）可以划分为流动资产类账户和非流动资产类账户。其中，流动资产是指可以在一年或超过一年的一个营业周期内变现或耗用的资产，流动资产类账户包括"库存现金""银行存款""应收票据""应收账款""预付账款""原材料""库存商品"等。非流动资产是指在一年或超过一年的一个营业周期内无法变现或耗用的资产，非流动资产类账户包括"固定资产""累计折旧""无形资产"等。以上这些资产类账户，无论是流动资产账户还是非流动资产账户，其账户结构都是相同的，如图2-2所示。

图2-2　资产类账户结构

2. 负债类账户

负债类账户是核算企业各种负债增减变动及其结存情况的账户。在根据会计要素建立起来的会计恒等式中，负债位于其右侧，因此负债类账户的期初余额和本期增加额体现在账户的右方，负债的减少则体现在账户的左方，而期末余额则一般在右方。

负债类账户按偿还期限不同可以划分为流动负债类账户和非流动负债类账户。其中，流动负债是指在一年或超过一年的一个营业周期内必须偿还的负债，流动负债类账户包括"短期借款""应付账款""预收账款""应付职工薪酬""应交税费"等。非流动负债是指在一年或超过一年的一个营业期内不需偿还的负债，非流动负债类账户包括"长期借款""长期应付款"等。以上这些负债类账户，无论是流动负债账户还是非流动负债账户，其账户结构都是相同的，如图2-3所示。

左方	负债类账户	右方
		期初余额
本期减少额		本期增加额
		期末余额

图2-3　负债类账户结构

3. 所有者权益类账户

所有者权益类账户是核算企业各种所有者权益增减变动及其结存情况的账户。在根据会计要素建立起来的会计恒等式中，所有者权益位于其右侧，因此所有者权益类账户的期初余额和本期增加额体现在账户的右方，所有者权益的减少则体现在账户的左方，而期末余额则一般在右方。

所有者权益类账户可被划分为反映投入资本的账户，如"实收资本"；反映其他来源的账户，如"资本公积"；反映留存收益的账户，如"盈余公积""本年利润""利润分配"等。以上这些所有者权益类账户，其账户结构都是相同的，如图2-4所示。

左方	所有者权益类账户	右方
		期初余额
本期减少额		本期增加额
		期末余额

图2-4　所有者权益类账户结构

4. 成本类账户

成本类账户是反映企业存货在取得或形成的过程中，起到成本归集和计算作用的账户，它反映企业为生产产品、提供劳务而发生的经济利益的流出。成本类账户的左方反映的是期初余额和本期增加的成本投入，其右方反映的是本期减少额，而期末余额一般在账户的左方。

成本类账户与资产类账户有着密切的联系。在企业中，当生产领用材料后，处于生产过程中的各种在产品"生产成本"和最终产品"库存商品"其实都是企业的资产。从这个意义上讲，成本类账户也是资产类账户。例如，"材料采购"账户既可以归入资产类账户，也可以归入成本类账户。但是对于生产型企业而言，设置成本类账户是必需的，因为这类账户能够帮助会计信息使用者了解整个生产过程中具体的成本投入情况，从而进行及时的监督和控制。成本类账户按照生产过程被分为：核算购进材料的账户，如"材料采购"；核算生产过程的账户，如"生产成本""制造费用"等。但所有的成本类账户，其账户结构都是相同的，如图2-5所示。

左方	成本类账户	右方
期初余额		
本期增加额		本期减少额
期末余额		

图2-5 成本类账户结构

5. 损益类账户

损益，就是亏损和利润。损益类账户就是核算企业经营成果是盈是亏的账户。企业是一个营利性组织，经营的最终成果就是获取利润，也就是某会计期间内各项收入的总额减去各项支出后的余额。损益类账户按照其对利润的影响可分为收入类账户和费用类账户。收入类账户主要包括"主营业务收入""其他业务收入""投资收益""营业外收入"等。该类账户的右方反映收入的增加，左方反映收入的减少或转销，一般期末无余额，其账户结构如图2-6所示。而费用类账户主要包括"主营业务成本""其他业务成本""营业外支出"等。该类账户的左方反映费用的增加，右方反映费用的减少或转销，一般期末无余额，其账户结构如图2-7所示。

左方	收入类账户	右方
本期减少额或转销额		本期增加额
		期末无余额

图2-6 收入类账户结构

左方	费用类账户	右方
本期增加额		本期减少额或转销额
期末无余额		

图2-7 费用类账户结构

账户按经济内容分类如图2-8所示。

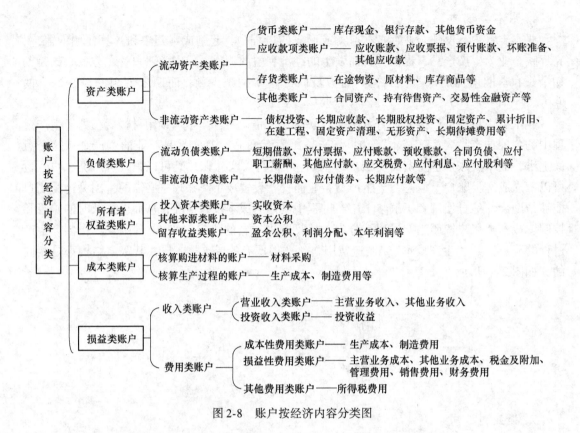

图 2-8　账户按经济内容分类图

（二）按提供指标的详细程度划分

1. 总分类账户

总分类账户又称总账账户，是按照总分类会计科目分别开设的对该会计科目所反映的经济活动进行总括核算的账户。也就是说，每设置一个总账科目，也就相应地必须对应一个总分类账户。例如，有"库存现金"这个总账科目，也就一定有"库存现金"这个总分类账户。另外，因为总分类账户是统驭性账户，所以它们只用货币作为计量单位。

总分类账户可以让信息使用者从总体上了解企业的资产、负债、所有者权益等会计要素的变动情况，从而反映企业的整体财务状况。但是，总分类账户无法反映每个账户内部具体细节的变动情况，因此也就无法向信息使用者提供导致会计信息变动的真正原因。因此，会计主体一般在设置总分类账户的同时还会设置明细分类账户，从而对总分类账户统驭下的具体信息进行反映。

2. 明细分类账户

明细分类账户又称明细账户，是基于某一个总分类账的核算内容，根据企业实际需要设置的，用以提供该总分类账户具体信息的账户。同总分类账户一样，每一个明细分类科目都会对应一个明细分类账户。

在实务操作中，除个别总分类账户不需要设置明细分类账户外，多数的总分类账户都必须设置明细分类账户。例如，为了反映企业在不同金融机构（主要是银行）的存款情况，"银行存款"账户可以按照不同的金融机构名称设置明细分类账，如"银行存款——中国工商银行"。又如，为了清晰地反映客户购买本企业产品后的欠款情况，在"应收账款"账户下可以按照欠款客户的名称设置明细分类账，如"应收账款——A企业"。

另外，与总分类账户不同，明细分类账户既可以使用货币计量单位，也可以使用实物计量单位，以便对会计信息进行必要的补充说明。

最后，明细分类账户是各个企业根据自己的需要设置的，其提供的信息也是为了满足该企业的内部经营所需要的，再加上各个企业的具体情况有很大区别，因此，除了个别账户外，多数明细分类账户的名称及其所记录的具体内容是不能进行统一规定的，只能由各个企业按照自身特点和具体情况进行设定。

（三）按账户的用途和结构分类

账户按用途和结构的不同，可以分为盘存账户、结算账户、资本账户、调整账户、跨期摊提账户、集合分配账户、成本核算账户、期间收支账户、财务成果账户、计价对比账户、待处理暂记账户等十一类账户。下面分别说明各类账户的用途和结构特点。

1. 盘存账户

盘存账户是用来核算企业货币资金和各项实物资产的增减变动及结存情况的账户。其账户使用特点为：借方核算货币资金和各项实物资产的增加数；贷方核算减少数；账户余额一般是在借方，表示货币资金和实物资产的结存数。

盘存账户主要包括"库存现金""银行存款""原材料""库存商品""固定资产""工程物资"等账户。

2. 结算账户

结算账户是用来核算企业同其他单位或个人之间的债权、债务结算情况的账户。

结算账户按其具体用途和结构又可以分为债权结算账户、债务结算账户、债权债务结算账户等。

（1）债权结算账户。债权结算账户是专门用来核算企业同各债务单位或个人之间的债权结算业务的账户。此类账户借方核算债权的增加数；贷方核算债权的减少数；期末账户如果有余额，一般在借方，表示期末尚未收回的债权。

债权结算账户主要包括"应收票据""应收账款""预付账款""其他应收款"等账户。

（2）债务结算账户。债务结算账户是专门用来核算企业同各个债权单位或个人之间的债务结算业务的账户。此类账户贷方核算债务的增加数；借方核算债务的减少数；期末账户如果有余额，一般在贷方，表示期末尚未偿还的债务。

债务结算主要包括"应付票据""应付账款""短期借款""长期借款""应付职工薪酬""应交税费""预收账款""其他应付款"等账户。

（3）债权债务结算账户。债权债务结算账户兼具债权结算账户和债务结算账户的功能。在会计实务中，由于预收业务不多，很多企业会把货款预收业务与应收业务合并，使用"应收账款"账户进行合并核算；同样，如果预付业务不多，很多企业也会把预付业务与应付业务进行合并，使用"应付账款"账户进行合并核算。类似的情况也出现在"其他应收款"和"其他应付款"中。

债权债务结算账户的借方核算债权的增加数和债务的减少数；贷方则相反。期末账户余额可能在借方，也可能在贷方：若累计债权大于债务，则在借方，否则在贷方。

要注意的是，债权债务结算账户的余额是债权债务变动后的净额，而不能表示企业债权债务的实际余额。因此，在编写资产负债表时应根据所属明细账来进行填制，而不能根据其总账余额直接填写。

3. 资本账户

资本账户是用来核算企业所有者投入和各项留存收益的增减变动及其结存情况的账户。资本账户的贷方用来核算所有者投入和各项留存收益的增加数；借方用来核算所有者投入和各项留存收益的减少数；期末余额在贷方，表示期末所有者投入和各项留存收益的实存数。

资本账户主要包括"实收资本"（或"股本"）、"资本公积"、"盈余公积"等账户。

4. 调整账户

调整账户是为了满足经营管理上的特殊需要而设置，用来调整被调整账户以核算被调整账户实际余额的账户。

在会计实务中，经常要对同一个会计科目设置两个账户，从两个不同的方向进行记录，从而恰当地反映会计信息。一般来讲，这两个账户中一个用来反映原始数字，另一个用来反映调整后的数字，然后将原始数字与被调整的数字相加或相减，从而计算出调整后的实际数额。例如，为了反映固定资产的变动和折旧情况，会计上一般设置两个账户"固定资产"和"累计折旧"。这两个账户虽然都是资产类账户，并且都用以反映固定资产的变化，但是前者反映的是固定资产的购置和存续情况，而后者则反映固定资产的折旧情况；前者使用借方来反映固定资产的增加，而后者则用贷方来反映累计折旧的增减；到期末用"固定资产"账户余额减去"累计折旧"账户余额，就可以得到固定资产的净值了。

从账户关系来看，被调整账户是主体账户，用来记录和反映主体数额，调整账户是从属账户，用来记录和反映主体数额的调整数额。调整账户不能脱离被调整账户而单独存在，有调整账户就必然有被调整账户。

调整账户按其调整方式的不同，可以分为三种：备抵账户、附加账户、备抵附加账户。

（1）备抵账户。备抵账户是用来调减被调整账户的余额，以求得被调整账户的实际余额的账户。备抵账户与被调整账户的余额必定方向相反：若被调整账户的余额在借方，则备抵账户的余额则一定在贷方。按照被调整账户的性质，备抵账户又可分为资产备抵账户和权益备抵账户两种。

属于资产备抵账户的主要有"累计折旧"账户（其被调整账户为"固定资产"账户）、"坏账准备"账户（其被调整账户为"应收账款"账户），以及各项资产跌价或减值准备账户（其被调整对象为各资产类账户及项目，如存货项目、"固定资产""无形资产"账户等）。属于权益调整账户的主要有"利润分配"账户，其所属明细账户中除"未分配利润"之外，在期末结账前均具有备抵账户特征，其被调整账户为"本年利润"账户。

（2）附加账户。附加账户是用来调增被调整账户的余额，以求得被调整账户的实际余额的账户。附加账户与被调整账户二者的余额必定方向相同。在实际工作中，附加账户运用得较少。例如，"应付债券——溢价"账户就是"应付债券——面值"账户的附加账户。

（3）备抵附加账户。备抵附加账户是既可以用来调减，又可以用来调增被调整账户的余额，以求得被调整账户实际余额的账户。备抵附加账户在实际执行中究竟执行哪一种功能，取决于该调整账户与被调整账户二者账户余额所处的方向。当二者账户余额方向相反时，其调整方式为备抵调整；当二者账户余额方向相同时，其调整方式为附加调整。

典型的备抵附加账户是"材料成本差异"账户（其被调整账户为按计划成本计价的

"原材料"账户)。

5. 跨期摊提账户

跨期摊提账户是用来核算应由若干个紧密连接的会计期间共同负担的费用,并将这些费用按照一定的比例在不同的期间进行划分的账户。生产型企业的很多费用都具有跨期摊提的特点,例如,某些研发费用,因为这些费用不能算在某一个期间内,而需要在整个受益期内进行分配,从而符合权责发生制的要求。

跨期摊提账户借方用来核算费用的实际发生数;贷方用来核算应由某一收益期间负担的费用摊配数。期末如为借方余额,则表示已支付而尚未摊销的待摊费用;如为贷方余额,则表示已预提而尚未支用的预提费用。一般说来,待摊费用的余额应在借方;预提费用的余额应在贷方。

典型的跨期摊提账户主要有"长期待摊费用"和"应付利息"账户。尽管"长期待摊费用"账户属于资产类账户而"应付利息"账户属于负债类账户,但是,它们却有着很相似的用途和结构。

6. 集合分配账户

集合分配账户是用来核算企业生产过程中发生的间接费用的账户。此类账户首先将这些间接费用进行归集,再按一定标准在成本核算对象间进行分配。

集合分配账户的结构特点是借方核算生产经营过程中间接费用的归集数;贷方核算按一定标准计入各成本核算对象的分配数。一般而言,集合分配账户借方归集的间接费用在当期应分配完毕,因此,这类账户期末通常无余额。

属于集合分配账户的典型账户是"制造费用"账户。

7. 成本核算账户

成本核算账户是用来核算企业生产经营过程中某一阶段所发生的,应计入成本的(即与生产直接或间接相关的)费用,并据以确定各成本核算对象实际成本的账户。成本核算账户的借方核算生产经营过程中某个阶段发生的应计入成本的全部费用;贷方核算已完成某阶段的各成本核算对象实际成本的结转数。成本核算账户如果有余额,只能在借方,表示尚未结束某阶段成本核算对象的实际成本。

成本核算账户主要包括"材料采购""在途物资""生产成本""在建工程""委托加工物资"等账户。

8. 期间收支账户

期间收支账户是用来核算企业一定会计期间的收益和支出的账户。此类账户期末结转后一般无余额,属于虚账户。

(1)期间收益账户。期间收益账户是专门用来核算企业一定会计期间内所发生的应计入当期损益的各项收益的账户。期间收益账户的贷方核算本期收益的增加数;借方核算收益的结转数和期末转入"本年利润"账户的收益数;期末一般无余额。

期间收益账户主要包括"主营业务收入""其他业务收入""投资收益""营业外收入"等账户。

(2)期间支出账户。期间支出账户是专门用来核算企业一定会计期间内所发生的应计入当期损益的各项费用支出的账户。期间支出账户的借方核算本期费用支出的增加数,贷核算本期费用支出的减少数和期末结转"本年利润"账户的费用支出数；期末一般无余额。

期间支出账户主要包括"主营业务成本""税金及附加""其他业务成本""销售费用""财务费用""管理费用""营业外支出""所得税费用"等账户。

9. 财务成果账户

财务成果账户是用来核算企业在一定会计期间内全部经营活动最终成果的账户。

财务成果账户的贷方核算期末由各期间收益账户的借方转入财务成果的合计数；借方核算期末由各期间支出账户的贷方转入财务成果的合计数。这类账户一般应有余额，如果余额在贷方，即为全年实现的盈利；如果余额在借方，即为全年发生的亏损。在年终结算时，要将本年累计实现的利润或亏损转入"利润分配——未分配利润"账户，年终结转后该类账户无余额。

属于财务成果账户的主要是"本年利润"账户。

10. 计价对比账户

计价对比账户是用来强化企业某些经济业务的管理，实行不同计价标准进行核算对比，借以确定其业务成果的账户。

计价对比账户的借方核算某项经济业务的一种计价，贷方核算该项业务的另一种计价；期末将两种计价进行对比，据以确定成果。需要注意的是，计价对比账户虽然使用两种计价标准，但其计价对象是一致的。

计价对比账户主要包括"固定资产清理"等账户。在实行计划成本法核算的条件下，"材料采购""生产成本"等成本核算账户兼具计价对比账户的特点。

11. 待处理暂记账户

待处理暂记账户是用来核算企业财产清查中因盘盈或盘亏所形成，但尚未正式确认责任或损益的账户。待处理暂记账户的借方核算本期发生的待处理的盘亏及毁损数、本期获准结转处理的财产盘盈数；贷方核算本期发生的待处理盘盈数、本期获准结转处理的财产盘亏及毁损数。该类账户余额若在借方，则表示尚待处理的各项财产物资盘亏及毁损净值；余额若在贷方，则表示尚待处理的各项财产物资盘盈净值。待处理事项应尽快督办结束，各会计期末应将待处理事项全部处理完毕，因此该账户期末应无余额。

待处理暂记账户主要包括"待处理财产损溢"账户，下设"待处理流动资产损溢"和"待处理固定资产损溢"两个明细账户，以区别两类资产的盘盈和盘亏情况。

（四）按账户的期末余额划分

账户按照期末余额分类，可以分为借方余额账户、贷方余额账户和期末无余额账户。借方余额账户是指账户的借方表示增加，贷方表示减少的账户，这类账户的期末余额一般会出现在借方。资产类账户一般是借方余额账户。贷方余额账户是指贷方表示增加，借方表示减少的账户，这类账户的期末余额也一般会出现在贷方。负债类账户一般是贷方余额账户。期末无余额账户是指在期末结账时，将其借方和贷方的发生额分别从贷方和借方转出，转出后没有余额的账户。成本类、损益类账户一般属于期末无余额账户。

会计上一般把期末有余额的账户统称为"实账户"，包括借方余额账户和贷方余额账户，如资产类、负债类和所有者权益类账户等。实账户也是编制资产负债表的基础。相对应的"虚账户"被用来专指期末无余额的账户，成本类和损益类账户即属于此类账户。其中，损益类账户能够反映企业每一期的收入和支出情况，因此是编制利润表的基础。对于会计信息使用者而言，实账户一般可以反映企业的现存资产、负债和所有者权益的基本状况，而虚账户则可以反映企业生产经营的结果。

思 考 题

1. 什么是会计科目？
2. 什么是会计账户？
3. 账户按经济内容的分类与账户按用途和结构的分类有什么联系和区别？
4. 会计科目与会计账户二者有什么联系与区别？
5. 账户按照所反映经济内容划分可分为哪些种类？其特点是什么？
6. 在资产类账户中，哪些是调整账户？举例说明其结构及其调整方法。
7. 调整账户有哪几类？各类之间的区别有哪些？
8. 试述结算账户的用途、种类和结构。
9. 为什么要设置债权债务结算账户？其结构特点是什么？

练 习 题

一、单项选择题

1. 会计科目是（ ）。
   A. 会计账户的名称   B. 财务报表的名称   C. 会计要素的名称   D. 会计账簿的名称
2. 对于每一个账户而言，该账户的本期增加额（ ）。
   A. 必在账户的借方（左方）   B. 必在账户的贷方（右方）
   C. 可能在借方也可能在贷方   D. 只能在账户的一方
3. 对于费用类账户，以下说法中正确的是（ ）。
   A. 贷方（右方）登记费用的发生额   B. 借方（左方）登记费用的发生额
   C. 期末余额在贷方   D. 期末余额在借方
4. 账户的左右两方，哪一方登记增加数，哪一方登记减少数，取决于（ ）。
   A. 核算要求   B. 账户的类型   C. 记账方法   D. 账户的级别
5. 明细分类账户对其所隶属的总分类账户起着（ ）。
   A. 控制作用   B. 辅助作用   C. 统驭作用   D. 总括作用
6. 根据现行会计制度规定，（ ）不能随意自行设置。
   A. 三级账户   B. 总分类账户   C. 二级账户   D. 明细分类账户
7. 下列账户中不属于损益类的是（ ）。
   A. 生产成本   B. 投资收益   C. 营业外支出   D. 主营业务收入
8. 账户开设的依据是（ ）。
   A. 会计对象   B. 会计要素   C. 会计科目   D. 会计方法
9. 假如企业某资产账户期初余额为5 600元，期末余额为5 700元，本期贷方发生额为800元，则本期借方发生额为（ ）。
   A. 900元   B. 10 500元   C. 700元   D. 12 100元
10. 下列账户中属于收入要素的是（ ）。
    A. 应收账款   B. 其他应收款   C. 其他业务收入   D. 投资收益
11. 账户余额一般与（ ）在同一方向。
    A. 增加额   B. 减少额   C. 借方发生额   D. 贷方发生额
12. 下列账户属于收入类账户的是（ ）。

A. 实收资本　　　　　B. 资本公积　　　　　C. 营业外收入　　　　D. 本年利润
13. 收益类账户的结构与所有者权益类账户的结构（　　）。
A. 完全一致　　　　　B. 相反　　　　　　　C. 基本上相同　　　　D. 无关
14. 企业的会计科目必须反映（　　）的特点。
A. 会计对象　　　　　B. 会计职能　　　　　C. 会计本质　　　　　D. 会计定义
15. 对每个账户而言，期末余额只能在（　　）。
A. 借方　　　　　　　B. 贷方　　　　　　　C. 借方和贷方均可　　D. 账户的一方
16. 总分类账户对明细分类账户起着（　　）。
A. 统驭和控制作用　　B. 补充和说明作用　　C. 指导作用　　　　　D. 辅助作用

二、多项选择题

1. 下列项目中，属于企业流动资产的有（　　）。
A. 银行存款　　B. 预收账款　　C. 应收账款　　D. 库存商品　　E. 累计折旧
2. 账户的结构，应包括（　　）。
A. 账户左方登记的内容　　　　B. 账户右方登记的内容　　　　C. 账户期末余额及方向
D. 账户余额反映的内容　　　　E. 账户的类别
3. 有关会计科目与会计账户的关系，下列说法正确的有（　　）。
A. 账户是根据会计科目设置的，会计科目是账户的名称
B. 账户既可用于登记某项经济业务的内容，又具有一定的结构格式
C. 会计科目只表明某项经济业务的内容
D. 会计科目与账户的名称完全一致，因而两者没有区别
E. 会计科目没有实体形式，而会计账户有
4. 对于明细分类科目，下列说法正确的有（　　）。
A. 是进行明细分类核算的依据　　B. 也称二级或三级会计科目　　C. 企业可以自行设置
D. 能提供更加详细具体的指标　　E. 是明细分类账户的名称
5. 账户中各项金额的关系可用（　　）表示。
A. 本期期末余额 = 期初余额 + 本期增加发生额 – 本期减少发生额
B. 本期期末余额 + 本期减少发生额 = 期初余额 + 本期增加发生额
C. 本期期末余额 = 本期增加发生额 + 本期减少发生额
D. 本期期末余额 = 本期期初余额
E. 增加额 = 减少额
6. 下列不属于财政部统一规范的会计科目有（　　）。
A. 库存现金　　B. 增值税　　C. 应交税费　　D. 机器设备　　E. 银行汇款
7. 下列属于财政部统一规范的会计科目有（　　）。
A. 银行存款　　B. 应付工资　　C. 持有待售资产　　D. 预收账款　　E. 管理费用
8. 下列说法中不正确的有（　　）。
A. 账户的结构分为左方和右方　　B. 会计科目与会计账户并存
C. 会计科目的编号只是为了方便查找
D. 我国会计科目及核算内容由国家商务部统一制定
E. 会计科目在实际应用中可以采用简称
9. 通过账户的对应关系可以（　　）。
A. 检查经济业务处理的合理合法性　　B. 了解经济业务的内容　　C. 进行试算平衡
D. 登记账簿　　　　　　　　　　　　E. 对经济业务进行分类
10. 下列项目中，属于会计科目的有（　　）。

A. 固定资产　　B. 运输设备　　C. 合同负债　　D. 未完工产品　　E. 累计折旧
11. 下列说法中正确的有(　　)。
A. 账户的余额一般与记录增加额在同一方向
B. 损益类账户在期末结转后一般无余额
C. 成本类账户如有余额，则按负债类账户期末余额计算公式计算
D. 收入类账户如有余额，则按负债类账户期末余额计算公式计算
E. 账户期末余额的计算与其发生额无关
12. 下列账户中属于所有者权益要素的有(　　)。
A. 本年利润　　B. 盈余公积　　C. 实收资本　　D. 投资收益　　E. 资本公积
13. 下列账户中属于资产要素的有(　　)。
A. 应收账款　　B. 合同资产　　C. 预收账款　　D. 资本公积　　E. 累计折旧
14. 下列账户中属于负债要素的有(　　)。
A. 预付账款　　B. 应付股利　　C. 应付利息　　D. 利润分配　　E. 应交税费
15. 下列账户中属于成本类的账户有(　　)。
A. 生产成本　　B. 制造费用　　C. 主营业务成本　　D. 管理费用　　E. 财务费用
16. 总分类账户与所属的明细分类账户(　　)。
A. 是性质相同的账户　　　　B. 是结构不同的账户　　　　C. 所反映的对象相同
D. 采用平行登记方法　　　　E. 登记的原始依据相同
17. 账户的构成要素一般包括(　　)。
A. 账户名称　　B. 日期与摘要　　C. 凭证号数　　D. 金额　　E. 会计分录
18. 经济业务的发生会引起资产和收入增减变动的情况有(　　)。
A. 资产增加，收入减少　　　　B. 资产减少，收入增加　　　　C. 资产和收入同时增加
D. 资产和收入同时减少　　　　E. 收入增加，资产不变

三、判断题
1. 所有账户都是根据会计科目开设的，包括总分类账户和明细分类账户。　　　　(　　)
2. 遵循统一性和灵活性原则，是设置会计科目的原则之一。　　　　(　　)
3. 通过账户的对应关系，可以检查对经济业务的处理是否合理合法。　　　　(　　)
4. 在手工操作方式下，总分类科目既要写科目的全称，又要写出科目的编号，但在计算机操作方式下，只写会计科目即可。　　　　(　　)
5. 收入类和费用类账户一般没有期末余额，但一般有期初余额。　　　　(　　)
6. 企业资金运动表现为经营资金的循环和周转。　　　　(　　)
7. 为了全面地反映经济内容，会计科目的设置应越多越好。　　　　(　　)
8. 在我国，不管是商业企业还是产品制造业企业，因都有企业性质，故使用的会计科目是一致的。　　　　(　　)
9. 每一类账户的期末余额都应登记在借方。　　　　(　　)
10. 为了核算企业销售产品过程中所发生的各种费用，应设置"差旅费"账户。　　　　(　　)
11. "应收账款"和"其他应收款"账户核算的经济内容可以有部分相同。　　　　(　　)

第三章 复式记账

【教学目的】

通过本章学习，学生应当掌握并了解：
1. 复式记账法的基本原理和方法。
2. 借贷记账法的基本原理和方法。
3. 借贷记账法下的记账方法。
4. 借贷记账法下的试算平衡方法。
5. 其他复式记账法的基本原理和方法。

第一节 复式记账原理

一、记账方法的含义

在设置了科学、规范的会计科目后，为了更加真实有效地反映企业的财务情况，还需要一套科学的记账方法将会计事项登记到账户中。所谓记账方法，是指按照一定的记账原理，使用一定的记账符号和记账规则，将会计交易或者事项登记入账的技术和方法。迄今为止，会计记账方法基本可以分为两种：单式记账法和复式记账法。

二、记账方法的分类

（一）单式记账法

单式记账法是指经济业务发生后，只在一个账户进行单方面记录的记账方法。单式记账法是一种相对比较原始、比较朴素的记账方法。在该种记账方法下，只设置"库存现金""银行存款""应收账款"和"应付账款"四个账户，每当发生经济业务时，会计人员只在一个账户中进行反映。

【例3-1】 旅永公司20××年5月发生一笔原材料购买业务（不考虑增值税），价格30 000元，款项以银行存款支付。

在单式记账法下，这笔经济业务只在"银行存款"账户内记录减少了30 000元，而具体的实物去了哪里就无从反映了。

【例3-2】 旅永公司20××年5月收回黄玲公司前欠款8 000元，存入银行。

在单式记账法下，这笔业务会在两个账户内进行反映，即"银行存款"账户记增加8 000元，"应收账款"账户记减少8 000元。虽然看似是在两个账户进行的记录，但是事实上这两个账户是分割的，相互间没有关系，各记各的，与下面所讲的复式记账法完全不同。

单式记账法的优点是通俗易懂，容易入门。但是，单式记账法的缺陷也很明显。

（1）单式记账法账户设置比较单一，且账户间没有必要的联系，从而缺乏全面的账户体系。

（2）单式记账法由于账户的单一，导致其不能对会计主体的信息进行全面、系统的反映，不能揭示整个经济业务的来龙去脉。

（3）由于缺乏账户间的制衡关系，单式记账法不能有效地完成对账户记录的检查，从而容易发生错漏。

综上所述，单式记账法虽然简单易懂，但是其具体操作中的若干缺点使其无法成为主流的会计记账方法。

（二）复式记账法

1. 复式记账法的定义

复式记账法是指在每笔经济业务发生后，都要对其在两个或两个以上账户中，用相等的金额进行记录的一种记账方法。复式记账法的"复"即"重复"之意，也就是对同一项经济业务在不同的账户中进行"重复"的记录。下面仍以以上两项经济业务进行举例。

【例3-3】 旅永公司20××年5月发生一笔原材料购买业务（不考虑增值税），价格30 000元，款项以银行存款进行支付。

在复式记账法下，会计会对这笔经济业务在"银行存款"账户内记录减少30 000元，再在"原材料"账户中记录增加30 000元。这样，从会计记录上看，就是原材料增加了30 000元，而这些原材料是用银行存款进行购买的，清楚地反映了经济业务的来龙去脉。

【例3-4】 旅永公司20××年5月收回黄玲公司前欠款8 000元，存入银行。

在复式记账法下，这笔业务也会在两个账户内进行反映，即"银行存款"账户记增加8 000元，"应收账款"账户记减少8 000元。与单式记账法不同的是，这样的记账方法还反映出了该笔应收账款的减少是由于收回了款项并存入银行导致的，而不是由其他原因，如产生的坏账所导致的。

复式记账法改善了单式记账法记录方式单一的问题，而且要设置一套完整的账户体系来对经济业务进行反映。通过将同一经济业务在不同的账户中进行反映，复式记账法清楚地反映了该笔业务的来龙去脉，帮助会计使用者了解企业的整体财务状况。最重要的是，复式记账法通过"资产＝负债＋所有者权益"等式，可以帮助会计人员进行账目核查；通过账户间的制衡关系，可以识别记账时发生的各种错漏。因此，复式记账法是目前主流的记账方法。

2. 复式记账法的理论基础和记账原则

复式记账法的基本原理是由意大利数学家卢卡·帕乔利在其著作《算术、几何及比例概要》中首先提出的。会计的核算对象是企业的资金运动，而资金的运动无非两个方向：一个是资金的增加，另一个是资金的减少。而在企业的会计信息中，一项资金的增加，总会伴随着另一项资金的减少，这样复式记账的原理也就随之产生了。在经济业务发生时，会计人员将该笔业务所导致的资金的增加方和资金的减少方同时进行记录和反映，这样增加的资金的来源就能够比较清晰地展现出来（也就是减少资金的一方）。这样，复式记账法就能更好地展现企业资金运动的全貌，并反映每笔经济业务发生的来龙去脉。

复式记账法有以下原则：

（1）以会计等式为基础。会计等式是指会计要素之间数字关系的表达形式，如"资产＝负债＋所有者权益"。会计的对象是特定企业的资金运动，而资金运动最基本的数字关系就是会计等式，它揭示了资金运动的内在逻辑。因此，会计等式也就成了复式记账法的基础。

（2）每项业务都要以相等的金额在两个或两个以上的账户中进行"复"式记账。根据资金运动的基本规律，每项业务的发生都会对一个以上账户发生影响，这种影响就是两个或两个以上账户的数字会发生增减变动。

（3）经济业务对账户的影响决定记账规则。经济业务发生后，会计等式的变化有两种：一种是会计等式两边的要素同时发生同向变化，即同增或同减；另一种是只影响会计等式一边的要素，具体的体现就是在会计等式一边的要素发生有增有减的变化。这样，不同的复式记账法都会涉及"两边同向或同边异向"的记账规则。

（4）用试算平衡对账户记录进行查验。复式记账法较单式记账法最大的好处就是可以依靠会计等式两边的账户制衡关系保证会计信息的准确性。由于记账规则是"两边同向或同边异向"的记录，因此每笔记录一定会保证会计等式的平衡。这样，如果发生错记，就一定会导致会计等式的破坏，从而帮助会计人员查验记账中的错误。

3. 复式记账法的种类

复式记账法根据其记账符号、记账规则等方面的不同，又可以分为借贷记账法、增减记账法和收付记账法等种类。其中，借贷记账法起源较早，目前运用比较广泛，其科学性和合理性也早已被验证。本章第二节将对其进行专门介绍，这里不再赘述。

（1）增减记账法。增减记账法是一种以"增"和"减"作为记账符号，并且以"资金占用＝资金来源"为理论依据的记账方法。该方法能够直接反映出经济业务所引起的会计要素增加或减少的变化情况。

增减记账法最早能追溯到我国古代会计的"四柱清册"。其中，"四柱"是指"旧管（期初结存）""新收（本期增加）""开除（本期减少）""实在（期末结存）"四大元素，其关系为"旧管＋新收－开除＝实在"。在这种平衡关系下，企业会计可以较全面地反映经济活动的全貌，并且使会计能够根据平衡关系对会计账簿中的记录进行查验。"四柱清册"是全世界使用得较早的记账方法，也是1949年后我国记账方法的理论和实践基础。

1949年后，我国当代会计制度曾一度实行增减记账法，1964年在我国商业系统中首先运行，之后在工业等其他行业中使用。1993年7月1日，我国颁布了《企业会计准则》，其中正式将增减记账法改为借贷记账法。

1）记账原理：资金来源＝资金占用。

2）记账符号：增减记账法以"增"和"减"作为记账符号，凡经济业务引起资金来源或资金占用增加，就在账户中记增；凡经济业务引起资金来源或资金占用减少，就在账户中记减。这样的符号表达清楚、明了，一看便知经济业务的具体情况，比较符合一般的认识习惯。

3）账户设置：全部账户固定地分为资金来源和资金占用两大类，不能设置双重性质的账户。如不能把"应收账款"账户和"预收账款"账户合并设置成"应收账款"账户。

4）记账规则：凡涉及资金来源和资金占用两类账户的经济业务，同时记增或记减、金额相等；凡涉及资金来源或资金占用一类账户的经济业务，记有增有减，增减金额相等。其具体使用口诀是"两类账户，同增同减，金额相等；同类账户，有增有减，金额相等"。

5）试算平衡方法：两类账户的余额和增减发生额的差额必须相等，并用以检查账户记录的正确性和完整性。

（2）收付记账法。收付记账法是一种以"收"和"付"作为记账符号，反映经济业务引发会计要素增减变动的一种复式记账法。按照收付的主体不同，收付记账法又可以分为资金收付记账法、财产收付记账法和现金收付记账法三种。收付记账法曾在我国预算会计中长期使用。

1）以"收"和"付"作为记账符号。对所发生的各种经济业务都以资金的收付决定记账方向。

2）账户分为资金来源、资金运用和资金结存三类。资金来源类账户反映资金的来源渠道，资金运用类账户反映资金的去向，资金结存类账户反映货币资金和财产物资的结存情况。

3）记账规则。收付记账法的记账口诀为"同收、同付、有收有付"，即资金来源类或资金运用类账户和资金结存类账户发生对应关系，当资金结存增加或减少时，要同时记收和付，且金额相等；资金来源类账户和资金运用类账户或同类各账户之间发生对应关系，当不涉及资金结存增减变化时，要分别记收和付，且金额相等。

4）试算平衡方法为发生额试算平衡和余额试算平衡。

第二节 借贷记账法

一、借贷记账法的历史沿革

借贷记账法是目前国际通用的标准记账方法。该复式记账法以"借"和"贷"作为记账符号，对经济业务进行反映和记录。

借贷记账法源于 13~15 世纪的意大利，其中佛罗伦萨和威尼斯作为意大利最著名的贸易城市，是最早启用借贷记账法的地区。当时，受文艺复兴的影响，西方资本主义经济有了长足的发展，商品贸易十分兴旺，此时大量的贸易需要更多资金的支持。在会计界，为了适应商业资本和借贷资本经营管理者的需要，以"借"和"贷"从借贷资本家的角度对资金运动进行反映就成了历史的必然。借贷资本家的主要业务是存贷和放贷，也就是吸收存款和发放贷款。对于借入（也就是存入）的款项，记在"贷主"的名下，视为自己的"负债"；对于放出（也就是放贷）的款项，记在"借主"的名下，视为自己的"资产"。这样，"借""贷"二字逐渐成了债权债务的代名词。由于借贷资本家使用了该复式记账法，而且确实科学、有效，该方法迅速随着经济贸易的流通逐渐渗透到其他行业和领域中。但是，显然"借""贷"二字对于商业资本家而言不再表示原来的"借主"和"贷主"的意思了，而这两个字作为符号被保留了下来，变成了会计的专门术语。

到 15 世纪，借贷记账法的记账规则和账户设置基本完备，能够清楚、科学、完整、连续地对经济业务进行反映。随之，理论界也开始对借贷记账法进行深入研究，并提出了其理论依据，也就是"资产＝负债＋所有者权益"的等式。当下，作为一种科学有效的记账工具，借贷记账法已经被世界上多数国家所采用，而各国也可以以该方法为基础，了解其他国家企业的具体会计信息。

为了适应国际化发展的需要，我国也于 1993 年放弃了原先的增减记账法，而改用借贷记账法。

二、借贷记账法的记账符号与应用

（一）借贷记账法的记账符号

在第二章中，讲到每个账户都有"左方"和"右方"，在这里将把这两个词进行替换，也就是"借方"和"贷方"，因此，借贷记账法的记账符号简称为"借"和"贷"。按照第一章的会计等式：

$$资产 + 费用 = 负债 + 所有者权益 + 收入$$
$$资产 = 负债 + 所有者权益 + 利润$$

可以得出以下结论：①资产和费用的增加记"借方"；②负债、所有者权益、收入和利润的增加记"贷方"；③资产和费用的减少记"贷方"；④负债、所有者权益、收入和利润的减少记"借方"。

借贷双方反映的内容如图 3-1 所示。

借(左)方	账户名称	贷(右)方
资产的增加		资产的减少
费用的增加		费用的减少
负债的减少		负债的增加
权益的减少		权益的增加
收入的减少		收入的增加
利润的减少		利润的增加

图 3-1　借贷双方反映的内容

（二）借贷记账法下的经济业务类型

在借贷记账法下，经济业务类型可能有以下九种基本情况（只考虑资产、负债和所有者权益）。

(1) 一项资产增加，另一项资产等额减少。
(2) 一项负债增加，另一项负债等额减少。
(3) 一项所有者权益增加，另一项所有者权益等额减少。
(4) 一项负债增加，一项所有者权益等额减少。
(5) 一项所有者权益增加，一项负债等额减少。
(6) 一项资产增加，一项负债等额增加。
(7) 一项资产增加，一项所有者权益等额增加。
(8) 一项资产减少，一项负债等额减少。
(9) 一项资产减少，一项所有者权益等额减少。

（三）借贷记账法的记账规则

1. 记账规则口诀

在借贷记账法下，记账规则的口诀是"有借必有贷，借贷必相等"。也就是，只要有借方记录，就一定会有贷方记录，且借贷方所记录的数字必须相等。例如，在上述九种情况下，借贷记账法会做以下处理。

(1) 借记一项资产增加，贷记另一项资产等额减少。
(2) 贷记一项负债增加，借记另一项负债等额减少。

（3）贷记一项所有者权益增加，借记另一项所有者权益等额减少。
（4）贷记一项负债增加，借记一项所有者权益等额减少。
（5）贷记一项所有者权益增加，借记一项负债等额减少。
（6）借记一项资产增加，贷记一项负债等额增加。
（7）借记一项资产增加，贷记一项所有者权益等额增加。
（8）贷记一项资产减少，借记一项负债等额减少。
（9）贷记一项资产减少，借记一项所有者权益等额减少。

2. 账户对应关系和对应账户

运用借贷记账法的记账规则，在账户中登记每一笔经济业务后，在有关账户之间形成的应借、应贷的相互关系，称为账户的对应关系。存在着对应关系的账户，称为对应账户。

在会计实务中，不同的经济业务会产生不同的账户对应关系。例如，企业从银行提取现金的经济业务，一方面引起库存现金的增加，另一方面引起银行存款的减少，因此就会产生"库存现金"和"银行存款"两个账户之间的账户对应关系。不同的账户之间可能有对应关系，也可能没有对应关系，如收入类账户和费用类账户之间一般不会产生账户对应关系。因此，正确掌握账户对应关系，有助于正确地进行会计业务核算。

3. 会计分录

会计分录是用特定格式写成的，表示借、贷方具体记录信息的表达方式。按照所涉及账户的多少，会计分录可分为简单会计分录和复合会计分录。简单会计分录是指只涉及一个账户借方和另一个账户贷方的会计分录，即一借一贷的会计分录；复合会计分录是指由两个以上（不含两个）对应账户所组成的会计分录，即一借多贷、一贷多借或多借多贷的会计分录。会计分录就是会计记账的基本格式。会计分录有三个基本要素：记账方向、账户名称（会计科目）和记账金额。

编制会计分录的具体步骤如下。
（1）分析经济业务所涉及的会计要素。
（2）确定会计要素对应的会计科目。
（3）确定各科目的记账金额和记账方向。
（4）编制分录。
（5）检查分录中的借、贷方科目是否正确，金额是否相等。

下面用具体事例说明会计分录的使用方法。

【例3-5】 旅永公司20××年1月收到投资者投资100 000元，存入银行。

该笔业务会导致资产的增加和所有者权益的增加，因此应当在借方记录资产增加，在贷方记录所有者权益的增加。会计分录如下：

借：银行存款　　　　　　　　　　　　　　　　　　　　　　　100 000
　　贷：实收资本　　　　　　　　　　　　　　　　　　　　　　100 000

在会计人员使用会计分录进行记录时，一定要注意"借"和"贷"的书写位置，"贷"要比"借"靠右两个字。同时，贷方的其他信息也要相应地比借方其他信息靠右两个字书写。

【例3-6】 旅永公司20××年1月借入短期借款20 000元，用以偿还前欠货款。

该笔业务会导致一项负债的增加和另一项负债的减少，此时应当在借方记录"应付账款"的减少，在贷方记录"短期借款"的增加。

借：应付账款　　　　　　　　　　　　　　　　　　　　　20 000
　　贷：短期借款　　　　　　　　　　　　　　　　　　　　　　20 000

在书写时要注意，借方必在上，贷方必在下。

【例 3-7】 旅永公司 20××年 1 月收到美华公司的原材料一批，已经验收入库，价格 100 000 元（不考虑增值税）。在 1 月月初，旅永公司已将一部分款项预支给了对方，金额 56 000 元，此时收到材料后用银行存款将余款补齐。

该笔业务需要编制两笔会计分录。第一笔分录是：一方面引起"原材料"增加，另一方面引起"预付账款"减少。其中"原材料"账户应记录增加 100 000 元，反映在借方；"预付账款"减少 100 000 元，反映在贷方。第二笔分录是：一方面引起"预付账款"增加，另一方面引起银行存款减少。其中"预付账款"账户应记录增加 44 000 元，反映在借方；"银行存款"账户应记录减少 44 000 元，反映在贷方。

借：原材料　　　　　　　　　　　　　　　　　　　　　100 000
　　贷：预付账款　　　　　　　　　　　　　　　　　　　　　100 000
借：预付账款　　　　　　　　　　　　　　　　　　　　　44 000
　　贷：银行存款　　　　　　　　　　　　　　　　　　　　　44 000

4. 借贷记账法下的账户登记

账户登记，就是把编制完成的会计分录具体信息登入所对应的账户中，保证科目、记账方向和金额的准确。

（四）借贷记账法下的基本账户结构

在第二章中曾经提到，每个账户都由左方和右方构成，在借贷记账法下"左方"和"右方"被替换为"借方"和"贷方"。在具体的经济业务发生后，会计术语可以称"借记某科目"和"贷记某科目"。

在借贷记账法下，一般会对每个账户的借贷方所记录的经济内容进行严格的定义，但无论如何，借贷方的记录一定是反向的。如果某账户的"借方"被规定记录"增加"，那么其"贷方"就一定会记录其"减少"；如果某账户的"借方"被规定记录"减少"，那么其"贷方"就必定记录其"增加"。在借贷记账法下，不同的账户性质其借贷方的记录是不同的，具体内容如下。

1. 资产类账户

资产类账户是核算企业各种资产增减变动及其结存情况的账户。在根据会计要素建立起来的会计恒等式中，资产位于其左侧，因此资产类账户的期初余额和本期增加额体现在账户的借方，资产的减少也就是本期减少额则体现在账户的贷方，而期末余额则一般在借方。其中期初余额、本期增加额、本期减少额和期末余额的关系如下。

$$期初余额 + 本期增加额 - 本期减少额 = 期末余额$$

资产类账户结构如图 3-2 所示。

图 3-2　资产类账户结构

2. 负债类和所有者权益类账户

负债类账户是核算企业各种负债增减变动及其结存情况的账户。在根据会计要素建立起来的会计恒等式中，负债位于其右侧，因此负债类账户的期初余额和本期增加额体现在账户的贷方，负债的减少则体现在账户的借方，而期末余额则一般在贷方。期初余额、本期增加额、本期减少额和期末余额的关系如下。

$$期初余额 + 本期增加额 - 本期减少额 = 期末余额$$

负债类账户结构如图 3-3 所示。

借方	负债类账户	贷方
		期初余额
本期减少额		本期增加额
		期末余额

图 3-3　负债类账户结构

所有者权益类账户是核算企业各种所有者权益增减变动及其结存情况的账户。与负债类账户相同，在根据会计要素建立起来的会计恒等式中，所有者权益位于其右侧，因此所有者权益类账户的期初余额和本期增加额体现在账户的贷方，所有者权益的减少则体现在账户的借方，而期末余额则一般在贷方。期初余额、本期增加额、本期减少额和期末余额的关系如下。

$$期初余额 + 本期增加额 - 本期减少额 = 期末余额$$

所有者权益类账户结构如图 3-4 所示。

借方	所有者权益类账户	贷方
		期初余额
本期减少额		本期增加额
		期末余额

图 3-4　所有者权益类账户结构

3. 损益类账户

损益，就是亏损和利润。损益类账户按照其对利润的影响可分为收入类账户和费用类账户。收入类账户贷方反映收入的增加，借方反映收入的减少；费用类账户借方反映费用的增加，贷方反映费用的减少。在第二章讲到，这两类账户一般没有期初和期末余额，最终的期末余额会被结转到其他账户中去，具体内容和方法将在第四章中进行解释。

费用类账户结构如图 3-5 所示。

借方	费用类账户	贷方
		本期减少额
本期增加额		（转销额）
本期增加额合计		本期减少额合计

图 3-5　费用类账户结构

收入类账户结构如图3-6所示。

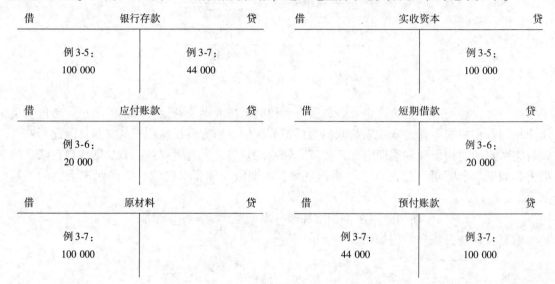

图3-6 收入类账户结构

在对账户结构有了具体了解之后，就可以根据之前讲述的经审核无误的"会计分录"登记账户了。以例3-5～例3-7的数据为依据，这三笔业务在会计账户中的记录如下。

借	银行存款	贷	借	实收资本	贷
	例3-5：	例3-7：			例3-5：
	100 000	44 000			100 000

借	应付账款	贷	借	短期借款	贷
		例3-6：			例3-6：
		20 000			20 000

借	原材料	贷	借	预付账款	贷
	例3-7：			例3-7：	例3-7：
	100 000			44 000	100 000

在会计中，根据会计分录登记账户的过程，也就是将各会计分录中的金额分别登记入账的过程，被称为"过账"。在过账后，一般到月末终了要结算出账户的本期发生额合计和期末余额，这在会计上称为"结账"。

三、借贷记账法下的试算平衡

在会计期末，为保证会计数据的准确性，会计人员要对本期的所有会计信息进行核查和校对，发现错误，及时改正。在借贷记账法下，由于有会计等式的制衡关系，即资产＝负债＋所有者权益，因此会计人员可以以这个恒等关系为基础进行数字核对。所谓试算平衡，是指运用会计等式的基本数理关系，对一定期间的会计信息进行核对和检查，从而保证会计信息准确性和完整性的过程。

借贷记账法的试算平衡，根据"有借必有贷，借贷必相等"的基本原则，可知全部账户借方发生额的合计数必等于全部账户贷方发生额的合计数；而且，由于期初余额一定是借贷平衡的，因此全部账户的借方余额必定与全部账户的贷方余额相等。根据这两点，借贷记账法的试算平衡又可以分为账户发生额试算平衡和账户余额试算平衡两种。其公式如下。

全部账户本期借方发生额合计 ＝ 全部账户本期贷方发生额合计

全部账户借方余额合计 ＝ 全部账户贷方余额合计

在试算平衡工作中，通常在会计期末，在结出各个账户本期发生额和期末余额后，编制

"总分类账户发生额试算平衡表"和"总分类账户余额试算平衡表"。下面,用具体事例来展示旅永公司20××年1月的"总分类账户发生额试算平衡表"和"总分类账户余额试算平衡表"。

【例3-8】 旅永公司20××年1月初各账户余额如表3-1所示。

表3-1 旅永公司20××年1月初账户余额 (单位:元)

资产账户	借方余额	负债和所有者权益	贷方余额
库存现金	16 000	短期借款	180 000
银行存款	360 000	应付账款	141 000
原材料	220 000	其他应付款	15 000
		实收资本	200 000
		资本公积	60 000
合计	596 000	合计	596 000

该月,旅永公司共发生以下10笔经济业务。
(1) 从银行提取现金2 000元备用。
(2) 购入材料一批共计60 000元,已验收入库,贷款尚未支付(不考虑增值税)。
(3) 收到某投资者投入货币资金100 000元,存入银行。
(4) 用银行存款归还前欠应付账款12 000元。
(5) 向银行借入短期借款60 000元,直接用来偿还应付账款。
(6) 经协商,将所欠某单位的应付账款120 000元转作本企业的资本。
(7) 用银行存款12 000元支付前欠租入固定资产租金。
(8) 维修公司办公楼发生修理费16 000元,款项尚未支付。
(9) 用资本公积40 000元转增资本。
(10) 用银行存款60 000元,归还银行短期借款55 000元,偿还前欠货款5 000元。

根据以上经济业务,会计人员编制会计分录如下。

(1) 借:库存现金 2 000
  贷:银行存款 2 000
(2) 借:原材料 60 000
  贷:应付账款 60 000
(3) 借:银行存款 100 000
  贷:实收资本 100 000
(4) 借:应付账款 12 000
  贷:银行存款 12 000
(5) 借:应付账款 60 000
  贷:短期借款 60 000
(6) 借:应付账款 120 000
  贷:实收资本 120 000
(7) 借:其他应付款 12 000
  贷:银行存款 12 000

(8) 借：管理费用　　　　　　　　　　　　　　　　　16 000
　　　贷：应付账款　　　　　　　　　　　　　　　　　　　16 000
(9) 借：资本公积　　　　　　　　　　　　　　　　　40 000
　　　贷：实收资本　　　　　　　　　　　　　　　　　　　40 000
(10) 借：应付账款　　　　　　　　　　　　　　　　　5 000
　　　　短期借款　　　　　　　　　　　　　　　　　55 000
　　　贷：银行存款　　　　　　　　　　　　　　　　　　　60 000

根据上述会计分录登记 T 形账户如下。

库存现金			
期初余额	16 000		
(1)	2 000		
本期发生额	2 000	本期发生额	0
期末余额	18 000		

银行存款			
期初余额	360 000		
(3)	100 000	(1)	2 000
		(4)	12 000
		(7)	12 000
		(10)	60 000
本期发生额	100 000	本期发生额	86 000
期末余额	374 000		

原材料			
期初余额	220 000		
(2)	60 000		
本期发生额	60 000	本期发生额	0
期末余额	280 000		

管理费用			
期初余额	0		
(8)	16 000		
本期发生额	16 000	本期发生额	0
期末余额	16 000		

其他应付款			
		期初余额	15 000
(7)	12 000		
本期发生额	12 000	本期发生额	0
		期末余额	3 000

应付账款			
		期初余额	141 000
(4)	12 000	(2)	60 000
(5)	60 000	(8)	16 000
(6)	120 000		
(10)	5 000		
本期发生额	197 000	本期发生额	76 000
		期末余额	20 000

短期借款			
		期初余额	180 000
(10)	55 000	(5)	60 000
本期发生额	55 000	本期发生额	60 000
		期末余额	185 000

实收资本			
		期初余额	200 000
		(3)	100 000
		(6)	120 000
		(9)	40 000
本期发生额	0	本期发生额	260 000
		期末余额	460 000

资本公积			
		期初余额	60 000
(9)	40 000		
本期发生额	40 000	本期发生额	0
		期末余额	20 000

旅永公司20××年1月份发生额进行试算平衡如表3-2所示，期末余额试算平衡如表3-3所示。发生额及余额试算平衡如表3-4所示。

表3-2　旅永公司20××年1月总分类账户发生额试算平衡表（单位：元）

会计科目	本期发生额	
	借方	贷方
库存现金	2 000	
银行存款	100 000	86 000
原材料	60 000	
短期借款	55 000	60 000
应付账款	197 000	76 000
其他应付款	12 000	
实收资本		260 000
资本公积	40 000	
管理费用	16 000	
合计	482 000	482 000

表3-3　旅永公司20××年1月总分类账户余额试算平衡表（单位：元）

会计科目	期末余额	
	借方	贷方
库存现金	18 000	
银行存款	374 000	
原材料	280 000	
短期借款		185 000
应付账款		20 000
其他应付款		3 000
实收资本		460 000
资本公积		20 000
管理费用	16 000	
合计	688 000	688 000

表3-4　旅永公司20××年1月总分类账户发生额及余额试算平衡表　（单位：元）

会计科目	期初余额		本期发生额		期末余额	
	借方	贷方	借方	贷方	借方	贷方
库存现金	16 000		2 000		18 000	
银行存款	360 000		100 000	86 000	374 000	
原材料	220 000		60 000		280 000	
短期借款		180 000	55 000	60 000		185 000
应付账款		141 000	197 000	76 000		20 000
其他应付款		15 000	12 000			3 000
实收资本		200 000		260 000		460 000
资本公积		60 000	40 000			20 000
管理费用			16 000		16 000	
合计	596 000	596 000	482 000	482 000	688 000	688 000

在企业会计中，更常见的是表3-4，即"总分类账户发生额及余额试算平衡表"。该表格将"总分类账户发生额试算平衡表"和"总分类账户余额试算平衡表"进行了合并，从而在一张表上就能看到具体的试算平衡状况。

通过试算平衡，会计人员可以了解本期的会计记录中有没有出现错误，如果有，就可以及时进行必要的处理，具体的处理方式将在第六章进行讲解，这里不再赘述。

最后，必须指出的是，试算平衡具有一定的局限性，即使最终试算平衡表中显示双方是平的，也不一定就没有记账错误。有时可能出现借贷双方的差额确实是某一科目的对应数字，但是事实上这个差额是由其他若干个账户的错误导致的，而恰好与该科目数字偶然地产生了对应；同时，若某一笔业务被进行了重复记账、漏记账、借贷方向反向记账、借贷方向正确但科目错误等，使用试算平衡也是无法查出的。虽然如此，试算平衡还是会计实务中一个重要的查错、纠错手段，任何会计单位都必须在结账前进行试算平衡。

思 考 题

1. 什么是复式记账法？复式记账法的基本原则是什么？
2. 什么是借贷记账法？如何理解借贷记账法"借""贷"两字的含义？
3. 试述借贷记账法下账户结构、记账规则和试算平衡的特点。
4. 什么是会计分录？会计分录有哪几种？
5. 什么是试算平衡？

练 习 题

一、单项选择题

1. 借贷记账法的发生额试算平衡是指（　　）。
   A. 资产借方发生额等于负债贷方发生额
   B. 资产借方发生额等于所有者权益贷方发生额
   C. 全部账户的借方发生额等于全部账户的贷方发生额
   D. 资产借方发生额等于资产贷方发生额

2. 账户余额试算平衡法的确定是根据（　　）。
   A. 借贷记账法的记账规则　　　　　　B. 经济业务的内容
   C. "资产＝负债＋所有者权益"的恒等关系　　D. 经济业务的类型

3. 下列记账错误中，可以通过试算平衡发现的是（　　）。
   A. 漏记经济业务　　B. 借贷金额不等　　C. 重记经济业务　　D. 借贷方向颠倒

4. 下述各项目中，正确的说法是（　　）。
   A. 从某个企业看，其全部借方账户与全部贷方账户互为对应账户
   B. 从某个会计分录看，其借方账户与贷方账户互为对应账户
   C. 试算平衡的目的是验证某企业全部账户的借贷方金额合计是否相等
   D. 不能编制多借多贷的会计分录

5. 复式记账法是对每项经济业务都要以相等的金额在两个或者两个以上账户中同时登记，其登记的账户是（　　）。
   A. 资产类账户　　　　　　　　　　　B. 权益类账户
   C. 相互联系对应账户　　　　　　　　D. 总分类账户和明细分类账户

6. 当前世界各国通用的复式记账法是（　　）。
   A. 借贷记账法　　B. 收付记账法　　C. 增减记账法　　D. 资金记账法

7. 借贷记账法记账符号"借"表示（　　）。
   A. 资产增加，权益减少　　　　　　　B. 资产减少，权益增加
   C. 资产增加，权益增加　　　　　　　D. 资产减少，权益减少

8. 采用借贷记账法，哪方记增加，哪方记减少，是根据（　　）。
   A. 每个账户的基本性质决定的　　　　B. 企业习惯的记法决定的
   C. 贷方记增加，借方记减少的规则决定的　　D. 借方记增加，贷方记减少的规则决定的

9. 简单会计分录的表现形式为（　　）。
   A. 一借多贷　　　　B. 一贷多借　　　　C. 一借一贷　　　　D. 多借多贷

10. 下列选项中，属于发生额试算平衡的理论依据的是（   ）。
   A. 会计恒等式   B. 借贷记账法的记账规则
   C. 账户对应关系   D. 会计交易或事项的类型
11. 存在对应关系的账户被称为（   ）。
   A. 一级账户   B. 总分类账户   C. 对应账户   D. 明细分类账户

二、多项选择题
1. 购进一批材料，用银行存款支付材料价款，材料已运达企业，并已验收入库。这项业务涉及（   ）账户。
   A. 库存商品   B. 银行存款   C. 其他应收款
   D. 原材料   E. 库存现金
2. 借贷记账法的试算平衡法包括（   ）。
   A. 借贷平衡法   B. 发生额平衡法   C. 余额平衡法
   D. 差额平衡法   E. 借方发生额平衡法
3. 与"在途物资"账户的借方发生对应关系的账户一般有（   ）。
   A. 银行存款   B. 预收账款   C. 预付账款
   D. 应付账款   E. 资本公积
4. 复合会计分录是（   ）。
   A. 由两个简单会计分录组成的   B. 由两个或两个以上简单会计分录组成的
   C. 由两个对应账户组成的   D. 按复式记账原理编制的会计分录
   E. 涉及两个以上账户的会计分录
5. 随着经济业务的不断发生，必然对会计要素产生一定的影响，具体地说（   ）。
   A. 可能会引起各类会计要素之间等量同增或同减变动
   B. 可能会引起同类会计要素内部有增有减变动
   C. 可能会引起各类会计要素之间如有一类发生增减变动，则其他有关要素必然随之发生等量同增或同减变动
   D. 可能会引起同类会计要素内部，如有一项内容发生增减变动，则其他有关具体的内容必然随之发生等量增减变动
   E. 以上表述均不对
6. 下列错误中不能通过试算平衡发现的是（   ）。
   A. 某项经济业务重复入账   B. 应借、应贷的账户中借贷方向颠倒
   C. 借贷双方同时多记了相等的金额   D. 借贷金额不等   E. 某经济业务未入账
7. 单式记账法（   ）。
   A. 记录货币资金的收支业务
   B. 记录企业债权债务的结算业务
   C. 账户设置不完整，难以反映经济活动全貌
   D. 账户记录无法进行试算平衡
   E. 尽管如此，它仍是一种比较简单、相对科学的记账方法
8. 复式记账的意义有（   ）。
   A. 可以完整地反映资金运动的来踪去迹   B. 可以使记账手续更为简便
   C. 可以全面、系统地记录和反映经济业务   D. 可以保持资金平衡关系
   E. 能破坏资产和权益平衡关系
9. 采用借贷记账法时，账户的借方一般用来登记（   ）。
   A. 资产增加   B. 负债减少   C. 所有者权益减少

D. 成本、费用增加　　　E. 成本费用的减少

10. 会计分录的三要素包括(　　)。

A. 会计科目（账户）　　B. 货币计量单位　　C. 记账方向

D. 记账金额　　　　　　E. 会计凭证

11. 在借贷记账法下，账户的贷方一般用来登记(　　)。

A. 资产增加、权益减少　　　　　　B. 资产减少、权益增加

C. 费用成本增加、收入减少　　　　D. 权益减少及收入减少

E. 费用成本减少、收入增加

三、判断题

1. 企业收到供货单位提供的材料，如其价款大于企业已预付的货款，表明企业债务的增加。(　　)
2. 为便于计算和反映固定资产的账面净值，固定资产因磨损而减少的价值应记入"固定资产"账户的贷方。(　　)
3. 采用单式记账法，所有经济业务的会计记录同样可以试算平衡。(　　)
4. 在借贷记账法下，只要试算平衡了，就说明账户记录不会有差错。(　　)
5. 借、贷二字不仅仅是记账符号，其本身的含义也应被考虑，"借"只能表示债权增加，"贷"只能表示债务增加。(　　)
6. 复合分录可以由几个简单分录复合而成。(　　)
7. 资产类账户的期末余额一般在借方。(　　)
8. 从每一个账户来看，期初余额只可能在账户的一方，借方或贷方。(　　)
9. 记账规则是记账的依据，也是核对账目的依据。(　　)
10. 在借贷记账法下，不能编制一借多贷、一贷多借的会计分录，只能编制一借一贷的会计分录。(　　)
11. 定期汇总的全部账户发生额的借贷方合计数平衡说明账户记录完全正确。(　　)
12. 收入类账户与费用类账户一般没有期末余额，但有期初余额。(　　)

四、业务题

旅永公司20××年3月初会计科目的余额如表3-5所示。

表3-5　期初余额

20××年3月1日　　　　　　　　　　　　　　（单位：元）

会计科目	借方余额	贷方余额
银行存款	60 000	
应收账款	100 000	
原材料	80 000	
短期借款		80 000
应付账款		60 000
实收资本		100 000
合计	240 000	240 000

3月份发生如下业务。

(1) 收回应收账款80 000元并存入银行。

(2) 用银行存款40 000元购入原材料（假定不考虑增值税，材料采用实际成本进行日常核算），原材料已验收入库。

(3) 用银行存款偿还短期借款60 000元。

(4) 从银行借入短期借款 20 000 元直接偿还应付账款。
(5) 收到投资者追加的投资 100 000 元并存入银行（假定全部为实收资本）。
(6) 购入原材料，货款 60 000 元，原材料已验收入库，货款尚未支付。
要求：(1) 编制上述业务的会计分录。
(2) 登记 T 形账户。
(3) 编制旅永公司 3 月 31 日的试算平衡表（见表 3-6）。

表 3-6　试算平衡表

20××年 3 月 31 日　　　　　　　　　　　　　　　　　　（单位：元）

账户名称	期初余额		本期发生额		期末余额	
	借方余额	贷方余额	借方发生额	贷方发生额	借方余额	贷方余额
银行存款						
应收账款						
原材料						
短期借款						
应付账款						
实收资本						
合　　计						

第四章 借贷记账法的运用

【教学目的】

通过本章学习,学生应当了解并掌握:
1. 企业主要经济业务内容。
2. 资金筹集的核算。
3. 供应过程的核算。
4. 生产过程的核算。
5. 销售过程的核算。
6. 财务成果的核算。

第一节 企业主要经济业务概述

在第一章介绍企业会计核算对象时,已经介绍了企业资金的循环和周转过程。企业要维持简单再生产和扩大再生产,首先必须进行资金的筹集,即通过取得投资者投入资金和对外取得各种借款。筹集到经营所需资金,从而使企业有了购买材料、机器设备、厂房,雇佣人员的保障。企业通过购买材料、机器设备、厂房等为企业产品生产准备了必要的劳动资料,此时,企业的资金便从货币资金形态转化为储备资金和固定资金形态。然后将购买的材料等投入到生产车间进行产品的生产和加工。在生产过程中,劳动者借助劳动资料对劳动对象进行加工,制造出各种具有使用价值和社会价值的产品。在产品生产过程中发生的各种材料费用、固定资产折旧费用、人工费用等生产费用的总和构成了产品成本。这时资金从固定资金、储备资金和货币资金形态转化为生产资金形态。随着产品的完工和验收入库,资金又从生产资金形态转化为成品资金形态。在销售过程中,企业将生产完工的产成品销售出去,收回货币资金,这时资金从成品资金形态转化为货币资金形态。企业为了及时了解和掌握企业的盈亏情况,反映企业一定期间的经营成果,需要将一定会计期间所取得的全部收入和全部费用相抵,计算出企业的利润或亏损。如果亏损了,按国家有关规定进行补亏;如果盈利了,还需要按照有关规定进行利润分配。企业在进行利润分配过程中,会导致企业的一部分资金用于企业的简单再生产和扩大再生产,重新进行企业的资金循环和周转,另一部分资金将退出企业。

综上所述,根据企业在生产经营过程中各环节的业务特点,可将其主要经济业务分为资金筹集、供应、生产、销售、财务成果及利润分配等。本章将以这些业务环节的主要内容为例,说明会计账户和借贷记账法的具体运用。

第二节 资金筹集的核算

一、资金筹集概述

任何企业的生存和发展都离不开资金，资金是企业生存和发展的保障。企业筹集资金的渠道主要有两个：一是投资者投入的，形成企业所有者权益，也称自有资金或权益资金；二是从企业以外的单位或个人处借入的，形成债权人权益，也称借入资金或债务资金。

自有资金（权益资金）是指企业通过发行股票、吸收投资、内部积累等方式筹集的资金。企业在申请开业之时，按照我国公司法规定，企业必须筹集到一定的生产经营的"本钱"，即企业设立必须要有资本金。资本金是企业从事生产经营活动的基本条件，是企业独立承担民事责任的资金保证，在数量上应等于企业在工商行政管理部门登记注册的资金总额。自有资金的最大特点：一是在经营期间内投资者除依法转让外，不得以任何方式抽回；二是投资者有参与企业经营决策和收益分配的权利；三是筹集权益资金没有财务风险，但资金要求的回报率高。

借入资金（债务资金）是指企业通过发行债券、银行借款、融资租赁等方式筹集的资金，是企业的负债。借入资金与自有资金的最大区别：一是债务人在债务到期时一定要偿还借入的本金和按规定利率计算的利息，债权人在债务资金到期时有对本金和利息的索偿权；二是债权人没有参与企业经营决策和收益分配的权利；三是债务人要承担较大的财务风险。

二、自有资金的核算

（一）自有资金的内容

企业的自有资金即所有者权益，包括实收资本、资本公积、盈余公积和未分配利润四部分。

实收资本是指企业按照章程规定或合同、协议约定，接受投资者投入企业的资本。实收资本按其投资主体不同分为国家投入资本、法人投入资本、个人投入资本和外商投入资本。各投资主体投入企业的资金作为实收资本入账后，各投资主体的投资构成比例即投资者的出资比例或股东的股权比例，就是投资者在企业所有者权益中享有份额的比例，也是企业进行利润或股利分配的主要依据。

投资者认缴的出资额会因为投入企业的时间点不同，作为实收资本入账的金额也会不同。在企业创立之时，投资者认缴的出资额会全部作为实收资本入账。当企业经营一段时间之后，如果有新的投资者对企业进行追加投资，此时，由于之前的各投资者已经为企业的经营和管理付出了很多的时间、精力、财力等代价，而且在企业经营的这一段时间内企业还有可能产生一定资金积累如未分配利润等，为了保护原有投资者的利益，新加入的投资者就需要付出更多的代价才能取得与原有投资者相同的出资比例，以作为对原有投资者的一种补偿。投资者的出资方式可以是货币资金，也可以是原材料、房屋、设备等实物资产，还可以是专利权、商标权、土地使用权等无形资产。

资本公积是指投资者或者他人投入到企业的，所有权归属全体投资者，投入金额超过其在注册资本或股本中所占份额部分的资金（即资本溢价或股本溢价），以及直接计入所有者权益的利得和损失等。形成资本（股本）溢价的原因主要有溢价发行股票、投资者出资超过应计入实收资本（股本）的部分。直接计入所有者权益的利得和损失是指不应计入当期损益，会导致所有者权益增减变动、与所有者投入资本或者向所有者分配利润无关的利得或损失。其中,利得是指由企业非日常活动所形成的、会导致所有者权益增加的、与所有者投入资本无关的经济利益的流入,其内容包括直接计入所有者权益的利得和直接计入当期利润的利得。损失是指由企业非日常活动所形成的、会导致所有者权益减少的、与向所有者分配利润无关的经济利益的流出,其内容包括直接计入所有者权益的损失和直接计入当期利润的损失。资本公积是一种特殊的所有者权益,在我国主要用来转增资本(或股本)。

盈余公积是指从净利润中提取的具有特定用途的资金,包括法定盈余公积和任意盈余公积。法定盈余公积应按我国公司法的规定提取,公司制企业的法定盈余公积按照净利润的10%计提,非公司制企业也可按照超过10%的比例计提。法定盈余公积累计额已达注册资本的50%时,可以不再提取。任意盈余公积是由企业自愿提取的,是否计提及计提多少由企业董事会或股东大会决定。企业提取的盈余公积可用于弥补亏损、扩大生产经营、转增资本或派送新股等。

未分配利润是指已经实现但尚未分配或留待以后年度分配的利润,其金额为企业可供分配利润在提取了盈余公积和支付了股东股利以后的余额。未分配利润的用途主要有:补充以后年度的可供分配利润;弥补亏损;分派股利。盈余公积和未分配利润统称为留存收益。

(二) 自有资金核算主要账户的设置

1. "实收资本"账户

非股份有限公司设置"实收资本"账户,属于所有者权益类账户,用于核算企业投资者投入资本的增减变动及其结存情况。贷方登记收到投资者投入的注册资本,借方登记企业按法定程序报经批准减少的注册资本,期末余额在贷方,反映企业实有的资本数额。该账户按投资者分别设置明细账进行明细分类核算。股份有限公司,应设置"股本"账户,"股本"与"实收资本"只是账户名称不同而已,二者的账户结构是一致的,"股本"账户比照"实收资本"账户进行核算。"实收资本"账户结构如图4-1所示。

借方	实收资本	贷方
按法定程序报经批准减少的注册资本	收到投资者投入的注册资本	
	实收资本总额	

图4-1 "实收资本"账户结构

2. "资本公积"账户

"资本公积"账户,属于所有者权益类账户,用于核算企业资本公积增减变动及其结存情况。贷方登记企业收到投资者出资超过其在注册资本或股本中所占份额的部分以及直接计入所有者权益的利得,借方登记企业以资本公积转增资本以及直接计入所有者权益的损失,期末余额在贷方,反映企业资本公积实有数额。该账户设置两个明细账分别进行明细分类核算,这两个明细账分别是"资本溢价"(或"股本溢价")和"其他资本公积"。"资本公积"账户结构如图4-2所示。

借方	资本公积	贷方
资本公积转增资本	资本溢价(股本溢价)	
直接计入所有者权益的损失	直接计入所有者权益的利得	
	资本公积总额	

图4-2 "资本公积"账户结构

3. "银行存款"账户

"银行存款"账户,属于资产类账户,用于核算企业存入银行或其他金融机构的各种存款的增减变动及其结存情况。借方登记企业实际存入银行的款项,贷方登记企业从银行存款账户中提取或支出的款项,期末余额在借方,表示期末银行存款的实有数额。该账户按开户银行或其他金融机构、存款种类等分别设置银行存款日记账,有外币存款的企业,还应按不同币种分设明细账,进行明细分类核算。"银行存款"账户结构如图4-3所示。

借方	银行存款	贷方
企业存入银行款项		企业提取或支出款项
银行存款实有数额		

图4-3 "银行存款"账户结构

4. "固定资产"账户

固定资产是企业所拥有的使用期限较长、单位价值较高、多次周转使用仍保持原有实物形态的资产,是企业重要的劳动手段。我国《企业会计准则第4号——固定资产》明确指出,固定资产是指同时具有下列特征的有形资产:①为生产商品、提供劳务、出租或经营管理而持有的;②使用寿命超过一个会计年度。通常包括房屋、建筑物、机械设备、运输车辆等。固定资产应当按照成本进行初始计量。这里所说的成本是指企业为购建某项固定资产达到预定可使用状态前所发生的一切合理的、必要的支出。这些支出既包括直接发生的费用(如购置固定资产的价款、运杂费、包装费和安装费等),也包括间接发生的费用(如应分摊的借款利息、外币借款折算差额及应分摊的其他间接费用)。为了核算固定资产的原始价值,企业应设置"固定资产"账户。

"固定资产"账户,属于资产类账户,用于核算企业固定资产原始价值增减变动及其结存情况。借方登记企业增加的固定资产原始价值,即企业因购建、自行建造、接受投资、接受捐赠、非货币性资产交换、债务重组利得和盘盈等增加的固定资产原始价值;贷方登记减少固定资产的原始价值,即企业因固定资产出售、报废、对外投资、对外捐赠、非货币性资产交换、债务重组损失和盘亏等减少的固定资产原始价值;期末余额在借方,表示期末固定资产的原始价值。该账户按照固定资产的种类设置明细账,进行明细分类核算。"固定资产"账户结构如图4-4所示。

借方	固定资产	贷方
增加的固定资产原始价值(包括:外购、自行建造、接受投资、接受捐赠、非货币性资产交换换入、债务重组利得、盘盈等)		减少的固定资产原始价值(包括:出售、报废、对外投资、对外捐赠、非货币性资产交换换出、债务重组损失、盘亏等)
期末固定资产原始价值		

图4-4 "固定资产"账户结构

5. "无形资产"账户

无形资产是指企业拥有或者控制的没有实物形态的可辨认的非货币性资产,包括专利权、商标权、著作权和土地使用权等。无形资产通常按实际成本计量,即以取得无形资产并使之达到预定可使用状态而发生的全部支出,作为无形资产的成本。而这里所说的全部支出包括购买价款、相关税费以及直接归属于使该资产达到预定可使用状态所发生的其他支出。

企业应设置"无形资产"账户进行无形资产核算。

"无形资产"账户,属于资产类账户,用于核算企业无形资产的增减变动情况,借方登记企业购入或自创无形资产的成本,贷方登记企业出售或对外投资等转出的无形资产减少数,期末余额在借方,表示期末无形资产的成本。该账户应按无形资产类别设置明细账,进行明细分类核算。"无形资产"账户结构如图4-5所示。

借方	无形资产	贷方
购入或自创无形资产的成本		出售或对外投资转出的无形资产
期末无形资产成本		

图4-5 "无形资产"账户结构

(三)主要账务处理

下面以甲企业为例,说明企业自有资金筹资的核算。

【例4-1】 甲企业由A、B、C三家企业共同出资组建,注册资本1 500 000元,按照合同约定,各出资500 000元,现收到A企业和B企业投入的款项存入银行。

此项经济业务的发生,一方面引起企业银行存款这项资产增加,应记入"银行存款"账户的借方,另一方面引起所有者权益的增加,应记入"实收资本"账户的贷方。会计分录为:

借:银行存款   1 000 000
　　贷:实收资本——A企业   500 000
　　　　　　　　——B企业   500 000

【例4-2】 甲企业收到投资者C企业投入的不需要安装的全新设备一台和一项专利权,投资各方确认的设备价值为300 000元,专利权价值200 000元。

此项经济业务的发生,一方面引起固定资产和专利权这两项资产增加,应分别记入"固定资产"账户和"无形资产"账户的借方,另一方面引起所有者权益的增加,应记入"实收资本"账户的贷方。会计分录为:

借:固定资产   300 000
　　无形资产   200 000
　　贷:实收资本——C企业   500 000

【例4-3】 甲企业经营两年后,办理了注册资本变更手续,企业的注册资本增加到2 000 000元,其中D企业作为投资者出资700 000元加入了甲企业,款项已存入银行。D企业与A、B、C企业一样各享有企业净资产1/4的份额。

此项经济业务的发生,一方面引起银行存款这项资产的增加,应记入"银行存款"账户的借方,另一方面引起所有者权益的增加,其中,D企业应享有甲企业净资产份额的部分为500 000元,应记入"实收资本"账户的贷方,而D企业超出部分的出资额则属于资本溢价,应记入"资本公积"账户的贷方。会计分录为:

借:银行存款   700 000
　　贷:实收资本——D企业   500 000
　　　　资本公积——资本溢价   200 000

【例4-4】 甲企业经营五年后,办理了注册资金变更手续,将企业的资本公积800 000

元转增资本。

此项经济业务的发生，一方面引起所有者权益中的实收资本项目增加，应记入"实收资本"账户的贷方，另一方面引起所有者权益中的资本公积项目减少，应记入"资本公积"账户的借方。会计分录为：

  借：资本公积   800 000
    贷：实收资本   800 000

三、借入资金的核算

（一）借入资金的内容

企业在日常生产经营过程中经常会出现资金短缺的现象，为了弥补企业资金短缺的问题，就需要向债权人借入款项。常用的借款方式包括银行借款、发行债券、融资租赁、商业信用等。在此主要介绍银行借款的核算。企业向银行或其他金融机构借入的资金，由于借款期限不等，一般可以将其划分为短期借款和长期借款两类。而短期借款是指企业向银行或其他金融机构等借入的期限在一年以内（包括一年）的各种借款。短期借款主要用于弥补生产经营过程中短期资金的不足。长期借款是指企业向银行或其他金融机构借入的期限在一年以上（不含一年）的各种借款。长期借款主要用于弥补固定资产购置、改扩建及大修理等后续支出时出现的长期资金的短缺。

（二）借入资金核算主要账户的设置

1. "短期借款"账户

短期借款是指企业为了满足其生产经营资金的临时需要而向银行或其他金融机构等借入的偿还期限在一年以内（含一年）的各种借款。

"短期借款"账户，属于负债类账户，用于核算企业向银行或其他金融机构借入的期限在一年以内（含一年）的各种借款的增减变动及其结存情况。贷方登记借入短期借款本金的数额，借方登记到期偿还借款本金的数额，期末余额在贷方，反映企业尚未偿还的借款本金数额。该账户应按债权人、借款类别和币种设置明细账，进行明细分类核算。"短期借款"账户结构如图 4-6 所示。

借方	短期借款	贷方
到期偿还的借款本金数	借款本金数	
	尚未偿还的借款本金数	

图 4-6 "短期借款"账户结构

2. "长期借款"账户

"长期借款"账户，属于负债类账户，用于核算企业向银行或其他金融机构借入的期限在一年以上（不包括一年）的各种借款的增减变动及其结存情况。贷方登记借入长期借款的本金及利息数额，借方登记到期偿还长期借款的本金及利息数额，期末余额在贷方，反映企业尚未偿还的长期借款本金及利息实有数额。该账户应按债权人、长期借款类别以及"本金""利息调整""应计利息"设置明细账户，进行明细分类核算。"长期借款"账户结构如图 4-7 所示。

3. "财务费用"账户

"账务费用"账户，属于损益类账户，用于核算企业为筹集生产经营所需资金而发生的各项筹资费用，包括利息支出、借款手续费、汇兑损益等。借方登记企业本期发生的各项财务费用，贷方登记应冲减财务费用的利息收入、汇兑收益等。期末应将该账户借贷方发生额的差额转入"本年利润"账户，结转后该账户无余额。该账户按财务费用的具体项目设置明细账户，进行明细分类核算。"财务费用"账户结构如图 4-8 所示。

借方	财务费用	贷方
利息支出、借款手续费、汇兑损失等		利息收入、汇兑收益等
		期末转入"本年利润"

图 4-8 "财务费用"账户结构

4. "应付利息"账户

"应付利息"账户，属于负债类账户，用于核算企业按照合同约定应支付的利息，包括短期借款的利息及分期付息到期还本的长期借款、企业债券等应支付的利息。贷方登记按合同利率计算确定的应付未付利息，借方登记实际支付的利息，期末余额在贷方，反映企业尚未支付的利息。该账户按债权人设置明细账户，进行明细分类核算。"应付利息"账户结构如图 4-9 所示。

借方	应付利息	贷方
实际支付的短期借款利息和分期付息到期还本的长期借款利息		应付而未付的短期借款利息和分期付息到期还本的长期借款利息
		尚未支付的短期借款利息和分期付息到期还本的长期借款利息

图 4-9 "应付利息"账户结构

（三）主要账务处理

下面以甲企业为例，说明企业借入资金筹资的核算。

1. 短期借款的账务处理

【例 4-5】 甲企业因生产经营的临时性需要，于 20××年 6 月 1 日向工商银行申请并取得期限为 3 个月的借款 800 000 元，存入银行，该笔借款的年利率为 6%，到期还本付息。

此项经济业务的发生，一方面引起银行存款这项资产的增加，应记入"银行存款"账户的借方，另一方面引起短期借款这项负债的增加，应记入"短期借款"账户的贷方。会计分录为：
　　借：银行存款　　　　　　　　　　　　　　　　　　800 000
　　　　贷：短期借款——工商银行　　　　　　　　　　　　　800 000

【例4-6】 承例4-5，计算6月份应负担的利息。

此项经济业务的发生，首先按照权责发生制会计基础，计算出本月应负担的利息数额，即本月应负担的短期借款利息为4 000元（800 000×6%÷12）。企业的该项短期借款是到期还本付息的，6月份负担的借款利息一方面引起企业财务费用这项费用的增加，应记入"财务费用"账户的借方，另一方面形成企业的一项负债，此项负债的增加应记入"应付利息"账户的贷方。会计分录为：
　　借：财务费用　　　　　　　　　　　　　　　　　　4 000
　　　　贷：应付利息　　　　　　　　　　　　　　　　　　4 000

【例4-7】 承例4-5、例4-6，计算7月份、8月份甲企业应负担的利息。

此项经济业务的发生，引起财务费用的增加和应付利息的增加，与例4-6（即6月份）的会计处理相同，在此略。

【例4-8】 承例4-5、例4-6、例4-7，甲企业20××年8月31日用银行存款偿还到期的短期借款本金800 000元，并支付3个月的借款利息12 000元，共计812 000元。

此项经济业务的发生，一方面引起企业银行存款这项资产减少，应记入"银行存款"账户的贷方，另一方面引起企业短期借款和应付利息这两项负债的减少，分别记入"短期借款"和"应付利息"账户的借方。会计分录为：
　　借：短期借款　　　　　　　　　　　　　　　　　　800 000
　　　　应付利息　　　　　　　　　　　　　　　　　　　12 000
　　　　贷：银行存款　　　　　　　　　　　　　　　　　812 000

如果例4-5中的甲企业借入资金后，会计只对甲企业6月份和7月份应负担的利息编制了如下的会计分录：
　　借：财务费用　　　　　　　　　　　　　　　　　　4 000
　　　　贷：应付利息　　　　　　　　　　　　　　　　　　4 000

那么甲企业在8月31日用银行存款偿还到期的短期借款本金800 000元，并支付3个月的借款利息12 000元，共计812 000元时应编制如下会计分录：
　　借：短期借款　　　　　　　　　　　　　　　　　　800 000
　　　　应付利息　　　　　　　　　　　　　　　　　　　 8 000
　　　　财务费用　　　　　　　　　　　　　　　　　　　 4 000
　　　　贷：银行存款　　　　　　　　　　　　　　　　　812 000

2. 长期借款的账务处理

【例4-9】 甲企业为购建一座厂房，于2018年1月1日向工商银行申请并取得期限为3年的借款8 000 000元，存入银行，该笔借款的年利率为8%，合同规定到期一次性还本付息，对取得借款时的业务进行处理。

此项经济业务的发生，一方面引起银行存款这项资产的增加，应记入"银行存款"账户的借方，另一方面引起长期借款这项负债的增加，应记入"长期借款"账户的贷方。会计分录为：

借：银行存款 8 000 000
　　贷：长期借款——本金 8 000 000

【例4-10】 承例4-9，假定利息支出符合费用化要求，计算2018年年末长期借款利息。

此项经济业务的发生，一方面引起财务费用这项费用的增加，应记入"财务费用"账户的借方，另一方面引起长期借款这项负债中的应计利息的增加，应记入"长期借款——应计利息"账户的贷方。本年甲企业应负担的长期借款利息为640 000元（8 000 000×8%）。这里需要加以说明的是，现实中的会计业务处理是按月进行的（每月利息53 333.33元），在此为了简化核算，按年进行了会计处理。会计分录为：

借：财务费用 640 000
　　贷：长期借款——应计利息 640 000

【例4-11】 承例4-9、例4-10，计算2019年、2020年甲企业应负担的长期借款利息。

此项经济业务的发生，引起财务费用的增加和应计利息的增加，与例4-10（即2018年）的会计处理相同，在此略。

【例4-12】 承例4-9、例4-10、例4-11，甲企业2021年1月1日借款到期，用银行存款偿还到期的长期借款本金8 000 000元，并支付3年的长期借款利息1 920 000元，共计9 920 000元。

此项经济业务的发生，一方面引起企业银行存款这项资产的减少，应记入"银行存款"账户的贷方，另一方面引起企业长期借款本金和应计利息这两项负债的减少，分别记入"长期借款——本金"和"长期借款——应计利息"账户的借方。会计分录为：

借：长期借款——本金 8 000 000
　　　　　　——应计利息 1 920 000
　　贷：银行存款 9 920 000

第三节　供应过程的核算

一、供应过程概述

企业的生产经营过程由供应过程、生产过程和销售过程三个阶段构成。供应过程是货币资金转化为储备资金的过程，是企业产品生产的准备过程。在这个过程中，企业的主要经济业务有两个方面：一是材料物资的采购和储存；二是购进固定资产等企业生产经营必不可少的物质资料。本节主要介绍材料购进和固定资产购进。

1. 材料购进

企业在材料的采购和储存过程中，除了从供应单位购进各种材料物资外，还要向供应单位支付材料的价款和各种采购费用，产生企业与供应单位间的货款结算关系。企业采购的材料物资种类较多，在此仅就企业购入原材料进行核算。原材料是指企业在生产过程中经加工改变其形态或性质并构成产品主要实体的各种原料及主要材料、辅助材料、外购半成品（外购件）、修理用备件（备品备件）、包装材料、燃料等。

企业购入原材料的采购成本是指在原材料采购过程中发生的可直接归属于原材料采购成本的各项费用，一般包括购买价款、采购费用、运输途中的合理损耗、入库前的挑选整理费用、相关税费以及其他可归属于原材料采购成本的费用。其中：①购买价款是指企业购入原材料发票账单上列明的价款,但不包括按规定可以抵扣的增值税额。②采购费用是指企业在采购原材料过程中发生的运输费、装卸费、保险费、包装费、仓储费等相关费用。这里需要说明的是,为简化核算,实际工作中采购人员的差旅费、市内运杂费、专设采购机构的经费等,并不计入材料采购成本,而计入期间费用。③运输途中的合理损耗是指企业材料采购中由于材料在运输途中腐烂变质损坏、自然挥发、路途的变换或运输工具的更换,如上下装卸、汽运转船运或转火车运输、运输途中的路况等非人为因素或非正常损失导致的原材料的短少。④相关税费是指按规定应计入采购材料成本的税金以及其他费用,如企业购买、自制或委托加工存货发生的进口关税、消费税、资源税和不能从销项税额中抵扣的增值税进项税额等。

企业购进原材料的过程中,除了进行采购成本核算、货款结算外,还会涉及增值税的计算及会计业务处理。增值税是对在我国境内销售货物或者提供加工、修理修配劳务,销售服务、无形资产或者不动产以及进口货物的单位和个人,就其实现的增值额征收的一种税。增值税实行价外计税,因此被称为价外税。根据企业经营规模不同,可将企业分为一般纳税人和小规模纳税人两类。一般纳税人是指会计核算健全,年应纳增值税销售额超过小规模纳税人标准的企业和企业性单位。小规模纳税人是指年销售额在规定标准以下,并且会计核算不健全,不能按规定报送有关税务资料的增值税纳税人。

一般纳税人销售货物、劳务、有形动产租赁服务或者进口货物,从 2019 年 4 月 1 日起,执行增值税税率为 13%。销售交通运输、邮政、基础电信、建筑、不动产租赁服务,销售不动产,转让土地使用权,销售或者进口如粮食等农产品、食用植物油、食用盐、自来水、暖气、冷气、热水、煤气、石油液化气、天然气、二甲醚、沼气、居民用煤炭制品、图书、报纸、杂志、音像制品、电子出版物、饲料、化肥、农药、农机、农膜及国务院规定的其他货物,执行 9% 的税率;销售服务、无形资产除另有规定外,税率为 6%。纳税人出口货物,税率为零,但是,国务院另有规定的除外。境内单位和个人跨境销售国务院规定范围内的服务、无形资产,税率为零。小规模纳税人在中华人民共和国境内销售货物、销售服务、无形资产或不动产,适用简易方法计税,增值税征收率为 3%(适用 5% 征收率的除外)。适用征收率 5% 的特殊情况主要有销售不动产,不动产租赁,转让土地使用权,提供劳务派遣服务、安全保护服务选择差额纳税的。

本书此后业务仅涉及一般纳税人的增值税业务核算,不再涉及小规模纳税人的业务(除非特别说明)。

一般纳税人销售货物、提供加工修理修配劳务、销售服务、无形资产或者不动产,适用一般计税方法计税。计算公式为:

$$应纳增值税额 = 销售额 \times 增值税税率 - 购进材料价款 \times 增值税税率$$
$$= 销项税额 - 进项税额$$

任何一个增值税一般纳税人,都会同时以卖方和买方身份存在,既会发生销售货物、提供应税劳务、销售服务、无形资产或者不动产的情况,又会发生购进货物、接受应税劳务、服务、无形资产或不动产的情况,因此都会有收取的销项税额和支付的进项税额的核算业务。

2. 固定资产购进

固定资产是企业在生产经营过程中必不可少的一项重要的劳动手段,并在企业的生产经营过程中发挥着极为重要的作用。企业在供应阶段除了购置各种材料物资外,还要通过购置、建造或接受投资等形成一定量的固定资产。这里仅就企业购置的固定资产情况加以说明，企业在购置固定资产时应当按照成本进行初始计量。这里所说的成本是指企业为购建某项固定资产达到预定可使用状态前所发生的一切合理的、必要的支出。这些支出既包括直接发生的费用（如购置固定资产的价款、运杂费、包装费和安装费等），也包括间接发生的费用（如应分摊的借款利息、外币借款折算差额及应分摊的其他间接费用）。《企业会计准则第4号——固定资产》规定，外购固定资产的成本，包括购买价款、进口关税和其他税费，使固定资产达到预定可使用状态前所发生的可归属于该项资产的场地整理费、运输费、装卸费、安装费和专业人员服务费等。

这里需要加以说明的是，增值税一般纳税人购进服务、无形资产或者不动产，下列项目的进项税额不得从销项税额中抵扣。

（1）用于简易计税方法计税项目、免征增值税项目、集体福利或者个人消费的购进货物、劳务、服务、无形资产和不动产。其中涉及的固定资产、无形资产、不动产，仅指专用于上述项目的固定资产、无形资产（不包括其他权益性无形资产）、不动产。纳税人的交际应酬消费属于个人消费。

（2）非正常损失的购进货物，以及相关的劳务和交通运输服务。

（3）非正常损失的在产品、产成品所耗用的购进货物（不包括固定资产）、劳务和交通运输服务。

（4）非正常损失的不动产，以及该不动产所耗用的购进货物、设计服务和建筑服务。

（5）非正常损失的不动产在建工程所耗用的购进货物、设计服务和建筑服务。纳税人新建、改建、扩建、修缮、装饰不动产，均属于不动产在建工程。

（6）购进的旅客运输服务、贷款服务、餐饮服务、居民日常服务和娱乐服务。

（7）财政部和国家税务总局规定的其他情形。

企业购入固定资产所发生的增值税进项税额准予从销项税额中扣除的，不计入固定资产成本。企业购入的用于集体福利或个人消费的固定资产而支付的增值税不能从销项税额中抵扣的，应计入固定资产成本。

二、供应过程核算主要账户的设置

1. "在途物资"账户

"在途物资"账户，属于资产类账户，用于核算企业采用实际成本进行材料日常核算，货款已付尚未验收入库的购入材料的采购成本。借方登记已支付或开出并承兑商业汇票的材料实际采购成本，贷方登记验收入库材料的实际采购成本。账户期末借方余额，反映企业已付款或已开出并承兑商业汇票，但尚未到达或尚未验收入库的在途材料的采购成本。该账户可以按照供应单位和物资品种设置明细账户，进行明细分类核算。"在途物资"账户结构如图4-10所示。

借方	在途物资	贷方
购进材料的实际采购成本	验收入库材料的实际成本	
尚未到达或尚未验收入库的在途材料的实际采购成本		

图4-10 "在途物资"账户结构

2. "原材料"账户

"原材料"账户,属于资产类账户,是用于核算企业各种库存材料成本增减变动及结存情况的账户。借方登记外购、自制、委托加工、盘盈、接受投资等取得原材料的成本,贷方登记材料发出耗用、对外销售、盘亏、毁损及对外投资、捐赠原材料的成本。期末借方余额,反映企业库存材料的成本。该账户可以按照材料的保管地点(仓库)、材料的类别、品种和规格等设置明细账户,进行明细分类核算。"原材料"账户结构如图4-11所示。

借方	原材料	贷方
验收入库原材料的成本		发出材料的成本
库存材料的成本		

图4-11 "原材料"账户结构

3. "库存现金"账户

"库存现金"账户,属于资产类账户,用于核算企业出纳员保管的属于现钞部分的货币资金的增减变动及结存情况。借方登记企业库存现金的增加数额,贷方登记企业库存现金的减少数额,期末余额在借方,表示期末库存现金的实有数。该账户应设置库存现金日记账,详细登记每笔库存现金的收支,有外币存款的企业还应按不同币种分设明细账,进行明细分类核算。"库存现金"账户结构如图4-12所示。

借方	库存现金	贷方
库存现金增加数		库存现金减少数
库存现金实有数		

图4-12 "库存现金"账户结构

4. "应付账款"账户

"应付账款"账户,属于负债类账户,用于核算企业因购买材料、商品和接受劳务供应等应支付给供应单位的款项的增减变动及结存情况。贷方登记企业购买材料物资、接受劳务等所形成的应付未付款项;借方登记偿还的应付账款或冲销无法支付的应付账款;期末余额一般在贷方,表示尚未偿还的应付账款。该账户可按债权人设置明细账户,进行明细分类核算。"应付账款"账户结构如图4-13所示。

借方	应付账款	贷方
偿还的应付账款,或冲销无法支付的应付账款		企业购买材料物资、接受劳务等所形成的应付未付款项
		尚未偿还的应付账款

图4-13 "应付账款"账户结构

5. "应付票据"账户

"应付票据"账户,属于负债类账户,用于核算企业因购买材料、商品和接受劳务供应等开出并承兑的商业汇票的增减变动情况。贷方登记企业购买材料物资、接受劳务等所形成的开出并承兑的商业汇票的款项;借方登记偿还的商业汇票的款项或冲销无法支付的商业汇票的款项;期末余额一般在贷方,表示尚未偿还的商业汇票的款项。该账户可按债权人设置明细账户,进行明细分类核算,还应设置"应付票据备查簿",详细登记商业汇票的种类、号数、出票日期、到期日、票面余额、交易合同号、收款人姓名或单位名称、付款日期和金额等资料。"应付票据"账户结构如图4-14所示。

借方	应付票据	贷方
偿还或冲销的商业汇票		开出并承兑的商业汇票
		尚未偿还的商业汇票

图4-14 "应付票据"账户结构

6. "预付账款"账户

预付账款是企业按照购货合同的有关规定,预先支付的款项。与应收账款一样,预付账款也是企业的短期债权,是企业的流动资产。但应收账款于销货时产生,是应向购货方收取的款项;而预付账款于购货时发生,是预先支付给销售方的款项,企业在没有取得所购货物的所有权时,应将其预付的采购款项视为应收债权。

为了加强对预付账款的管理,应设置"预付账款"账户进行核算。该账户属于资产类账户,借方登记预付和收到所购货物时补付的款项,贷方登记收到采购货物时按发票金额冲销的预付账款和退回多付的款项,期末借方余额表示实际预付的款项数额,期末贷方余额表示尚未补付的款项。本账户应按供应单位设置明细账户,进行明细分类核算。

预付账款不多的企业,可以不设置"预付账款"账户,将预付的货款记入"应付账款"账户的借方。"预付账款"账户结构如图4-15所示。

借方	预付账款	贷方
预付和收到所购货物时补付的款项		收到采购货物时按发票金额冲销的预付账款和退回多付的款项
实际预付的款项数额		尚未补付的款项

图4-15 "预付账款"账户结构

7. "应交税费"账户

企业在生产经营活动过程中,必须按照国家相关税法的规定及时、足额地计算和缴纳各种税款及相关附加费等,主要包括增值税、消费税、企业所得税、房产税、车船税、城镇土地使用税、城市维护建设税、教育费附加等。

企业应设置"应交税费"账户,该账户属于负债类账户,用于核算企业按税法规定应缴纳的上述各种税款的增减变动情况。贷方登记企业应交的各种税费,借方登记实际缴纳的税费。期末余额如果在贷方,则表示企业应交未交的税费;期末余额如果在借方,则表示企业多交或尚未抵扣的税费。该账户按税种设置明细账户,进行明细分类核算。

一般纳税人在增值税核算时应在"应交税费"账户下设置"应交增值税"二级账户,在"应交增值税"二级账户下设置"进项税额""销项税额""进项税额转出"等多个明细专栏,并按规定进行明细核算。"应交税费"账户结构如图4-16所示。

借方	应交税费	贷方
实际缴纳的税费、增值税进项税额		应交的各种税费、增值税的销项税额
多交或尚未抵扣的税费		应交未交的税费

图4-16 "应交税费"账户结构

三、供应过程业务核算

下面以甲企业12月份的经济业务为例,说明企业供应过程的业务核算。

1. 原材料购进业务核算

【例4-13】 甲企业从乙企业购入A材料100件,每件500元,增值税专用发票上注明价款50 000元,增值税税额6 500元,价税款已通过银行转账支付,材料尚未运达企业。

此项经济业务的发生,一方面企业购进的材料由于尚未运达企业,属于运输途中的企业资产,应记入"在途物资"账户的借方,应交增值税这项负债减少,应记入"应交税费"账户的借方;另一方面引起企业银行存款这项资产减少,记入"银行存款"账户的贷方。会计分录为:

借:在途物资——A材料　　　　　　　　　　　　　　　　50 000
　　应交税费——应交增值税(进项税额)　　　　　　　　　6 500
　　贷:银行存款　　　　　　　　　　　　　　　　　　　　56 500

【例4-14】 甲企业从丙企业购入A材料50件,每件500元,增值税专用发票上注明价款25 000元,增值税税额3 250元,取得供货方代垫运费1 000元的普通发票,材料价税款及运杂费尚未支付,材料尚未运达企业。

《财政部　国家税务总局关于将铁路运输和邮政业纳入营业税改征增值税试点的通知》(财税〔2013〕106号)从2014年1月1日起,取消所有普通运费发票(包括铁路运输费用结算单据)进项税额抵扣的规定。所以,企业只有取得运输企业开具的运费增值税专用发票时,才能按发票上列明的税额进行运费的进项税抵扣。本例中企业取得的是普通运费发票,故运费部分是不能抵扣进项税额的。

此项经济业务的发生,一方面购进材料由于尚未运达企业,属于运输途中的企业资产,应记入"在途物资"账户的借方,运杂费计入企业购进材料的采购成本中;应交增值税这项负债减少,应记入"应交税费"账户的借方。另一方面企业负债增加,记入"应付账款"账户的贷方。会计分录为:

借:在途物资——A材料　　　　　　　　　　　　　　　　26 000
　　应交税费——应交增值税(进项税额)　　　　　　　　　3 250
　　贷:应付账款——丙企业　　　　　　　　　　　　　　　29 250

【例4-15】 承例4-13和例4-14,甲企业上述购进的两批A材料均已运达企业,验收入库。

此项经济业务的发生,涉及在途物资减少,应记入"在途物资"账户的贷方,同时库存材料增加,应记入"原材料"账户的借方。会计分录为:

借:原材料——A材料　　　　　　　　　　　　　　　　　76 000
　　贷:在途物资——A材料　　　　　　　　　　　　　　　76 000

【例4-16】 甲企业从丙企业购入A材料80件,每件500元;购入B材料100件,每件600元。增值税专用发票上注明A材料价款40 000元,增值税税额5 200元;B材料价款60 000元,增值税税额7 800元。取得供货方代垫运费的增值税专用发票,标明运费1 200元,增值税税额108元。价税款及运费尚未支付,企业签出并承兑了商业汇票,材料尚未运达企业。

此项经济业务的发生,企业在途物资增加记"在途物资"账户的借方,增值税进项税额增加记"应交税费"账户的借方,承兑的商业汇票记"应付票据"账户的贷方。另外,供货方代垫的运费由于是A、B两种材料共同发生的,所以要在A、B两种材料中进行分配。

材料采购费用的处理原则是:凡能分清受益对象的,所支付的费用直接计入受益对象的成本中;不能分清受益对象的,所支付的费用需要按照一定的标准(如材料的重量、体积、买价等)分配并计入各种材料的采购成本。

假定甲企业按购买材料的价款进行运费的分配,则

    分配率 = 运费总额÷各种材料总价款 = 1200÷(40 000 + 60 000) = 0.012
    A 材料应负担的运费 = 40 000×0.012 = 480(元)
    B 材料应负担的运费 = 60 000×0.012 = 720(元)

该项经济业务的会计分录为:

借:在途物资——A 材料(40 000 + 480)　　　　　　　　　　　　40 480
　　　　　——B 材料(60 000 + 720)　　　　　　　　　　　　60 720
　　应交税费——应交增值税(进项税额)(5 200 + 7 800 + 108)　13 108
　　贷:应付票据——丙企业　　　　　　　　　　　　　　　　　114 308

【例4-17】 承例4-14,甲企业签发转账支票,偿付前欠丙企业购料款及代垫运杂费共计29 250元。

此项经济业务的发生,应付账款这项负债减少了,应记入"应付账款"账户的借方,同时银行存款这项资产也减少了,应记入"银行存款"账户的贷方。

借:应付账款——丙企业　　　　　　　　　　　　　　　　　　29 250
　　贷:银行存款　　　　　　　　　　　　　　　　　　　　　　29 250

【例4-18】 承例4-16,甲企业承兑的商业汇票到期,签发转账支票,偿付前欠丙企业购料款及代垫运费共计114 308元。

此项经济业务的发生,引起应付票据这项负债的减少,应记入"应付票据"账户的借方,银行存款这项资产的减少,应记入"银行存款"账户的贷方。

借:应付票据——丙企业　　　　　　　　　　　　　　　　　　114 308
　　贷:银行存款　　　　　　　　　　　　　　　　　　　　　　114 308

【例4-19】 甲企业按购货合同预付给丁企业订货款20 000元,已通过银行转账付讫。

此项经济业务的发生,引起预付账款这项资产增加,银行存款这项资产减少。会计分录为:

借:预付账款——丁企业　　　　　　　　　　　　　　　　　　20 000
　　贷:银行存款　　　　　　　　　　　　　　　　　　　　　　20 000

【例4-20】 承例4-19,甲企业收到丁企业发来的B材料数量40件,每件600元,增值税专用发票上注明价款24 000元,增值税3 120元。材料已验收入库,余款以银行存款支付。

此项经济业务的发生,引起原材料这项资产的增加,应记入"原材料"账户的借方。预付账款这项资产的减少,应记入"预付账款"的贷方。在补付余款时,又引起银行存款这项资产的减少和预付账款的增加。会计分录为:

借:原材料——B 材料　　　　　　　　　　　　　　　　　　　24 000
　　应交税费——应交增值税(进项税额)　　　　　　　　　　　3 120

　　　　贷：预付账款——丁企业　　　　　　　　　　　　　　　　　　　　27 120
　　借：预付账款——丁企业　　　　　　　　　　　　　　　　　　　　　7 120
　　　　贷：银行存款　　　　　　　　　　　　　　　　　　　　　　　　　7 120

需要说明的是，在实际业务核算时，验收入库材料的成本结转有两种处理方式：一是在实际材料验收入库时，就计算并结转该批材料的采购成本；二是到月末时一次性计算并结转本月材料的采购成本。月末一次性结转采购成本，可大大减轻会计核算的工作量。

2. 固定资产购进业务处理

【例 4-21】 甲企业购入生产用不需要安装的全新设备一台，取得的增值税专用发票上注明价款 200 000 元，增值税额 26 000 元，价税款已通过银行转账支付。

此项经济业务的发生，会引起固定资产这项资产增加和银行存款这项资产减少。由于企业购入的是生产用设备，其进项税额按现行税法规定是准予抵扣的，所以还应反映增值税的进项税额。会计分录为：

　　借：固定资产　　　　　　　　　　　　　　　　　　　　　　　　　　200 000
　　　　应交税费——应交增值税（进项税额）　　　　　　　　　　　　　 26 000
　　　　贷：银行存款　　　　　　　　　　　　　　　　　　　　　　　　226 000

【例 4-22】 甲企业购入一栋楼房，价款合计 2 000 万元，取得的增值税专用发票上注明税额 180 万元。此栋楼房专用于职工集体宿舍，价税款已通过银行转账支付。

此项经济业务的发生，引起固定资产这项资产增加和银行存款这项资产减少。根据"用于集体福利的进项税额不得从销项税额中抵扣"的相关规定，180 万元属于不得从销项税额中抵扣的税额，应计入固定资产。会计分录为：

　　借：固定资产　　　　　　　　　　　　　　　　　　　　　　　　　21 800 000
　　　　贷：银行存款　　　　　　　　　　　　　　　　　　　　　　　21 800 000

第四节　生产过程的核算

一、生产过程概述

企业在日常生产经营活动中发生的所有耗费包括物化劳动的耗费和活劳动的耗费，统称为费用。费用按照其经济用途不同，可以分为生产费用和期间费用两大类。

1. 生产费用

生产费用是指企业一定时期内产品制造过程中发生的各项耗费，这些耗费最终都要归集、分配到各种产品中去，从而形成各种产品的成本。产品成本又称为制造成本，是指企业产品生产过程中所发生的各种耗费，包括直接材料、直接人工、其他直接支出和制造费用等成本项目。其中，直接材料、直接人工、其他直接支出统称为直接费用，制造费用又称为间接费用。产品成本项目的具体内容如下。

（1）直接材料。直接材料是指企业在生产产品和提供劳务的过程中所消耗的，直接用于产品生产，构成产品实体的各种原材料及主要材料、外购半成品及有助于产品形成的辅助材料等。

（2）直接人工。直接人工是指企业在生产产品和提供劳务过程中，直接从事产品生产的工人的工资、津贴、补贴等。

（3）其他直接支出。其他直接支出是指企业发生的除直接材料和直接人工以外的与生产产品和提供劳务有直接关系的各项费用。如按生产工人工资总额和规定比例计算提取的职工福利费。

（4）制造费用。制造费用是指企业内部各生产单位（分厂、车间）为组织和管理生产而发生的各项生产费用。制造费用通常是间接费用，需要在各种产品之间进行分配。制造费用的构成内容比较复杂，包括车间行政管理人员的工资及福利费、车间固定资产折旧费、修理费、租赁费、保险费、办公费、水电费、机物料消耗、劳动保护费、季节性停工损失、修理期间的停工损失等。

2. 期间费用

期间费用是指企业本期发生的、不能直接或间接归属于某种产品成本的、直接计入当期损益的各项费用，包括销售费用、管理费用和财务费用。

（1）销售费用。销售费用是指企业在销售商品和材料、提供劳务过程中所发生的各项费用，包括企业在销售商品过程中发生的包装费、运输费、装卸费、保险费、广告费、展览费、商品维修费、预计产品质量保证损失等以及为销售本企业商品而专设的销售机构（含销售网点、售后服务网点等）的职工薪酬、业务费、折旧费、固定资产修理费等费用。

（2）管理费用。管理费用是指企业为组织和管理生产经营活动所发生的各项管理费用，包括企业在筹建期间内发生的开办费、董事会和行政管理部门在企业的经营管理中发生的或应由企业统一负担的公司经费（包括行政管理部门职工薪酬、物料消耗、低值易耗品摊销、办公费和差旅费等）、工会经费、董事会经费（包括董事会成员津贴、会议费和差旅费等）、聘请中介机构费、咨询费（含顾问费）、诉讼费、业务招待费、房产税、车船税、城镇土地使用税、印花税、技术转让费、矿产资源补偿费、研究费用、排污费，以及没有满足固定资产确认条件的固定资产日常修理费、大修理费用、更新改造支出、房屋的装修费用等。

（3）财务费用。财务费用是指企业为筹集生产经营所需资金等而发生的筹资费用，包括利息支出（减利息收入）、汇兑差额以及相关的手续费、企业发生的现金折扣或收到的现金折扣等。

二、生产过程核算主要账户的设置

1. "生产成本"账户

"生产成本"账户，属于成本类账户，用于核算企业生产产品、自制材料、工具、设备等所发生的各项生产费用增减变动情况。借方登记按成本项目归集的直接材料、直接人工、其他直接费用和期末按照一定分配标准和各受益对象分配转入的制造费用，贷方登记期末完工验收入库产品结转的实际成本。期末如有余额在借方，表示尚未完工的在产品成本。该账户按产品品种或类别设置明细账户，并按规定的成本项目设置专栏进行明细分类核算。"生产成本"账户结构如图 4-17 所示。

借方	生产成本	贷方
发生的直接材料、直接人工、其他直接费用和制造费用	完工验收入库产品实际成本的转出	
尚未完工的在产品成本		

图 4-17 "生产成本"账户结构

2. "制造费用"账户

"制造费用"账户，属于成本类账户，用于归集和分配企业生产车间为生产产品和提供劳务而发生的各项间接生产费用。借方登记生产车间发生的各项间接生产费用，贷方登记月末分配结转应由各种产品负担的制造费用，期末结转后一般无余额。本账户应按不同车间设置明细账户，按费用项目设置专栏进行明细分类核算。"制造费用"账户结构如图 4-18 所示。

图 4-18 "制造费用"账户结构

3. "管理费用"账户

"管理费用"账户，属于损益类账户，用于核算企业行政管理部门为组织和管理生产经营活动而发生的各项管理费用数额。借方登记企业发生的各项管理费用数额，贷方登记月末管理费用转出数额，期末结转后无余额。该账户应按费用项目设置明细账户，进行明细分类核算。"管理费用"账户结构如图 4-19 所示。

借方	管理费用	贷方
发生的各项管理费用数额	月末管理费用转出数额	

图 4-19 "管理费用"账户结构

4. "应付职工薪酬"账户

应付职工薪酬是企业为获得职工提供的服务而给予职工的各种形式的报酬以及其他相关支出。职工薪酬的内容包括：①职工工资、奖金、津贴和补贴；②职工福利费；③社会保险费（即企业为职工交纳的医疗保险费、养老保险费、失业保险费、工伤保险费和生育保险费等）；④住房公积金（即企业在职工工作年限内，为职工按月缴存、长期储蓄、归职工个人所有、专项用于职工住房支出的资金）；⑤工会经费和职工教育经费（即企业根据规定按每月工资总额的一定比例计提，向工会拨缴和用于职工教育培训的经费）；⑥非货币性福利；⑦辞退福利；⑧其他与获得职工提供的服务相关的支出。其中的社会保险费和住房公积金被统称为"五险一金"。

"应付职工薪酬"账户，属于负债类账户，用于核算企业根据有关规定应付给职工的各种薪酬。贷方登记各月分配计算的职工薪酬，借方登记实际支付的薪酬，期末余额在贷方，反映企业应付未付的职工薪酬。该账户应按"工资""职工福利""社会保险费""住房公积金""工会经费""职工教育经费""非货币性福利""辞退福利""股份支付"等项目设置明细账户，并按照职工薪酬的组成内容设专栏进行明细分类核算。"应付职工薪酬"账户结构如图 4-20 所示。

借方	应付职工薪酬	贷方
实际支付的薪酬	各月分配计算的职工薪酬	
	应付未付的职工薪酬	

图 4-20 "应付职工薪酬"账户结构

5. "累计折旧"账户

固定资产在使用过程中，会发生有形损耗和无形损耗而使其价值不断减少，这种有形损耗和无形损耗引起的价值减少称为固定资产折旧。为核算企业固定资产折旧情况，企业应设置"累计折旧"账户。

"累计折旧"账户属于资产类账户，是"固定资产"账户的抵减账户，其账户结构与一般资产类账户相反。其贷方登记增加数，即按月计提的固定资产折旧额；借方登记减少数，即因减少固定资产而转销的折旧额；期末余额在贷方，表示全部固定资产已提折旧的累计数。该账户一般只进行总分类核算，不进行明细分类核算。其明细资料可根据固定资产卡片有关资料计算取得。"累计折旧"账户结构如图 4-21 所示。

借方	累计折旧	贷方
因减少固定资产而转销的折旧额	按月计提的折旧额	
	已提取的累计折旧额	

图 4-21 "累计折旧"账户结构

6. "累计摊销"账户

无形资产在使用过程中，企业应当对使用寿命有限的无形资产在使用寿命期内进行合理摊销。为了核算企业无形资产摊销情况，企业应设置"累计摊销"账户。

"累计摊销"账户属于资产类账户，是"无形资产"账户的抵减账户，其账户结构与一般资产类账户相反。其贷方登记增加数，即按月摊销的无形资产数额；借方登记减少数，即因减少无形资产而转销的累计摊销数；期末余额在贷方，表示无形资产的累计摊销数。该账户应按无形资产类别设置明细账，进行明细分类核算。"累计摊销"账户结构如图 4-22 所示。

借方	累计摊销	贷方
因减少无形资产而转销的累计摊销数	按月摊销的无形资产数额	
	无形资产的累计摊销数	

图 4-22 "累计摊销"账户结构

7. "库存商品"账户

库存商品是企业完成生产的最后一道工序，经检验合格，验收入库的产成品。

"库存商品"账户属于资产类账户，用于核算企业库存商品的增减变动及其结存情况。借方登记库存商品增加数，贷方登记库存商品减少数，期末余额在借方，表示库存商品的结存数。该账户应按商品品种或类别设置明细账，进行明细分类核算。"库存商品"账户结构如图 4-23 所示。

借方	库存商品	贷方
库存商品增加		库存商品减少
库存商品的结存		

图 4-23 "库存商品"账户结构

8. "其他应收款"账户

其他应收款是指企业除应收账款、应收票据、预付账款、应收股利、应收利息等经营活动以外的其他各种应收或暂付款项。主要包括：应收的各种赔款、罚款，如因企业财税等遭受意外损失而应向有关保险公司收取的赔款；应收的出租包装物的租金；存出的保证金；应向职工收取的各种暂付款项等。

"其他应收款"账户属于资产类账户，用于核算企业其他应收款的增减变动及其结存情况。借方登记其他应收款增加数，贷方登记其他应收款减少数，期末余额在借方，表示尚未收回的其他应收款。该账户应按照债务人或其他应收款项目设置明细账，进行明细分类核算。"其他应收款"账户结构如图4-24所示。

借方	其他应收款	贷方
其他应收款增加数		其他应收款减少数
尚未收回的其他应收款		

图 4-24 "其他应收款"账户结构

三、生产过程业务核算

下面仍以甲企业12月份的经济业务为例，说明企业生产过程的业务核算。

1. 材料费用的核算

企业在生产过程中需要领用各种材料，由于企业生产经营领用材料的用途不同，其在会计处理时会因用途不同而被记入不同的成本费用类科目。如果是用于产品生产而领用的各种材料，则按该材料的实际成本记入"生产成本"账户；如果是用于各生产部门如分厂或车间维护设备和管理生产而领用的各种材料，则按实际成本记入"制造费用"账户；如果是用于企业行政管理部门为组织管理企业经营活动而领用的各种材料，则按实际成本记入"管理费用"账户；如果是独立销售机构领用的各种材料，则按实际成本记入"销售费用"账户。

【例4-23】 甲企业20××年12月末，根据领料单等凭证，汇总编制"发出材料汇总表"，如表4-1所示。

表4-1 发出材料汇总表

20××年12月 （单位：元）

类别 用途	原料及主要材料	辅助材料	燃料	修理用备件	合计
生产A产品领用	80 000	20 000			100 000
生产B产品领用	20 000	5 000			25 000
车间管理部门领用		3 000	3 000	4 000	10 000
行政管理部门领用				8 000	8 000
专设销售机构领用	1 000				1 000
合计	101 000	28 000	3 000	12 000	144 000

此项经济业务的发生，引起"生产成本""制造费用""管理费用""销售费用"各项费用增加，"原材料"这项资产减少。根据"发出材料汇总表"，编制如下会计分录：

借：生产成本——A产品　　　　　　　　　　　　　　100 000
　　　　　　——B产品　　　　　　　　　　　　　　 25 000
　　　制造费用　　　　　　　　　　　　　　　　　　10 000
　　　管理费用　　　　　　　　　　　　　　　　　　 8 000
　　　销售费用　　　　　　　　　　　　　　　　　　 1 000
　　贷：原材料　　　　　　　　　　　　　　　　　　144 000

2. 职工薪酬的核算

职工在为企业提供服务的会计期间，由于服务的岗位不同，为企业提供服务的受益对象也不同，所以，应付职工薪酬应该按照职工提供服务的受益对象，分别计入有关成本或费用类科目。生产工人的职工薪酬，记入"生产成本"账户；车间管理人员的职工薪酬，记入"制造费用"账户；行政管理人员的职工薪酬，记入"管理费用"账户；销售人员的职工薪酬，记入"销售费用"账户。

职工薪酬的内容包括：①职工工资、奖金、津贴和补贴；②职工福利费；③社会保险费、住房公积金（即"五险一金"）；④工会经费和职工教育经费；⑤非货币性福利；⑥辞退福利；⑦其他与获得职工提供的服务相关的支出。

计提应付职工薪酬中的职工福利费时，国家规定了计提基础和计提比例的，应当按照国家规定的标准计提。国家没有规定计提基础和计提比例的，企业应当根据历史经验数据和实际情况，合理预计当期应付职工薪酬。当期实际发生金额大于预计金额的，应当补提应付职工薪酬；当期实际发生金额小于预计金额的，应当冲回多提的应付职工薪酬。

工会经费是指工会依法取得并开展正常活动所需的费用。工会经费的主要来源是工会会员缴纳的会费和企业按每月全部职工工资总额的2%计算并向工会拨交的经费。所以企业每月都应按全部职工工资总额的2%计提工会经费，并拨付给工会。职工教育经费也与职工工资总额有关。一般企业按照职工工资总额的1.5%从成本（费用）中予以提取，并将其作为负债管理；从业人员技术素质要求高、培训任务重、经济效益较好的企业可按2.5%提取。工会经费和职工教育经费都是在计算工资和福利费时一起计提的，计提这两项费用可以在一定程度上减少企业应纳税所得额。

【例4-24】 20××年12月，甲企业职工薪酬结算汇总表如表4-2所示。

表4-2　职工薪酬结算汇总表

20××年12月　　　　　　　　　　　　　　　　（单位：元）

人员类别	工资总额	职工福利	社会保险	住房公积金	工会经费	教育经费	合　计
生产A产品工人	100 000	2 000	24 000	10 500	2 000	2 500	141 000
生产B产品工人	80 000	1 600	19 200	8 400	1 600	2 000	112 800
车间管理人员	25 000	500	6 000	2 625	500	625	35 250
行政管理人员	30 000	600	7 200	3 150	600	750	42 300
专设销售机构人员	20 000	400	4 800	2 100	400	500	28 200
合计	255 000	5 100	61 200	26 775	5 100	6 375	359 550

表 4-2 中有关数据是根据所在地政府规定计算的，甲企业分别按照职工工资总额的 10%、12%、2% 和 10.5% 计提医疗保险费、养老保险费、失业保险费和住房公积金。根据上一年实际发生的职工福利费情况，公司预计本年职工福利费金额为职工工资总额的 2%，职工福利的受益对象为上述所有人员。公司分别按照职工工资总额的 2% 和 2.5% 计提工会经费和职工教育经费。

此项经济业务的发生，引起"生产成本""制造费用""管理费用""销售费用"等费用增加，"应付职工薪酬"这项负债增加。根据职工薪酬结算汇总表，在分配、确认应付职工薪酬时，编制如下会计分录：

借：生产成本——A 产品　　　　　　　　　　　　　　　141 000
　　　　　　——B 产品　　　　　　　　　　　　　　　112 800
　　制造费用　　　　　　　　　　　　　　　　　　　　 35 250
　　管理费用　　　　　　　　　　　　　　　　　　　　 42 300
　　销售费用　　　　　　　　　　　　　　　　　　　　 28 200
　　贷：应付职工薪酬——工资　　　　　　　　　　　　 255 000
　　　　　　　　　　——职工福利　　　　　　　　　　　 5 100
　　　　　　　　　　——社会保险费　　　　　　　　　　61 200
　　　　　　　　　　——住房公积金　　　　　　　　　　26 775
　　　　　　　　　　——工会经费　　　　　　　　　　　 5 100
　　　　　　　　　　——职工教育经费　　　　　　　　　 6 375

【例 4-25】　承例 4-24，甲企业将本月所有职工的薪酬结算表提供给银行，并签发一张转账支票，委托银行代为支付职工工资。

此项经济业务的发生，引起"应付职工薪酬"这项负债减少，"银行存款"这项资产减少。会计分录如下：

借：应付职工薪酬——工资　　　　　　　　　　　　　　255 000
　　贷：银行存款　　　　　　　　　　　　　　　　　　 255 000

【例 4-26】　承例 4-24，甲企业将本月计提的工会经费和职工教育经费全部用于工会活动和职工培训，款项以银行存款支付。

此项经济业务的发生，引起"应付职工薪酬"这项负债减少，"银行存款"这项资产减少。会计分录如下：

借：应付职工薪酬——工会经费　　　　　　　　　　　　　5 100
　　　　　　　　——职工教育经费　　　　　　　　　　　 6 375
　　贷：银行存款　　　　　　　　　　　　　　　　　　　11 475

【例 4-27】　承例 4-24，甲企业通过银行转账支付本月应付的社会保险费和住房公积金。

此项经济业务的发生，引起"应付职工薪酬"这项负债减少，"银行存款"这项资产减少。会计分录如下：

借：应付职工薪酬——社会保险费　　　　　　　　　　　 61 200
　　　　　　　　——住房公积金　　　　　　　　　　　　26 775
　　贷：银行存款　　　　　　　　　　　　　　　　　　　87 975

3. 制造费用的核算

制造费用是指企业内部各生产单位（分厂、车间）为组织和管理生产而发生的各项生产费用。如果企业生产多种产品，则应在"制造费用"账户归集的当期制造费用基础上，将制造费用按照一定的标准（如生产工人工资、产品生产工时等）在各产品之间进行合理的分配，最终将制造费用转入各种产品成本中。

制造费用分配率 = 制造费用总额 ÷ 各种产品生产工人工资(或生产工时)总额

某产品应负担的制造费用 = 该产品生产工人工资(或生产工时) × 制造费用分配率

【例 4-28】 甲企业以银行存款支付本月水电费 18 000 元，其中生产车间耗用 12 000 元，行政管理部门耗用 6 000 元。

此项经济业务的发生，生产车间发生的水电费应记入"制造费用"账户，行政管理部门发生的水电费应记入"管理费用"账户。费用增加记入借方，银行存款减少记贷方。会计分录如下：

借：制造费用　　　　　　　　　　　　　　　　　　　　　　　　　12 000
　　管理费用　　　　　　　　　　　　　　　　　　　　　　　　　　6 000
　　贷：银行存款　　　　　　　　　　　　　　　　　　　　　　　18 000

【例 4-29】 甲企业本月计提固定资产折旧共计 50 000 元，其中生产车间用固定资产提折旧 40 000 元，行政管理用固定资产提折旧 10 000 元。

此项经济业务的发生，引起制造费用和管理费用同时增加，分别记入"制造费用"和"管理费用"账户的借方，同时引起企业累计折旧的增加，记入"累计折旧"账户的贷方。会计分录如下：

借：制造费用　　　　　　　　　　　　　　　　　　　　　　　　　40 000
　　管理费用　　　　　　　　　　　　　　　　　　　　　　　　　10 000
　　贷：累计折旧　　　　　　　　　　　　　　　　　　　　　　　50 000

【例 4-30】 甲企业从外单位购得一项非专利技术，支付价款 600 万元，款项已支付，估计该项非专利技术的使用寿命为 10 年，该项非专利技术用于产品生产。同时，购入一项商标权，支付价款 60 万元，款项已支付，估计该商标权的使用寿命为 5 年。假定这两项无形资产的净残值均为零，并按直线法摊销。

此项经济业务的发生，由于非专利技术使用寿命有限，且用于产品生产，所以应当将其摊销金额计入相关产品的制造成本。企业外购的商标权同样是使用寿命有限的无形资产，而商标权的摊销金额通常直接计入当期管理费用。有关计算及会计分录如下：

(1) 取得无形资产时

借：无形资产——非专利技术　　　　　　　　　　　　　　　　　6 000 000
　　　　　　——商标权　　　　　　　　　　　　　　　　　　　　600 000
　　贷：银行存款　　　　　　　　　　　　　　　　　　　　　6 600 000

(2) 按月摊销时

非专利技术每月摊销额 = 6 000 000 ÷ 10 ÷ 12 = 50 000（元）

商标权每月摊销额 = 600 000 ÷ 5 ÷ 12 = 10 000（元）

借：制造费用　　　　　　　　　　　　　　　　　　　　　　　　　50 000
　　管理费用　　　　　　　　　　　　　　　　　　　　　　　　　10 000

贷：累计摊销　　　　　　　　　　　　　　　　　　　　　　60 000

【例4-31】　甲企业以库存现金800元购买办公用品，其中生产车间用200元，行政管理部门用600元。

此项经济业务的发生，一方面引起制造费用和管理费用增加，分别记入"制造费用"和"管理费用"账户的借方；另一方面引起库存现金的减少，记入"库存现金"账户的贷方。会计分录如下：

借：制造费用　　　　　　　　　　　　　　　　　　　　　　200
　　管理费用　　　　　　　　　　　　　　　　　　　　　　600
　　贷：库存现金　　　　　　　　　　　　　　　　　　　　800

【例4-32】　甲企业车间主任李平因公出差，预借差旅费5 000元，以现金支付。

此项经济业务的发生，一方面引起其他应收款这项资产增加，应记入"其他应收款"账户的借方；另一方面引起库存现金这项资产减少，应记入"库存现金"账户的贷方。会计分录如下：

借：其他应收款——李平　　　　　　　　　　　　　　　　5 000
　　贷：库存现金　　　　　　　　　　　　　　　　　　　　5 000

【例4-33】　甲企业车间主任李平出差回来，到财务部门报账，符合报销规定的票据所载明的金额及出差补助合计4 500元，500元余款交回，结清之前的预借差旅费。

此项经济业务的发生，一方面引起其他应收款这项资产减少，应记入"其他应收款"账户的贷方；另一方面由于李平属于车间管理人员，所以，其差旅费应记入"制造费用"账户的借方。会计分录如下：

借：制造费用　　　　　　　　　　　　　　　　　　　　　　4 500
　　库存现金　　　　　　　　　　　　　　　　　　　　　　500
　　贷：其他应收款——李平　　　　　　　　　　　　　　　5 000

【例4-34】　假定例4-23～例4-33发生的所有经济业务，都是甲企业当年12月份经济业务，按照上述各笔业务编制的会计分录，登记"制造费用"T形账如图4-25所示。甲企业的制造费用按生产工人工资比例进行分配，并记入A、B两产品的成本。

借方	制造费用		贷方
例4-23	10 000	例4-33	151 950
例4-24	35 250		
例4-28	12 000		
例4-29	40 000		
例4-30	50 000		
例4-31	200		
例4-33	4 500		
本期发生额合计	151 950	本期发生额合计	151 950

图4-25　"制造费用"T形账

由例4-24得知，甲企业A产品生产工人工资是100 000元，B产品生产工人工资为80 000元。制造费用分配率＝制造费用总额÷各种产品生产工人工资总额＝151 950÷(100 000＋

80 000）= 0.844 17

　　A产品应负担的制造费用 = 100 000 × 0.844 17 = 84 417（元）

　　B产品应负担的制造费用 = 151 950 – 84 417 = 67 533（元）

实际工作中的制造费用分配是通过编制制造费用分配表进行的。制造费用分配表如表4-3所示。

表4-3　制造费用分配表

分配对象	分配标准（生产工人工资）（元）	分配率	分配金额（元）
A产品	100 000	0.844 17	84 417
B产品	80 000		67 533
合计	180 000	0.844 17	151 950

根据"制造费用分配表"，编制制造费用分配结转分录如下：

借：生产成本——A产品　　　　　　　　　　　　　84 417
　　　　　　——B产品　　　　　　　　　　　　　67 533
　　贷：制造费用　　　　　　　　　　　　　　　　151 950

根据制造费用分配结转分录，将该笔业务中的制造费用登记到"制造费用"T形账中，则表示月末制造费用分配结转完成后，制造费用账户余额为零。

4. 完工产品成本的核算

企业在产品生产过程中发生的各项生产费用，凡是能分清是哪种产品所消耗的，应直接计入该种产品的"生产成本"明细账户中；凡是分不清的，则先通过"制造费用"账户进行归集，再运用适当的分配方法分配结转至"生产成本"明细账户中。月末，制造费用分配结转完毕后，某产品的"生产成本"明细账户中的期初余额加上本期发生额即是该产品至本期末为止的全部生产费用。

如果月末该产品全部完工，则该产品"生产成本"明细账户上的全部生产费用就是该产品的总成本，在办理验收入库手续时，从"生产成本"账户结转至"库存商品"账户。

如果月末该产品全部未完工，该种产品"生产成本"明细账户所归集的费用总额就是该种产品在产品的总成本。

如果月末该产品一部分完工，一部分未完工，则需要将"生产成本"明细账户中归集的费用总额按照一定的分配方法在完工产品和在产品之间进行分配，之后才能计算出完工产品的总成本。生产费用在完工产品和在产品之间的分配问题是"成本会计"要解决的主要问题，在此不作阐述。

【例4-35】　从例4-23～例4-34发生的甲企业12月份的经济业务中可得知，A产品的生产成本是325 417元，B产品的生产成本是205 333元。具体计算如图4-26和图4-27所示。

借方	生产成本——A产品	贷方
例4-23	100 000	
例4-24	141 000	
例4-34	84 417	
本期发生额合计	325 417	

图4-26　A产品生产成本T形账

借方	生产成本——B产品	贷方
例 4-23　　　　25 000		
例 4-24　　　　112 800		
例 4-34　　　　67 533		
本期发生额合计　205 333		

图 4-27　B 产品生产成本 T 形账

假定甲企业月初 A、B 产品均无在产品。本月投产的 A 产品 100 件，全部完工；B 产品 80 件，全部未完工。结转本月完工入库 A 产品的成本。

A 产品生产成本明细账如表 4-4 所示。B 产品生产成本明细账如表 4-5 所示。

表 4-4　A 产品生产成本明细账

产品名称：A 产品　　　　　　　　　　　　　　　　　　　　　　　（单位：元）

20××年		凭证号数	摘　要	直接材料	直接人工	制造费用	合　计
12	1		月初在产品成本	0	0	0	0
		例 4-23	耗用材料	100 000			100 000
		例 4-24	生产工人薪酬		141 000		141 000
		例 4-34	分配制造费用			84 417	84 417
			本月生产费用合计	100 000	141 000	84 417	325 417
			生产费用累计	100 000	141 000	84 417	325 417
			本月完工产品成本	100 000	141 000	84 417	325 417
			月末在产品成本	0	0	0	0

表 4-5　B 产品生产成本明细账

产品名称：B 产品　　　　　　　　　　　　　　　　　　　　　　　（单位：元）

20××年		凭证号数	摘　要	直接材料	直接人工	制造费用	合　计
12	1		月初在产品成本	0	0	0	0
		例 4-23	耗用材料	25 000			25 000
		例 4-24	生产工人薪酬		112 800		112 800
		例 4-34	分配制造费用			67 533	67 533
			本月生产费用合计	25 000	112 800	67 533	205 333
			生产费用累计	25 000	112 800	67 533	205 333
			本月完工产品成本	0	0	0	0
			月末在产品成本	25 000	112 800	67 533	205 333

根据生产成本明细账中的完工产品成本资料，编制完工产品成本汇总表，如表 4-6 所示。

表 4-6　完工产品成本汇总表

20××年 12 月　　　　　　　　　　　　　　　　　　　　　　　（单位：元）

成本项目	A 产品（100 件）	
	总　成　本	单位成本
直接材料	100 000	1 000
直接人工	141 000	1 410
制造费用	84 417	844.17
合计	325 417	3 254.17

根据完工产品成本汇总表结转完工 A 产品成本，编制如下会计分录：

借：库存商品——A 产品　　　　　　　　　　　　　　325 417
　　贷：生产成本——A 产品　　　　　　　　　　　　　325 417

第五节　销售过程的核算

一、销售过程概述

企业完工入库的产成品，只有通过销售才能实现资金的回收，进而企业的各项资金耗费才能得以补偿。在销售过程中，企业既要确认销售收入，又要与购货单位结算货款；既要按照国家的有关规定计算和缴纳税金，又要确定并结转已销产品的生产成本，还要支付为销售产品而发生的各项销售费用。其中销售费用是指企业在销售商品和材料、提供劳务过程中所发生的各项费用，包括企业在销售商品过程中发生的包装费、运输费、装卸费、保险费、广告费、展览费、商品维修费、预计产品质量保证损失等，以及为销售本企业商品而专设的销售机构（含销售网点、售后服务网点等）的职工薪酬、业务费、折旧费、固定资产修理费等费用。

二、销售过程核算主要账户的设置

1. "主营业务收入"账户

"主营业务收入"账户，属于损益类账户，用于核算企业在销售商品、提供劳务及让渡资产使用权等日常活动中所产生的收入。贷方登记企业销售商品（包括产成品、自制半成品等）或让渡资产使用权所实现的收入；借方登记发生的销售退回、销售折让和转入"本年利润"账户的收入；期末结转后该账户无余额。"主营业务收入"账户应按主营业务的种类设置明细账户，进行明细分类核算。"主营业务收入"账户结构如图 4-28 所示。

借方	主营业务收入	贷方
发生的销售退回、销售折让和转入"本年利润"账户的收入		销售商品等所实现的收入

图 4-28　"主营业务收入"账户结构

2. "主营业务成本"账户

"主营业务成本"账户，属于损益类账户，用于核算企业销售商品、提供劳务及让渡资产使用权等日常活动中所产生的与已确认的主营业务收入相配比的实际成本。借方登记结转已销售商品、提供的各种劳务等的实际成本；贷方登记当月发生销售退回等的商品成本（未直接从本月销售成本中扣减的销售退回的成本）和期末转入"本年利润"账户的当期销售产品成本；期末结转后该账户无余额。该账户应按照主营业务的种类设置明细账户，进行明细分类核算。"主营业务成本"账户结构如图 4-29 所示。

借方	主营业务成本	贷方
结转已销售商品、提供的各种劳务等的实际成本		当月发生销售退回等的商品成本和期末转入"本年利润"账户的当期销售产品成本

图 4-29　"主营业务成本"账户结构

3. "税金及附加"账户

"税金及附加"账户,属于损益类账户,用于核算企业经营活动(包括主营业务和其他业务)应负担的消费税、城市维护建设税、资源税、土地增值税和教育费附加等相关税费。该账户借方登记按照规定计算确定的与经营活动相关的税费(包括消费税、城市维护建设税、资源税、土地增值税和教育费附加等);贷方登记企业收到的返还消费税等原记入本账户的各种税金以及期末转入"本年利润"账户中的税金及附加,期末结转后本账户无余额。"税金及附加"账户结构如图4-30所示。

借方	税金及附加	贷方
按照规定计算确定的与经营活动相关的税费		企业收到的返还的消费税等原记入本账户的各种税金以及期末转入"本年利润"的税费

图4-30 "税金及附加"账户结构

4. "应收账款"账户

应收账款是指企业因销售商品、提供劳务等业务,应向购货单位或接受劳务单位或个人收取的款项。主要包括企业销售商品、提供劳务等应向有关债务人收取的价款、增值税及代购货方垫付的运杂费等。按照是否取决于时间流逝,应收账款区分为合同资产和没有其他条件限制的应收账款两类。合同资产是指企业向客户转让商品而有权收取对价的权利,且该权利取决于时间流逝之外的其他因素。例如,企业向客户销售两项可明确区分的商品,企业因已交付其中一项商品而有权收取款项,但收取该款项还取决于企业交付另一项商品的,企业应当将该收款权利作为合同资产。如果合同约定转让商品A的对价要等商品B转让了之后才能收到,那么转让商品A时,甲企业因为已经履行了履约义务而有收取对价的权利,但这个权利不是无条件的,要等到甲企业转让了B商品后甲企业才能收到,此时应确认为合同资产。没有其他条件限制的应收账款是指企业拥有无条件收取合同对价的权利,即企业仅随着时间的流逝即可收款。如果合同约定转让商品A时甲公司有权收取转让商品A的对价,转让商品B时有权收取转让商品B的对价,那么转让商品A后将不受B的转让与否的影响,即没有其他条件限制,甲公司就有权收取对价了,什么时候收到款项就要看乙公司什么时候付款了,此时应确认为应收账款。本书涉及的赊销业务中,均指没有其他条件限制的应收账款的核算。

"应收账款"账户,属于资产类账户,用于核算应收账款的发生和收回情况。借方登记应收账款的增加数,贷方登记应收账款的收回数及确认坏账损失数,期末余额在借方,反映尚未收回的应收账款数额。该账户应按债务人设置明细账户,进行明细分类核算。不单独设置"预收账款"账户的企业(一般在预收货款不多的情况下),为简化核算,可将预收货款业务直接计入"应收账款"账户。"应收账款"账户结构如图4-31所示。

借方	应收账款	贷方
应收账款的增加数		应收账款的收回数及确认坏账损失数
尚未收回的应收账款数额		

图4-31 "应收账款"账户结构

5. "应收票据"账户

"应收票据"账户，属于资产类账户，用于核算企业因销售商品、提供劳务等而收到的商业汇票的取得和款项收回情况。借方登记收取的应收票据的面值以及带息票据期末计算的利息；贷方登记已经到期收回或已贴现或已背书转让的票据的账面余额；期末余额在借方，反映企业持有的商业汇票的票面价值和利息。该账户按开出商业汇票的单位进行明细核算。

为便于管理和分析各种票据的具体情况，企业应设置"应收票据备查簿"，逐笔登记商业汇票的种类、号数、出票日期、票面金额、交易合同号和付款人、承兑人、背书人的姓名或单位名称、到期日、背书转让日、贴现日、贴现率和贴现净额以及收款日和收回金额、退票情况等详细资料，商业汇票到期结清票款或退票后，在备查簿中应将其注销。"应收票据"账户结构如图4-32所示。

借方	应收票据	贷方
收取的应收票据的面值以及带息票据期末计算的利息		已经到期收回或已贴现或已背书转让的票据的账面余额
持有的商业汇票的票面价值和利息		

图4-32 "应收票据"账户结构

6. "其他业务收入"账户

其他业务是指企业在生产经营过程中发生的除主营业务以外的其他非主营业务，主要包括出租固定资产、出租无形资产、出租包装物和商品、销售材料等。

"其他业务收入"账户，属于损益类账户，用于核算企业其他业务收入的增减及变动情况。贷方登记企业从事其他业务实现的收入；借方登记期末转入"本年利润"账户的其他业务收入；结转后该账户无余额。该账户可按收入种类设置明细账，进行明细核算。"其他业务收入"账户结构如图4-33所示。

借方	其他业务收入	贷方
期末转入"本年利润"账户的其他业务收入		企业从事其他业务实现的收入

图4-33 "其他业务收入"账户结构

7. "其他业务成本"账户

与其他业务收入相关的支出，如销售材料的成本、出租固定资产的折旧额、出租无形资产的摊销额、出租包装物的成本或摊销额等，应通过"其他业务成本"账户核算。

"其他业务成本"账户，属于损益类账户，用于核算其他业务成本的增减及变动情况。借方登记企业发生的其他业务成本，贷方登记期末转入"本年利润"账户的其他业务成本，结转后该账户无余额。该账户应与"其他业务收入"账户同口径设置明细账，进行明细核算。"其他业务成本"账户结构如图4-34所示。

借方	其他业务成本	贷方
企业发生的其他业务成本		期末转入"本年利润"账户的其他业务成本

图 4-34 "其他业务成本"账户结构

8. "销售费用"账户

为了核算企业销售费用的发生情况，应设置"销售费用"账户。

"销售费用"账户，属于损益类账户，用于核算企业销售费用的增减及变动情况。借方登记企业发生的各项销售费用；贷方登记企业期末转入"本年利润"账户的销售费用；结转后该账户期末无余额。该账户应按费用项目设置明细账户，进行明细核算。"销售费用"账户结构如图 4-35 所示。

借方	销售费用	贷方
企业发生的各项销售费用		企业期末转入"本年利润"账户的销售费用，结转后该账户期末无余额

图 4-35 "销售费用"账户结构

9. "预收账款"账户

现实中销货企业可向购货企业先收取一部分货款，待向对方发货后再收取其余货款。预收账款是指企业向购货单位预先收取的款项。企业在发货前所收取的货款，成为企业的负债。与应付账款不同，这一负债不是以货币偿付，而是以货物或者提供劳务偿付。预收账款与合同负债亦有不同。如果企业尚未将商品转让给客户，但客户已支付了对价或者企业已经拥有一项无条件的收取对价金额的权利，则企业应当在客户付款或付款到期时将向客户转让商品的合同义务列报为一项合同负债。预收账款不强调已成立与客户之间的合同，在合同成立前已收到的对价仍可作为预收账款核算，不能称为合同负债。一般来说，在合同没签订之前，客户预付货款的情况比较少，而合同一旦正式成立，就要将预收账款转入合同负债。

为了核算企业预收账款的情况，企业应设置"预收账款"账户。该账户是负债类账户，用来核算企业向购货单位预收款项的增减变动及其结存情况。贷方登记预收货款的数额和购货单位补付货款的数额；借方登记企业向购货方发货后冲销的预收货款数额和退回购货方多付货款的数额；余额一般在贷方，表示已预收货款但尚未向购货方发货的数额。该账户应按购货单位设置明细账户，进行明细分类核算。"预收账款"账户结构如图 4-36 所示。

借方	预收账款	贷方
向购货方发货后冲销的预收货款数额和退回购货方多付货款的数额		预收货款的数额和购货单位补付货款的数额
		已预收货款但尚未向购货方发货的数额

图 4-36 "预收账款"账户结构

预收货款业务不多的企业，可以不设置"预收账款"账户，其所发生的预收货款可通过"应收账款"账户贷方核算。

三、销售过程业务核算

下面仍以甲企业 12 月份的经济业务为例，说明企业销售过程的业务核算。

【例 4-36】 甲企业销售 A 产品 80 件，每件售价 4 000 元，增值税率为 13%，收到价税款共计 361 600 元，存入银行。

此项经济业务的发生，一方面引起主营业务收入和应交税费增加，另一方面引起银行存款增加。会计分录如下：

    借：银行存款   361 600
        贷：主营业务收入（4000×80）   320 000
            应交税费——应交增值税（销项税额）（320 000×13%）   41 600

【例 4-37】 甲企业因转产，销售以前购入的原材料一批给丙企业，该批原材料采购成本 6 000 元，售价 10 000 元，增值税税率为 13%，价税款尚未收到。

此项经济业务的发生，一方面引起企业销售原材料的收入即其他业务收入增加，以及应交税费增加，另一方面引起应收账款增加。会计分录如下：

    借：应收账款——丙企业   11 300
        贷：其他业务收入   10 000
            应交税费——应交增值税（销项税额）   1 300

【例 4-38】 甲企业按照预购预销合同规定，预收丁企业购货款 50 000 元，存入银行。

此项经济业务的发生，一方面引起银行存款这项资产增加，另一方面引起预收账款这项负债增加。会计分录如下：

    借：银行存款   50 000
        贷：预收账款——丁企业   50 000

【例 4-39】 承例 4-38，甲企业向丁企业发出 A 产品 10 件，每件售价 4 000 元，B 产品 5 件，每件售价 3 500 元，增值税税率为 13%，以预收账款结算销货款。预收账款不足，补收余款，存入银行。

此项经济业务的发生，一方面引起预收账款减少和银行存款增加，另一方面引起主营业务收入增加和应交税费增加。会计分录如下：

    借：预收账款——丁企业   64 975
        贷：主营业务收入（4 000×10+3 500×5）   57 500
            应交税费——应交增值税（销项税额）（57 500×13%）   7 475
    借：银行存款   14 975
        贷：预收账款——丁企业   14 975

【例 4-40】 承例 4-37，收到销售给丙企业的材料款，存入银行。

此项经济业务的发生，一方面引起银行存款增加，另一方面引起应收账款减少。会计分录如下：

    借：银行存款   11 300
        贷：应收账款——丙企业   11 300

【例 4-41】 甲企业销售 A 产品 20 件，每件售价 4 000 元；销售 B 产品 10 件，每件售价

3 500 元。企业开出增值税专用发票,价款 115 000 元,增值税税额 14 950 元,共计 129 950 元。另外,甲企业以银行存款垫付运费 1 000 元,甲企业收到购货单位承兑的商业汇票一张。

此项经济业务的发生,一方面引起主营业务收入增加和应交税费增加,另一方面引起应收票据增加和银行存款减少。会计分录如下:

借:应收票据　　　　　　　　　　　　　　　　　　　　　　130 950
　　贷:主营业务收入　　　　　　　　　　　　　　　　　　　　115 000
　　　　应交税费——应交增值税(销项税额)　　　　　　　　　 14 950
　　　　银行存款　　　　　　　　　　　　　　　　　　　　　　 1 000

【例 4-42】 甲企业以银行存款支付广告费 10 000 元。

此项经济业务的发生,一方面引起销售费用增加,另一方面引起银行存款减少。会计分录如下:

借:销售费用　　　　　　　　　　　　　　　　　　　　　　 10 000
　　贷:银行存款　　　　　　　　　　　　　　　　　　　　　　 10 000

【例 4-43】 月末,结转本月已销产品生产成本,其中,A 产品销售 110 件,每件生产成本 3 254.17 元,B 产品 15 件,每件生产成本 2 566.67 元。

此项经济业务的发生,一方面引起主营业务成本增加,另一方面引起库存商品减少。会计分录如下:

借:主营业务成本　　　　　　　　　　　　　　　　　　　　396 458.75
　　贷:库存商品——A 产品(3 254.17×110)　　　　　　　　357 958.70
　　　　　　　　——B 产品(2 566.67×15)　　　　　　　　　38 500.05

【例 4-44】 月末,结转本月已销原材料的实际成本 6 000 元。

此项经济业务的发生,一方面引起其他业务成本增加,另一方面引起原材料减少。会计分录如下:

借:其他业务成本　　　　　　　　　　　　　　　　　　　　　 6 000
　　贷:原材料　　　　　　　　　　　　　　　　　　　　　　　 6 000

【例 4-45】 假定甲企业销售的 B 产品是应交消费税的商品,按照我国《消费税暂行条例》的规定,B 产品适用按销售额计征消费税范围,适用消费税税率为 10%,计算并结转本月销售 B 产品的应交消费税。

从例 4-39 和例 4-41 得知:甲企业本月销售 B 产品的销售额共计 52 500 元(3 500×5 + 3 500×10)。B 产品本月应交消费税为 52 50 元(52 500×10%)。此项经济业务的发生,一方面引起消费税的相应变化,应记入"税金及附加"账户的借方,另一方面引起应交税费的增加,记入"应交税费——应交消费税"账户的贷方。会计分录如下:

借:税金及附加　　　　　　　　　　　　　　　　　　　　　　 5 250
　　贷:应交税费——应交消费税　　　　　　　　　　　　　　　 5 250

【例 4-46】 承例 4-13~例 4-41,甲企业 12 月末计算并结转应交的城市维护建设税及教育费附加。甲企业所在城市的城市维护建设税税率为 7%,教育费附加征收率为 3%。假定甲企业"应交税费——应交增值税"明细账户无期初余额。

城市维护建设税是对缴纳增值税、消费税的单位和个人,以其实际缴纳的税额为计算依据征收的一种税，其税率有7%、5%和3%三档。

教育费附加是对缴纳增值税、消费税的单位和个人，以其实际缴纳的税额为计算依据征收的一种附加费。教育费附加具有税收的特征，是一种专门用于发展地方教育事业，扩大地方教育经费的专用资金。教育费附加以纳税人实际缴纳增值税和消费税的税额之和为计征依据，其计征比例为3%。

教育费附加在"应交税费——应交教育费附加"账户中核算。在计提教育费附加时，按照缴纳增值税和消费税的业务性质不同，分别借记"税金及附加"或"其他业务成本"等科目，贷记"应交税费——应交教育费附加"科目。实际缴纳教育费附加时，借记"应交税费——应交教育费附加"科目，贷记"银行存款"科目。

假定甲企业12月份应交增值税账户期初余额为零，甲企业12月份应交增值税用T形账表示，如图4-37所示。

借方		应交税费——应交增值税	贷方
例4-13	6 500	例4-36	41 600
例4-14	3 250	例4-37	1 300
例4-16	13 108	例4-39	7 475
例4-20	3 120	例4-41	14 950
例4-21	26 000		
本期发生额合计	51 978	本期发生额合计	65 325
		期末余额	13 347

图4-37 "应交增值税"明细账

从甲企业"应交税费——应交增值税"明细账得知，该账户的期末余额即为本期甲企业实际应交的增值税税额，即13 347元。

甲企业本月应交消费税只发生一笔，即例4-45中发生的应交消费税税额5 250元。

甲企业本月应交城市维护建设税税额=（应交增值税+应交消费税）×税率=（13 347 + 5 250）×7% = 1 301.79（元）

借：税金及附加　　　　　　　　　　　　　　　　　　　1 301.79
　　贷：应交税费——应交城市维护建设税　　　　　　　　1 301.79

甲企业本月应交教育费附加=（应交增值税+应交消费税）×征收率=（13 347 + 5 250）×3% = 557.91（元）

借：税金及附加　　　　　　　　　　　　　　　　　　　557.91
　　贷：应交税费——应交教育费附加　　　　　　　　　　557.91

本月企业实际上缴各种税费时，应按其上缴金额编制如下会计分录。

借：应交税费——应交增值税　　　　　　　　　　　　　13 347
　　　　　　——应交消费税　　　　　　　　　　　　　5 250
　　　　　　——应交城建税　　　　　　　　　　　　　1 301.79
　　　　　　——应交教育费附加　　　　　　　　　　　557.91
　　贷：银行存款　　　　　　　　　　　　　　　　　　20 456.70

第六节　财务成果的核算

一、财务成果概述

企业经过一定时期的生产经营活动所取得的利润（或亏损）就是企业的财务成果。企业的财务成果关系到企业的生存和发展，也关系到所有者和债权人的权益，甚至关系到国家或地方政府的利益。因此，企业在生产经营过程中，应尽可能地扩大销售以增加企业的收入，并最大限度地强化管理以降低产品成本和费用，力争取得最大的经济效益。

利润可以反映企业在一定会计期间的经营业绩和获利能力，反映企业的产出与投入的差额，有助于投资人、债权人等进行盈利预测，评价企业经营绩效。利润的形成过程主要经过三个主要环节，分别是营业利润、利润总额和净利润，相关计算公式如下。

1. 营业利润

营业利润＝营业收入－营业成本－税金及附加－销售费用－管理费用－财务费用－资产减值损失－信用减值损失＋公允价值变动收益（－公允价值变动损失）＋投资收益（－投资损失）＋净敞口套期收益＋资产处置收益＋其他收益

其中：

$$营业收入＝主营业务收入＋其他业务收入$$
$$营业成本＝主营业务成本＋其他业务成本$$

上述计算公式中涉及的资产减值损失、信用减值损失、净敞口套期收益、公允价值变动收益、资产处置收益项目，将在后续课程中学习，在此不做介绍。

2. 利润总额

利润总额也称税前利润，是指一定会计期间企业在缴纳所得税之前实现的利润。

$$利润总额＝营业利润＋营业外收入－营业外支出$$

3. 净利润

净利润也称税后利润，是指一定会计期间企业的利润总额减去所得税费用后的金额。

$$净利润＝利润总额－所得税费用$$

4. 综合收益总额

$$综合收益总额＝净利润＋其他综合收益的税后净额$$

其他综合收益的税后净额在本课程中不做介绍。

二、财务成果核算主要账户的设置

1. "本年利润"账户

"本年利润"账户，属于所有者权益类账户，用于核算企业本年度实现的利润（亏损）总额。借方登记转入的主营业务成本、其他业务成本、税金及附加、管理费用、财务费用、销售费用、资产减值损失、公允价值变动损失、投资损失、营业外支出、所得税费用等减少企业利润的金额；贷方登记转入的主营业务收入、其他业务收入、营业外收入、投资收益、公允价值变动收益等增加企业利润的金额。期末余额在贷方，表示本期实现的利润数；期末余额在借方，表示本期发生的亏损数。年度终了，该账户的余额（盈利或亏损）一律转入"利润分配——未分配利润"账户，结转后"本年利润"账户无余额。"本年利润"账户结构如图 4-38 所示。

借方	本年利润	贷方
转入的减少企业利润的金额		转入的增加企业利润的金额
本期发生的亏损数		本期实现的利润数

图 4-38 "本年利润"账户结构

2. "利润分配"账户

"利润分配"账户，属于所有者权益类账户，用于核算企业利润的分配过程和结果。借方登记利润的各种分配数或年末从"本年利润"账户转入的待弥补亏损数，贷方登记年末从"本年利润"账户转入的净利润或已经弥补的亏损数。年终结算后，如为贷方余额，则反映企业历年积存的未分配利润；如为借方余额，则反映历年积存的尚未弥补的亏损。在"利润分配"账户下应分别设置"提取法定盈余公积""提取任意盈余公积""应付现金股利或利润""转作股本的股利""盈余公积补亏"和"未分配利润"等明细账户，进行明细分类核算。"利润分配"账户结构如图 4-39 所示。

借方	利润分配	贷方
利润的各种分配数或年末从"本年利润"账户转入的待弥补亏损数		年末从"本年利润"账户转入的净利润或已经弥补的亏损数
反映历年积存的尚未弥补的亏损		反映历年积存的未分配利润

图 4-39 "利润分配"账户结构

3. "营业外收入"账户

营业外收入是指企业发生的、除营业利润以外的、与生产经营无直接关系的各项收入，主要包括债务重组利得、与企业日常活动无关的政府补助、盘盈利得、捐赠利得、罚没利得、非货币性资产交换利得等。企业确定无法支付的应付账款也作为利得计入营业外收入。企业固定资产因自然灾害发生毁损、已丧失使用功能等原因而报废的利得和损失不得相互抵销，其中的利得计入"营业外收入"账户。罚没利得是指企业收取的滞纳金、违约金以及其他形式的罚款在弥补由于对方违约而造成的经济损失之后的净收益。政府补助是指企业从政府无偿获得货币性资产或非货币性资产所形成的利得。为了核算企业营业外收入的发生情况，应设置"营业外收入"账户。需要说明的是：债务重组中因处置非流动资产产生的利得和非货币性资产交换中换出非流动资产产生的利得，在"资产处置收益"科目中核算，不在"营业外收入"科目中核算。企业处置固定资产、无形资产等非流动资产产生的利得，虽然不属于与日常活动相关的业务，由此产生的经济利益的总流入不构成收入，但也不能确认为营业外收入，应当确认为资产处置收益，在"资产处置收益"科目中核算。关于"资产处置收益"科目不在本课程中介绍。

"营业外收入"账户，属于损益类账户，用于核算企业营业外收入的增减变动情况。贷方登记企业发生的各项营业外收入；借方登记期末转入"本年利润"账户的营业外收入；期末转入"本年利润"账户后该账户无余额。该账户可按营业外收入的具体项目设置明细账户，进行明细核算。"营业外收入"账户结构如图 4-40 所示。

借方	营业外收入	贷方
期末转入"本年利润"账户的营业外收入	企业发生的各项营业外收入	

图 4-40 "营业外收入"账户结构

4. "营业外支出"账户

营业外支出是指企业发生的、除营业利润以外的、与生产经营无直接关系的各项支出，主要包括债务重组损失、公益性捐赠支出、非常损失、盘亏损失、非流动资产毁损报废损失、非货币性资产交换损失、罚款支出等。企业固定资产因自然灾害发生毁损、已丧失使用功能等原因而报废的利得和损失不得相互抵销，其中的损失计入"营业外支出"账户。需要说明的是：债务重组中因处置非流动资产产生的损失和非货币性资产交换中换出非流动资产产生的损失，在"资产处置收益"科目中核算，不在"营业外支出"科目中核算。企业处置固定资产、无形资产等非流动资产产生的损失，虽然不属于与日常活动相关的业务，由此产生的经济利益的总流出不构成费用，但也不能确认为营业外支出，应当确认为资产处置收益，在"资产处置收益"科目中核算。

"营业外支出"账户，属于损益类账户，用于核算企业营业外支出的增减变动情况。借方登记企业发生的各项营业外支出；贷方登记转入"本年利润"账户的营业外支出；期末转入"本年利润"账户后该账户无余额。该账户可按营业外支出的具体项目设置明细账户，进行明细分类核算。"营业外支出"账户结构如图 4-41 所示。

借方	营业外支出	贷方
企业发生的各项营业外支出	转入"本年利润"账户的营业外支出	

图 4-41 "营业外支出"账户结构

5. "投资收益"账户

"投资收益"账户，属于损益类账户，用于核算企业对外投资所取得的收益或发生的亏损等情况。贷方登记企业取得的投资收益数；借方登记企业发生的投资损失数；期末转入"本年利润"账户，结转后该账户无余额。该账户可按投资项目设置明细账户，进行明细分类核算。"投资收益"账户结构如图 4-42 所示。

借方	投资收益	贷方
企业发生的投资损失数	企业取得的投资收益数	

图 4-42 "投资收益"账户结构

6. "盈余公积"账户

"盈余公积"账户，属于所有者权益类账户，用于核算企业从税后利润中提取的盈余公积的增减变动及其结存情况。贷方登记从税后利润中提取的盈余公积数；借方登记企业按规定用盈余公积弥补亏损或转增资本数；期末余额在贷方表示期末盈余公积的结存数。该账户可按盈余公积的具体内容设置明细账户，进行明细分类核算。"盈余公积"账户结构如图4-43所示。

图4-43 "盈余公积"账户结构

7. "应付股利"账户

应付股利是企业经股东大会或类似机构审议批准分配的现金股利或利润。即企业股东大会或类似机构审议批准的利润分配方案宣告分派的现金股利或利润，在实际支付前形成企业的负债。

"应付股利"账户，属于负债类账户，用于核算企业根据股东大会或类似机构审议批准的现金股利或利润。借方登记实际支付的现金股利或利润；贷方登记企业股东大会或类似机构审议批准的利润分配方案宣告分派的现金股利或利润数；期末余额在贷方，表示应付未付的现金股利或利润数。该账户可按投资者名称设置明细账户，进行明细分类核算。"应付股利"账户结构如图4-44所示。

借方	应付股利	贷方
实际支付的现金股利或利润		企业股东大会或类似机构审议批准的利润分配方案宣告分派的现金股利或利润数
		应付未付的现金股利或利润数

图4-44 "应付股利"账户结构

8. "所得税费用"账户

按照《企业会计准则第18号——所得税》确认的所得税费用，由当期应交所得税和递延所得税两部分组成。其中，当期应交所得税是按税法规定，由当期应纳税所得额乘以适用的所得税税率计算的。递延所得税将在"税务会计"中学习，在此不再介绍。所得税费用与当期应交所得税及递延所得税间的关系可用如下公式表示。

$$所得税费用 = 当期所得税 + 递延所得税$$

其中：

$$当期所得税 = 当期应纳税所得额 \times 税率$$
$$应纳税所得额 = 会计利润总额 \pm 调整项目$$

需要说明的是，会计利润总额是按照企业会计准则的规定和口径计算的利润，而应纳税所得额是按照税法的规定和口径计算的利润，因此，二者不相等。在计算缴纳企业所得税时的计税依据是应纳税所得额，所以，需要将会计利润调整成为应纳税所得额。

"所得税费用"账户，属于损益类账户，用于核算企业按《企业会计准则第18号——

所得税》确认的所得税费用情况。借方登记本期确认的所得税费用；贷方登记企业转入"本年利润"账户的所得税费用数额；结转后该账户无余额。"所得税费用"账户结构如图 4-45 所示。

借方	所得税费用	贷方
本期确认的所得税费用		企业转入"本年利润"账户的所得税费用数

图 4-45　"所得税费用"账户结构

三、财务成果业务核算

下面仍以甲企业 12 月份的经济业务为例，说明企业财务成果相关的业务核算。

【例 4-47】　甲企业接受捐赠 50 000 元，款项存入银行。

此项经济业务的发生，一方面引起银行存款增加，另一方面引起营业外收入增加。会计分录如下：

借：银行存款　　　　　　　　　　　　　　　　　　　　　　50 000
　　贷：营业外收入　　　　　　　　　　　　　　　　　　　　　50 000

【例 4-48】　甲企业向希望工程基金会捐赠 3 000 元，款项以银行存款转账支付。

此项经济业务的发生，一方面引起银行存款减少，另一方面引起营业外支出增加。会计分录如下：

借：营业外支出　　　　　　　　　　　　　　　　　　　　　　3 000
　　贷：银行存款　　　　　　　　　　　　　　　　　　　　　　3 000

【例 4-49】　承例 4-13～例 4-48，甲企业 12 月份发生的全部损益类账户余额如表 4-7 所示。

表 4-7　损益类账户期末余额表　　　　　　　　　　（单位：元）

账户名称	金额方向	金额	账户名称	金额方向	金额
主营业务收入	贷方	492 500	营业外支出	借方	3 000
其他业务收入	贷方	10 000	管理费用	借方	76 900
营业外收入	贷方	50 000	销售费用	借方	39 200
主营业务成本	借方	396 458.75	税金及附加	借方	7 109.70
其他业务成本	借方	6 000			

将甲企业 12 月份各项损益类账户的余额结转至"本年利润"账户。应编制如下两笔会计分录：

借：主营业务收入　　　　　　　　　　　　　　　　　　　　492 500
　　其他业务收入　　　　　　　　　　　　　　　　　　　　　10 000
　　营业外收入　　　　　　　　　　　　　　　　　　　　　　50 000
　　贷：本年利润　　　　　　　　　　　　　　　　　　　　　552 500
借：本年利润　　　　　　　　　　　　　　　　　　　　　528 668.45
　　贷：主营业务成本　　　　　　　　　　　　　　　　　　396 458.75

其他业务成本	6 000
营业外支出	3 000
管理费用	76 900
销售费用	39 200
税金及附加	7 109.70

甲企业 12 月份的利润总额 = 552 500 − 528 668.45 = 23 831.55（元）

【例 4-50】 承例 4-49，甲企业适用的所得税税率为 25%，且假定甲企业的会计利润与应纳税所得额相等，计算甲企业 12 月份应交所得税。

甲企业应交所得税 = 23 831.55 × 25% = 5 957.89（元）

此项经济业务的发生，一方面引起所得税费用这项费用增加，另一方面引起应交税费这项负债增加。会计分录如下：

借：所得税费用	5 957.89
贷：应交税费——应交所得税	5 957.89

【例 4-51】 承例 4-50，将"所得税费用"账户余额转入"本年利润"账户。

此项经济业务的发生，一方面引起本年利润这项所有者权益减少，另一方面引起所得税费用这项费用减少。会计分录如下：

借：本年利润	5 957.89
贷：所得税费用	5 957.89

甲企业 12 月份净利润即"本年利润"账户贷方余额 = 23 831.55 − 5 957.89 = 17 873.66（元）

【例 4-52】 承例 4-51，假设甲企业以前年度无亏损，也无未分配利润。年终将"本年利润"账户余额转入"利润分配——未分配利润"账户。

借：本年利润	17 873.66
贷：利润分配——未分配利润	17 873.66

【例 4-53】 承例 4-52，甲企业根据国家有关规定按净利润的 10% 提取法定盈余公积。

此项经济业务的发生，一方面引起利润分配这项所有者权益减少，另一方面引起盈余公积这项所有者权益增加。会计分录如下：

借：利润分配——提取法定盈余公积	1 787.37
贷：盈余公积	1 787.37

【例 4-54】 甲企业董事会决定，向投资者分配利润 8 000 元。

此项经济业务的发生，一方面引起利润分配这项所有者权益减少，另一方面引起应付股利这项负债增加。会计分录如下：

借：利润分配——应付现金股利	8 000
贷：应付股利	8 000

【例 4-55】 承例 4-53 和例 4-54，将上述有关利润分配明细分类账户余额转入"利润分配——未分配利润"账户。

此项经济业务的发生，主要是进行明细账的结转，以保证总账与明细账的发生额与余额保持一致。会计分录如下：

借：利润分配——未分配利润	9 787.37

贷：利润分配——提取法定盈余公积　　　　　　　　　　1 787.37
　　　　　——应付现金股利　　　　　　　　　　　　　　8 000

甲企业年终结算后，"利润分配——未分配利润"账户余额为：
$$17\ 873.66 - 9\ 787.37 = 8\ 086.29(元)$$

思 考 题

1. 资金筹集阶段有哪些基本业务？如何核算？
2. 供应阶段有哪些基本业务？如何核算？
3. 生产阶段有哪些基本业务？如何核算？
4. 销售阶段有哪些基本业务？如何核算？
5. 企业利润分配的顺序是怎样的？
6. 企业利润形成和分配如何核算？

练 习 题

一、单项选择题

1. 甲企业为一般纳税人，销售 B 产品一批给乙企业，其中货款为 10 000 元，增值税税额为 1 600 元，垫付运杂费 200 元，应收账款金额为（　　）元。
   A. 10 000　　　　　B. 11 600　　　　　C. 11 800　　　　　D. 10 200

2. 甲企业为一般纳税人，销售 A 产品一批，不含税销售收入为 300 万元，甲企业适用增值税税率为 16%。生产该批产品消耗的原材料不含税价款为 100 万元，增值税进项税额为 16 万元，则该企业 8 月份应交增值税税额为（　　）万元。
   A. 48　　　　　　　B. 0　　　　　　　C. 16　　　　　　　D. 32

3. 下列选项中不计入材料采购成本的是（　　）。
   A. 材料的买价　　　B. 运输途中的合理损耗　C. 外地运杂费　　　D. 非常损失

4. 下列选项中计入营业外收入的是（　　）。
   A. 接受捐赠　　　　B. 销售材料取得的收入　C. 提供劳务收入　　D. 租金收入

5. 下列不属于企业固定资产的项目是（　　）。
   A. 购入的固定资产　B. 接受捐赠的固定资产　C. 融资租入的固定资产　D. 经营租入的固定资产

6. 期末结转的"主营业务成本"其实是当期销售产品的（　　）。
   A. 含增值税售价　　　　　　　　　　　　　B. 不含增值税售价
   C. 制造成本　　　　　　　　　　　　　　　D. 制造成本 + 管理费用

7. 企业在工商行政管理部门注册登记的资金在（　　）账户中核算。
   A. "盈余公积"　　　B. "实收资本"　　　C. "长期借款"　　　D. "资本公积"

8. 完工产品验收入库时通过下列（　　）账户核算。
   A. "主营业务成本"　B. "库存商品"　　　C. "应收账款"　　　D. "原材料"

9. 下列各项中不属于期间费用的是（　　）。
   A. 管理费用　　　　B. 财务费用　　　　C. 制造费用　　　　D. 销售费用

10. 月末计提本月生产车间用固定资产的折旧，应计入（　　）账户中。
    A. "主营业务成本"　B. "管理费用"　　　C. "生产成本"　　　D. "制造费用"

11. 企业按月计提短期借款利息费用，在实际支付时，应借记（　　）账户。
    A. "财务费用"　　　B. "应付利息"　　　C. "短期借款"　　　D. "在建工程"

12. 企业购买材料时发生的途中合理损耗应（　　）。

A. 由供应单位赔偿　　　B. 计入材料采购成本　　C. 由保险公司赔偿　　　D. 计入管理费用

13. 下列费用中，不能直接记入"生产成本"账户的是（　　）。
A. 生产工人的福利费　　　　　　　　　　　B. 生产工人的工资
C. 车间管理人员的薪酬　　　　　　　　　　D. 构成产品实体的原材料费用

14. 下列费用中，不构成产品成本，而应直接计入当期损益的是（　　）。
A. 直接材料费　　　　B. 期间费用　　　　C. 制造费用　　　　D. 直接人工费

15. 生产车间发生的制造费用经过分配后，一般应记入（　　）账户。
A. "生产成本"　　　B. "库存商品"　　　C. "主营业务成本"　　　D. "其他业务成本"

16. 企业销售商品时为买方代垫的运杂费应记入（　　）账户。
A. "应收账款"　　　B. "预付账款"　　　C. "应付账款"　　　D. "销售费用"

17. 下列选项中，影响企业营业利润额的是（　　）。
A. 营业外收入　　　B. 营业外支出　　　C. 投资收益　　　D. 所得税费用

18. 年末结账后，"利润分配"账户的贷方余额表示（　　）。
A. 本年实现的利润总额　　　　　　　　　　B. 本年已实现的净利润额
C. 本年已分配的利润总额　　　　　　　　　D. 年末累计未分配的利润额

二、多项选择题

1. 下列选项中属于期间费用的有（　　）。
A. 管理费用　　　B. 财务费用　　　C. 制造费用　　　D. 销售费用　　　E. 材料采购费用

2. 材料采购成本一般包括（　　）。
A. 买价　　　　　　　　B. 运杂费　　　　　　　C. 运输途中的合理损耗
D. 挑选整理费用　　　　E. 保险费

3. 关于实收资本表述正确的有（　　）。
A. 该账户属于所有者权益账户
B. 该账户属于资产类账户
C. 主要用于核算企业实际收到投资者投入的资本
D. 该账户借方登记投资者投资的减少额
E. 该账户一般按投资者设明细账，进行明细分类核算

4. 销售过程核算的主要内容有（　　）。
A. 确认已实现的产品销售收入　　　B. 结转已销产品成本　　　C. 与买方结算货款
D. 支付产品销售费用　　　　　　　E. 完工产品验收入库

5. 下列选项通过营业外收入核算的有（　　）。
A. 固定资产盘盈利得　　　B. 处置固定资产净收益　　　C. 债务重组利得
D. 罚没收入　　　　　　　E. 捐赠利得

6. 下列选项应计入产品成本的有（　　）。
A. 直接材料　　　B. 直接人工　　　C. 制造费用　　　D. 管理费用　　　E. 财务费用

7. 关于"应收账款"账户表达正确的有（　　）。
A. 该账户属于资产类账户　　　　　　　B. 该账户属于负债类账户
C. 用于核算应收账款的发生和收回情况
D. 期末余额在借方表示尚未收回的应收账款
E. 该账户按购买单位设置明细账

8. 下列选项中，应通过"财务费用"账户核算的有（　　）。
A. 短期借款利息　　　B. 存款利息收入　　　C. 汇兑损失
D. 银行贷款手续费　　E. 广告费

9. 下列会计科目属于损益类的有（　　）。
A. 主营业务收入　B. 投资收益　C. 制造费用　D. 营业外支出　E. 税金及附加
10. 下列项目中，应通过"管理费用"账户核算的有（　　）。
A. 行政管理人员工资　　　　B. 行政管理部门电话费　　　　C. 车间管理耗用材料
D. 行政管理用房折旧费　　　E. 车间生产用房折旧费
11. 企业利润分配过程中可能涉及的会计账户有（　　）。
A. "资本公积"　B. "盈余公积"　C. "应付股利"　D. "应付利息"　E. "利润分配"
12. 下列项目中，期末需要将其余额全部转入"本年利润"账户的有（　　）。
A. "主营业务收入"　　　　B. "主营业务成本"　　　　C. "营业外收入"
D. "营业外支出"　　　　　E. "管理费用"
13. 企业吸收投资人投资时，下列账户的余额可能发生变化的有（　　）账户。
A. "盈余公积"　B. "资本公积"　C. "实收资本"　D. "本年利润"　E. "利润分配"
14. 企业对实现的净利润进行相关分配，具体分配的内容包括（　　）。
A. 计算缴纳所得税　　　　B. 支付银行借款利息　　　　C. 提取法定盈余公积金
D. 向投资人分配利润　　　E. 提取任意盈余公积金
15. 下列费用和成本账户中，月末一般无余额的有（　　）账户。
A. "生产成本"　B. "销售费用"　C. "管理费用"　D. "制造费用"　E. "财务费用"
16. 下列项目中，应计入"销售费用"账户的有（　　）。
A. 销售产品的广告费　　　　B. 代买方垫付的运费
C. 专设销售机构的设备折旧费　　D. 产品展览费
E. 专设销售机构人员的薪酬
17. 下列各项税费中，应记入"税金及附加"账户的有（　　）。
A. 消费税　B. 增值税　C. 教育费附加　D. 印花税　E. 城市维护建设税
18. 企业的资本金，按其投资主体不同可分为（　　）。
A. 货币资本　B. 国家资本　C. 个人资本　D. 法人资本　E. 外商资本
19. 下列选项中，应通过"管理费用"账户核算的有（　　）。
A. 工会经费　　　　B. 董事会经费　　　　C. 业务招待费
D. 采购人员差旅费　E. 车间管理人员的工资
20. "利润分配"账户应设置的明细账户有（　　）。
A. 未分配利润　　　　B. 提取资本公积金　　　　C. 应付利润
D. 提取法定盈余公积　E. 提取任意盈余公积

三、判断题
1. "税金及附加"账户属于损益类账户，用于核算企业经营活动发生的消费税、城市维护建设税、资源税和教育附加等相关税费情况。（　　）
2. 材料的采购成本包括材料的买价、增值税进项税额及各项采购费用。（　　）
3. 利润总额减去所得税费用后的净利润，即为可以向投资者分配的利润。（　　）
4. 无论是短期借款还是长期借款，本月应负担的利息费用都通过"应付利息"账户核算。（　　）
5. "固定资产"账户是用于核算企业固定资产的净值增减变动及其结存情况的。（　　）
6. "预付账款"账户属于负债类账户，是企业预付给销售单位的购货款。（　　）
7. 销售费用、管理费用和财务费用属于期间费用，不计入产品成本中。（　　）
8. 企业将资本公积按规定程序转增资本，虽然增加了企业的注册资本，但是并不改变企业所有者权益的总额。（　　）
9. 制造费用属于期间费用，不计入产品成本中。（　　）

10. 职工福利费、医疗保险费和住房公积金不在"应付职工薪酬"账户中核算。（ ）
11. "累计折旧"账户属于资产类账户，是"固定资产"账户的抵减账户，记账方向与"固定资产"账户的记账方向相反。（ ）
12. 银行贷款的手续费通过"管理费用"账户核算。（ ）
13. 原材料的单位成本，是指从供货方取得的发货票上列明的原材料的单价。（ ）
14. 企业用转账支票结算购货款时，应通过"应付票据"账户进行核算。（ ）
15. 企业在购入材料过程中发生的采购人员的差旅费以及市内零星运杂费等不计入材料的采购成本，而是作为管理费用列支。（ ）
16. 企业实现的营业利润减去所得税费用后即为税后利润。（ ）
17. 企业的资本公积和未分配利润统称为留存收益。（ ）

四、业务题

1. 资金筹集业务的核算。

某企业 10 份发生下列经济业务。

（1）收到外商投资者投入货币资金 800 000 元，存入银行。
（2）收到投资者投入全新的行政办公用房一套，双方协商确认价为 50 000 元，房产已交付使用。
（3）投资者投入原材料一批，价款 40 000 元，增值税为 6 800 元，材料已经验收入库。
（4）投资者投入一项专利权，双方协商确认价为 60 000 元。
（5）取得银行贷款 450 000 元，期限为 6 个月，年利率为 4%，当即存入银行。
（6）取得银行贷款 3 800 000 元，期限为 3 年，年利率为 6%，当即存入银行。
（7）为扩大资本规模，企业决定将资本公积 250 000 元转增资本。

要求：根据上述资料编制会计分录。

2. 供应业务的核算。

某企业原材料采用实际成本法核算，10 份发生下列经济业务。

（1）购入不需要安装的生产设备一台，价款 80 000 元，增值税为 10 400 元，款项以银行存款转账付讫。
（2）购入甲材料一批，价款 34 000 元，增值税为 4 420 元，款未付。另外以现金支付运杂费 200 元。
（3）购入乙材料一批，价款 26 000 元，增值税为 3 380 元，对方代垫运杂费 150 元，全部款项均以银行存款支付。
（4）上述购入的甲、乙两种材料运达企业，并办理了验收入库手续。
（5）以银行存款结算上述所购甲材料的欠款。
（6）购入丙材料一批，价款 18 000 元，增值税为 2 340 元，企业签发并承兑期限 3 个月的商业汇票一张。
（7）上述丙材料运达企业，办理了验收入库手续，同时以现金支付运杂费及装卸搬运费共计 300 元。

要求：根据上述资料编制会计分录。

3. 生产业务的核算。

某企业 10 份发生下列经济业务。

（1）本月车间生产 A 产品领用甲材料 350 000 元，领用乙材料 150 000 元；生产 B 产品领用甲材料 23 500 元，领用乙材料 8 000 元；车间一般耗用甲材料 4 000 元，行政管理部门领用乙材料 2 500 元。
（2）以银行存款 264 000 元发放本月工资。
（3）以库存现金 900 元购买办公用品，其中生产车间用 300 元，行政管理部门用 600 元。
（4）以银行存款支付车间当月的水电费 3 000 元。
（5）车间主任李四因公出差预借差旅费 3 500 元。
（6）取得银行存款利息收入 500 元。

(7) 车间主任李四出差回来后报销差旅费 3 200 元,退回现金 300 元。

(8) 月末,分配结转工资费用 152 700 元,其中生产 A 产品工人工资 65 000 元,生产 B 产品工人工资 28 000 元,车间管理人员工资 6 500 元,企业管理人员工资 53 200 元。

(9) 按实际发生的福利费进行职工福利费的结转。本月发生的职工福利费共计 21 378 元,其中生产 A 产品工人的福利费 9 100 元,生产 B 产品工人的福利费 3 920 元,车间管理人员的福利费 910 元,企业管理人员的福利费 7 448 元。

(10) 按照规定计提本月固定资产折旧费 19 800 元,其中车间使用的固定资产计提折旧 12 780 元,行政管理部门使用的固定资产计提折旧 6 800 元。

(11) 预提应由本月负担的银行短期借款利息 1 800 元。

(12) 将计算的短期借款利息 1 800 元支付给银行。

(13) 分配并结转本月发生的制造费用(按生产工人工资比例分配)。

(14) 假设 A、B 两种产品均已全部完工并验收入库,结转其实际生产成本。

要求:根据上述资料编制会计分录,并写明制造费用分配过程及 A、B 两种产品总成本的计算过程。

4. 销售及利润分配业务的核算。

某企业适用增值税税率为 13%,10 月份发生下列经济业务。

(1) 销售 A 产品 1 000 件,每件不含税售价 500 元。货款已收,存入银行。

(2) 销售 B 产品 800 件,每件不含税售价 350 元。货款尚未收到。

(3) 用银行存款支付广告费 6 500 元。

(4) 预提本月短期借款利息 1 200 元。

(5) 销售 A 产品 1 200 件,每件不含税售价 500 元,收到买方开出并承兑的商业汇票一张,注明价税款共计 678 000 元。

(6) 以银行存款支付企业销售 A、B 两种产品的运输、装卸等费用 2 200 元。

(7) 收到上述销售 B 产品的货款。

(8) 企业持有的应收票据到期,收回款项 39 780 元存入银行。

(9) 结转已销产品成本,其中 A 产品的单位成本为 280 元,B 产品的单位成本为 200 元。

(10) 销售甲材料 200kg,不含税单价为 55 元/kg。款项收到并存入银行。

(11) 上述已售甲材料的采购成本为 45 元/kg,结转已售甲材料的成本。

(12) 企业接受捐赠 30 000 元存入银行。

(13) 企业支付违规排污罚款 4 500 元。

(14) 计算本月应交的城市维护建设税(税率为 7%)及教育费附加(征收率为 3%)。假定该企业本月准予抵扣的进项税额是 138 270 元。

(15) 按 25% 税率计算的本月应交所得税为 143 000 元。

(16) 月末将各损益类账户余额转入"本年利润"账户。假设本月"管理费用"账户余额为 21 000 元。

(17) 按规定的 10% 提取法定盈余公积。

(18) 企业决定向投资者分配利润 8 000 元。

(19) 将利润分配各明细科目结转至未分配利润。

要求:根据上述资料编制会计分录。

第五章 会计凭证

【教学目的】

> 通过本章学习，学生应当了解并掌握：
> 1. 会计凭证的分类。
> 2. 原始凭证和记账凭证的概念。
> 3. 原始凭证的填制和审核。
> 4. 专用记账凭证的填制。
> 5. 记账凭证的审核。

第一节 会计凭证概述

一、会计凭证的作用

会计凭证，简称凭证，是指用来记录经济业务、明确经济责任，并作为登记账簿重要依据的书面证明。

任何会计主体的日常活动都是一种经济活动，而只要有经济活动，无论是投资者投入资本、买卖货物、支付工资，还是企业内部发生的领用材料，都必须留下相应的痕迹以便事后记录和查询，这种痕迹就是各种凭证。当一项经济业务发生之后，相关当事人必须填写与之相关的凭证，记录下经济业务发生的时间、地点、内容、数量和金额，并在凭证上签名或加盖有关单位的印章，以分清责任，对凭证的真实性和合法性负责。在记账前，凭证要由有关人员进行严格审核，只有审核无误的凭证才能作为会计的记账依据。因此，正确地填制和审核会计凭证对会计信息记录有着十分重要的意义。

1. 会计凭证是核算和监督经济活动的重要手段

一切会计记录都必须如实地反映经济活动的情况，因此要求会计在处理任何一项经济业务时都必须具有书面的真实凭据，否则就不能进行会计账务处理。我国会计法规定，会计账簿登记，必须以经过审核的会计凭证为依据，并符合有关法律、行政法规和国家统一的会计制度的规定。只有这样，会计才能为经营管理提供客观真实的会计资料，避免会计主体出现违法乱纪和铺张浪费等行为，进而实现对经济活动的有效控制。

另外，会计人员必须坚持原则，依法抵制以任何方式授意、指使、强令伪造、变造会计凭证的行为。伪造、变造会计凭证，即依靠虚假的经济业务或者资金往来编制虚假的会计凭证的行为，是严重危害社会的行为，其主要表现有：①凭空伪造虚假的经济事项的原始凭证；②以实际的经济事项为基础，通过缩小、扩大或隐匿等手法编造原始凭证；③会计人员玩忽职守或者审核不严，接收伪造的原始凭证，并据以编制记账凭证、登记账簿的行为；④涂改原始凭证中的日期、数量、单价、金额；⑤利用计算机、复印机等对原始凭证进行二次处理。

2. 会计凭证是登记账簿的依据

会计凭证是会计方法中的重要一环，因为它是会计信息的初始环节，影响着会计账簿、财务报表上的所有信息。正确地审核和填制会计凭证，是正确反映经济业务的保障，以此为基础会计人员才能正确地记账，进而为会计审核提供材料。我国会计法规定，各单位必须根据实际发生的经济业务事项进行会计核算，填制会计凭证，登记账簿，编制财务报告。可见，根据实际发生的经济业务填制会计凭证是进入会计核算系统的第一步，是至关重要的会计基础工作。

3. 有利于加强经济责任制

在涉及经济利益的各种交易中，一旦出现任何问题都需要有相应的当事人或单位对其负责。因此对于每笔经济业务，相关单位和责任人都必须办理相应的手续，并在凭证上签名并加盖印章，从而明确责任。这样，与经济业务相关的责任当事人就能够在自己的责任范围内对其本职工作负责，从而加强经济责任制。以此为基础，在会计工作中，一旦发现问题，就可以依据会计凭证迅速地找到相关责任人，明确经济责任，并按照有关法律、法规及会计制度进行处理。

二、会计凭证的种类

会计凭证按其填制程序和用途可分为两大类，即原始凭证和记账凭证。

(一) 原始凭证

原始凭证又称单据，是指在经济业务发生或完成时取得或填制的，用作记账原始依据的会计凭证。原始凭证载明了经济业务发生的原始状况，载明了经济业务的原始财务数据，既是经济业务的原始证明，又是据以记账的直接依据，更是具有法律效力的书面证明。

(二) 记账凭证

记账凭证是指根据原始凭证编制的，用作确定会计分录，据以直接登记账簿的会计凭证。原始凭证不能直接作为登记账簿的依据：一方面，原始凭证格式不一，有很多形式，如果直接入账显然不能进行良好的管理；另一方面，企业发生的经济业务，要由会计人员根据要求进行确认和审核并编制会计分录后，才能记账并录入会计账簿系统。记账凭证就是会计分录的载体，它一方面能以一致性的格式将会计信息进行反映，另一方面又能具体地体现特定经济业务所对应的账户及金额，是登记账簿的合法凭证。

(三) 原始凭证与记账凭证的区别

1. 填制人员不同

原始凭证多是由经办人员填制的，而记账凭证必须由会计人员填制。

2. 填制依据不同

原始凭证是根据所发生的经济业务进行填制的，而记账凭证是根据原始凭证和有关资料填制的。

3. 填制内容不同

原始凭证的内容是经济业务本身，也就是客观地反映经济业务的发生；而记账凭证必须按照复式记账的要求反映资金增减变化，也就是必须有相应的会计分录。

4. 作用不同

原始凭证的作用是记录经济业务的发生和相应完成情况，能够用以确定经济业务相关人员的责任，同时也是记账凭证的填制依据；而记账凭证是会计工作的一个步骤，用以确认会计人员的责任，是记账的直接依据，同时也能使凭证的保管更加科学。

第二节 原始凭证

一、原始凭证的种类

如上文所述,原始凭证是在经济业务发生或完成时取得或填制的,用作记账原始依据的会计凭证,是经济业务已经发生的真实凭据,也是会计核算的基础。根据原始凭证的来源、表达的经济内容、用途和格式等,可对其进行不同的分类。

(一) 原始凭证按所取得的来源划分

原始凭证按所取得的来源划分情况如图 5-1 所示。

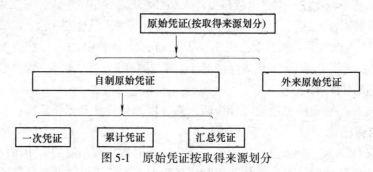

图 5-1 原始凭证按取得来源划分

原始凭证按照取得来源进行划分可以分为外来原始凭证和自制原始凭证。

1. 外来原始凭证

外来原始凭证,顾名思义就是企业同外部单位发生经济业务往来时产生的凭证。例如,企业因外购材料、对外提供服务时取得的发票(见图 5-2),员工出差回来报销的发票,依法缴纳各种税金取得的完税证明等。

增值税专用发票 No:

| 开票日期: 年 月 日 |

购买方	名称						密码区	
	纳税人登记号							
	地址、电话							
	开户行及账号							
货物或应税劳务、服务名称		规格型号	单位	数量	单价	金额	税率	金额
合计								
价税合计(大写)			拾 万 仟 佰 拾 元 角 分				(小写)¥	
售方	名称						备注	
	纳税人登记号							
	地址、电话							
	开户银行及账号							

收款人:　　　　　复核:　　　　　开票人:　　　　　销售方(章):

图 5-2 增值税专用发票

2. 自制原始凭证

自制原始凭证即本企业根据需要自行制作的凭证。自制原始凭证根据其填制手续不同,又可以分为一次凭证、累计凭证和汇总凭证三种。

(1) 一次凭证。一次凭证是指一项经济业务或若干项同类经济业务发生后，填制手续一次完成的原始凭证。所有的外来原始凭证和多数自制原始凭证都属于一次凭证，如购买原材料的增值税发票、企业销售产品或服务的票据、材料入库单（见图5-3和图5-4）等。

（企业名称）**收料单**

供应单位：　　　　　　　　　　　　　　　　　　　　　　　　凭证编号：
发票编号：　　　　　　　　年　月　日　　　　　　　　　　　收料仓库：

材料类别	材料编号	材料名称	计量单位	数量		金额			
				应收	实收	单价	买价	运杂费	合计

仓库保管员（签章）：　　　　　　　　　　　　　　　　　制单人（签章）：

图5-3　收料单

（企业名称）**领料单**

领料单位：　　　　　　　　　　　　　　　　　　　　　　　　凭证编号：
用　　途：　　　　　　　　年　月　日　　　　　　　　　　　发料仓库：

材料类别	材料编号	材料名称	计量单位	数量		单价	金额
				请领	实发		

仓库保管员（签章）：　　发料（签章）：　　领料主管（签章）：　　领料（签章）：

图5-4　领料单

(2) 累计凭证。累计凭证是指在一定时期内连续重复记载同类经济业务，至期末止以其累积数额作为记账依据的原始凭证，其填制手续是随着经济业务事项的发生而分次进行的。企业常见的累计凭证是限额领料单（见图5-5）等凭证。累计凭证能够起到事先控制和简化核算的作用。

（企业名称）**限额领料单**

年　月　日

领料单位：　　　　　　　　用　　途：　　　　　　　　　　计划产量：
材料编号：　　　　　　　　名称规格：　　　　　　　　　　计量单位：
单　　价：　　　　　　　　消耗定额：　　　　　　　　　　领用限额：

年		请领		实发				
月	日	数量	领料单位负责人	数量	累计	发料人	领料人	限额结余
累计实发金额（大写）								

供应部门负责人（签章）　　生产计划部门负责人（签章）　　仓库负责人（签章）

图5-5　限额领料单

(3) 汇总凭证。汇总凭证是指根据一定期间同类经济业务相同的多张原始凭证汇总编制而成的原始凭证。如收料汇总表、发料汇总表（见表 5-1）、工资汇总表、制造费用分配表、差旅费报销单等。

表 5-1 （企业名称）发料汇总表
年 月 日

会计科目（借方）	领用材料									
	原材料				周转材料				合计
	主要材料	辅助材料	燃料	…	小计	包装物	低值易耗品	…	小计	
生产成本										
基本生产成本										
——甲产品										
——乙产品										
辅助生产成本										
——A 车间										
——B 车间										
制造费用										
管理费用										
销售费用										
在建工程										
合计										

（二）原始凭证按涉及经济业务的类别划分

原始凭证按涉及经济业务的类别划分情况如图 5-6 所示。

(1) 有关款项收付业务的原始凭证。这些原始凭证用来反映企业与银行间的现金往来，体现了银行存款的增减变动情况。此类凭证既有外来的，也有自制的，多数是一次性凭证，如银行进账单、现金收据、借款单、取款单、车船票、银行支票等。其中，银行转账支票的格式如图 5-7 所示，银行进账单的格式如图 5-8 所示，借款单的格式如图 5-9 所示。

原始凭证（按经济业务的类别）
- 有关款项收付业务的原始凭证
- 有关原材料或库存商品出入库业务的原始凭证
- 有关成本费用的原始凭证
- 有关购销业务的原始凭证
- 有关固定资产业务的原始凭证
- 有关转账业务的原始凭证

图 5-6 原始凭证按涉及经济业务的类别划分

图 5-7 银行转账支票

中国工商银行 进账单（收账通知）

20××年12月1日

出票人	全称		收款人	全称	
	账号			账号	
	开户银行			开户银行	

人民币（大写）		千	百	十	万	千	百	十	元	角	分
				2	0	0	0	0	0	0	0

票据种类		注：投资款
票据张数		
单位主管　会计　复核　记账		收款人开户银行盖章

此联是银行给收款人的回单或收账通知

图 5-8　银行进账单

（企业名称）**借款单**

所属部门		借款人				年		月		日	
借款金额	（大写）万 仟 佰 拾 元 角 分					万	千	百	十	元	角 分

用途：
单位主管：　　　财务审核：　　　部门主管：　　　借款人：

图 5-9　借款单

（2）有关原材料或库存商品出入库业务的原始凭证。这些原始凭证用来记录材料、产成品的出入库情况，既可以是一次性凭证，也可以是累计凭证，如前面所提到的入库单、领料单，还有提货单等。其中产品入库单格式如图 5-10 所示。

（企业名称）**产品入库单**　　　　　　　编号：

送检单位（××车间）：　　　年　月　日　　　　　仓库：

产品编号	产品名称	规格型号	计量单位	送检数量		单位成本	总成本	备注
				应收	实收			

二财务联

单位主管：　　　保管员：　　　记账：　　　制单：

图 5-10　产品入库单

（3）有关成本费用的原始凭证。这些原始凭证用来记录生产产品所发生的费用及其分配情况，大部分都是内部的自制凭证，如工资单、材料耗用汇总表、固定资产折旧计算表、制造费用分配表等。其中固定资产折旧计算表如图 5-11 所示。

（企业名称）**固定资产折旧计算表**

使用单位	上月固定资产折旧额	上月增加固定资产应提旧额	上月减少固定资产应提旧额	本月应提折旧额
生产车间				
厂部				
⋮				
合计				

会计主管：　　　复核：　　　制表：

图 5-11　固定资产折旧计算表

（4）有关购销业务的原始凭证。有关购销业务的原始凭证，有的是用来记录企业采购材料或接受劳务业务的情况，有的是用来记录企业销售产品或对外提供劳务的情况。前者是外来凭证，如发货票、运费单据等，而后者则多数是自制凭证，如提货单等。例如，××市服务业统一发票格式如图5-12所示。

××市服务业统一发票

项目	摘要	单位	数量	单价	金额						
					十万	万	千	百	十	元	角	分
合计人民币 （大写）											

企业（盖章有效）：　　　开单：　　　营业执照号：　　　税务登记号：　　　银行账号：

图5-12　××市服务业统一发票

（5）有关固定资产业务的原始凭证。这些原始凭证用来反映固定资产的购置、调拨、报废、盘盈和盘亏业务的情况，一般是自制凭证，如固定资产交接（验收）单、固定资产报废单、固定资产移交清册、固定资产盘盈盘亏报告单等。其中固定资产交接（验收）单如图5-13所示。

固定资产交接（验收）单

年　月　日

固定资产编号	名称	规格	型号	计量单位	数量	建造单位	建造编号	资金来源	备注
总价	买价	安装费	运杂费	包装费	其他	原值	预计年限	净残值率	
用途				使用部门			已提折旧		
验收意见						验收人签章			

财务主管：　　　　　　制单：　　　　　　复核：

图5-13　固定资产交接（验收）单

（6）有关转账业务的原始凭证。这些原始凭证用来反映会计期末结转收支等账户的情况，并同时结转成本和利润的凭证，如收入汇总表等。

二、原始凭证的内容

1. 原始凭证的基本内容

原始凭证所反映的经济业务纷繁复杂，因此每个凭证的内容也就不尽相同，再加上不同单位的要求不同，具体原始凭证的格式和内容都有所差别。但是无论什么样的原始凭证一般都具备以下七个方面的基本内容。

（1）凭证的名称（和编号）。

(2) 填制凭证的日期。
(3) 接收凭证单位的名称或接收人姓名。
(4) 填制凭证单位或填制人员姓名。
(5) 经济业务的内容。
(6) 经办人员的签名或者盖章。
(7) 该经济业务的数量、单价或金额。

原始凭证的基本内容参如图 5-14 中的标注。

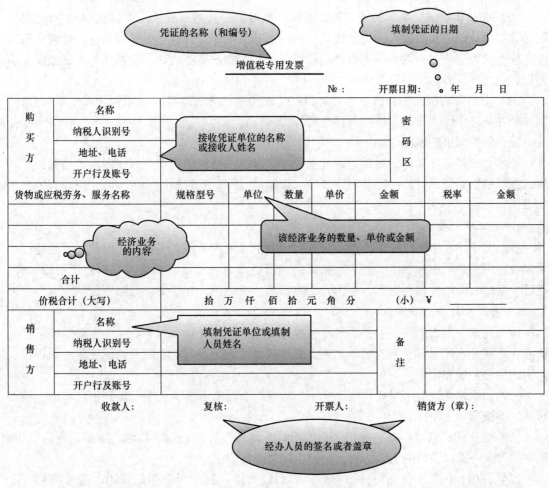

图 5-14 增值税专用发票

除了从图 5-14 中了解了原始凭证的基本内容外，还应了解企业在开具增值税专用发票时应该注意的事项。①单位全称：填写时不得漏字和出现错别字。②纳税人识别号：填写统一社会信用代码。③地址、电话：填写注册地址（非经营地址）及在税务机关登记的电话。④开户行及账号：填写企业基本开户行及账号。⑤经办人员的签名或者盖章：收款人、复核、开票人均实名制，复核和开票人最好不是同一个人。⑥销售方（章）：应该加盖的是发票专用章，不得加盖单位公章或财务章。

2. 原始凭证的其他内容

在实际的经济业务中，原始凭证上还可以考虑标示一些与经济业务高度相关的内容，如在增值税发票上一般都要标示单位名称、纳税人识别号、地址、电话、开户行及账号等，以方便后期进行审核和控制。因此，除了以上基本内容外，原始凭证还需注意以下内容。

（1）外来的一次性原始凭证必须有该单位的公章和负责人签字，若为个人则必须有该个人的签章。自制原始凭证则必须由经办人员签章确认，必要时须由多人进行审核确认。本单位对外开出的各种原始凭证也应加盖公章，必要时由相应的负责人员签章确认。

（2）购买实物的货物，必须有验收证明，并由负责人签章确认。支付款项的原始凭证，则必须有收款单位或收款人的签章确认。同样，如果出现退货，也必须有相应的验收证明方能入账，另外退货产生的款项支付也必须有退货方的收款签字确认，方能作为入账依据，不得以退货发票代替退货的收款收据。

（3）上级部门批准的经济业务，需以批文作为原始凭证附件。如果批文需要单独存档，则必须在凭证上注明批文存档的具体位置和编号。

三、原始凭证的填制

原始凭证是会计活动的基础，因此必须在填制时严格按照要求进行，做到无错漏、无疏失。在填制原始凭证时，一定要做到真实、清晰、完整、及时和相应手续的完备。具体要求如下。

1. 凭证填写要真实

如上文所述，原始凭证作为追溯责任的一项重要依据必须真实可靠。因此，原始凭证在填制和使用的过程中必须由经办的有关部门和人员签名、盖章。另外，原始凭证不得涂改、挖补、刮擦。原始凭证若有误，应由开出单位重开或更正，并在更正处加盖公章。

2. 凭证填写要清晰

原始凭证一定要使用碳素墨水填写，并连续编号。若有复写的凭证，一定要保证字迹的清晰，尤其是不能串行、不能模糊不清，并进行编号。一式若干联的原始凭证应遵照各联次标明的用途传递和使用。

另外，原始凭证的书写要规范。文字、数字的书写要清晰、无误，做到字迹端正、易于辨认，不潦草、无涂抹。

（1）数字的排列要整齐，数字之间的间隔要匀称。阿拉伯数字的填写应紧贴横格底线，数字的高度一般以占格的1/2为宜，以便出错时进行更正。

（2）在阿拉伯数字前书写货币符号，表明经济业务发生所产生的货币，货币符号与金额间不得留空格，此时，不需再在金额后边加注货币单位。阿拉伯数字填写货币金额时一定要填至角、分，如果没有角、分则需要在角、分的位置上填写"0"或者用"—"表示。有角无分的情况下，也应在分位上填写"0"，不得以"—"代替。例如，3 287.50元的正确写法还可以是￥3 287.50，而不能写成"￥3 287.50元"，更不能写成"￥3 287.5—元"。

（3）汉字大写金额须规范，并与阿拉伯数字小写金额相符。首先，汉字的填写一律需用正楷填写，正确用字为零、壹、贰、叁、肆、伍、陆、柒、捌、玖、拾、佰、仟、万、亿等，不得用0、一、二、三、四、五、六、七、八、九、十等简化字来代替，更不得肆意编造简化字。其次，大写金额写到元或角为止时，应在"元"或"角"后加"整"或"正"

字,例如,¥3 287.50 可以写成"叁仟贰佰捌拾柒元伍角正";相反,如果阿拉伯数字的结尾有分,则不需加"正"或"整"字,例如,¥3 287.55 的正确大写为"叁仟贰佰捌拾柒元伍角五分"。再次,若对应的阿拉伯金额的数字间有"0",则汉字大写应写"零"字,例如,¥3 208 的大写应写成"叁仟贰佰零捌元正";另外,若阿拉伯数字中间有多个"0",则汉字只需写一个"零"即可,例如,¥30 070 的大写应写成"叁万零柒拾元正",而不能写成"叁万零零柒拾元正"。最后,阿拉伯金额数字元位为"0"但角位不是"0"时,汉字大写在该位上可以写"零"也可以不写"零",例如,¥480.95 既可以写成"肆佰捌拾元玖角伍分",也可以写成"肆佰捌拾元零玖角伍分"。

3. 凭证填写要完整

填写凭证时,该凭证上所要求的项目必须一一填写,不得有漏项,不得省略或故意遗漏。尤其是签章应当得当,如增值税发票应有单位发票专用章,外单位取得的凭证上应有该单位公章等。如果需要有相应的手续,则该手续也必须完整,必须符合单位内部控制制度的要求。如果需要相应的附件,则附件的原件或复印件必须附在凭证后面,对于单独保存的附件须将其存储位置和相应的编号标注在凭证背面。

4. 凭证填写要及时

凭证的填制时间有很多种情况。有些凭证,如领料单,是在业务发生前根据要求填制的;有些凭证,如收料单,是在业务发生时根据执行或完成情况进行填制的;还有些凭证,如工资汇总表,是在业务完成后根据相关记录整理并填制的。无论是哪一种情况,凭证上的日期一律以实际填制的当日日期为准。凭证的及时性直接决定着会计信息的及时性,从而保证了信息使用者的使用要求。

另外,在凭证管理方面还需要注意:因发生差错而注销的原始凭证应加盖"作废"戳记,全份保存,不得撕毁;发生销货退回的,除填制退货发票外,还必须有退货验收证明;退款时,必须取得对方的收款收据或者汇款银行的凭证,不得以退货发票代替收据;员工因公出差的借款凭据,必须附在记账凭证之后;收回借款时,应当另开收据或退还借据副本,不得退还借款收据。

四、原始凭证的审核

为了如实反映经济业务的发生和完成情况,对原始凭证进行审核是十分必要的步骤。在审核时,负责审核的人员必须认真负责,严格按照会计规章制度,对原始凭证的内容、签章、附件等信息进行一一审核,以保证其真实可靠和内容完整,进而据以编制记账凭证。

(一) 原始凭证的审核内容

1. 原始凭证的真实性审核

审核原始凭证时,会计人员首先要确认的就是该凭证的真实性,只有用真实的凭证入账才能保证会计信息的真实性。

(1) 审核原始凭证的票据本身是否真实,不是伪造或编造的发票。

(2) 审核经济业务的双方当事人是否真实,即考查经济业务的双方是否都是真实的单位或个人,不得冒用他人或单位之名,更不能使用假名。

(3) 审核经济业务发生的时间和地点是否真实,不得把本期的凭证写成下期,更不能把未来的凭证填为本期。

(4) 审核经济业务的内容是否真实,尤其是所涉及的数量、金额是否为实际发生的真实数字。其中最重要的一环就是审核经济业务的"单价"和"数量"是否真实、准确。

(5) 审核经济业务双方当事人的签章是否真实有效。

2. 原始凭证的合法性审核

原始凭证的合法性是指在原始凭证真实的前提下，要审核该项经济业务是否符合企业的规章制度乃至国家的法律法规。

(1) 审核原始凭证所列的收入式支出，尤其是支出是否符合合同或协议的要求，不能超过合同约定金额付款。

(2) 审核原始凭证是否符合有关审批权限和手续的规定。

(3) 审核原始凭证是否符合单位的规定和国家法律法规的要求，有无违法乱纪的现象等。

3. 原始凭证的完整性审核

审核原始凭证的完整性，就是审核原始凭证的各项填写是否齐全。

(1) 审核原始凭证各项要素是否填写齐全，如企业名称、数量、金额等。

(2) 审核原始凭证审批手续是否完备，是否有各级管理者的签字确认。

(3) 审核原始凭证的附件是否齐全，是否有审批文件、合同或协议书等。

4. 原始凭证的正确性审核

审核原始凭证的正确性，就是在原始凭证完整性的基础上，考察其所列明的数量、金额、规格、型号等是否书写正确。

(1) 审核单价与数量的乘积是否正确。

(2) 审核合计数字是否正确。

(3) 审核大小写是否相符。

(4) 审核劳务发票中的劳务名称、数量、单价和总额是否正确。

(5) 审核发票上是否有当地税务机关专用章。

(6) 审核填制人的签章是否齐全。

(7) 审核报销的联次是否正确。

5. 原始凭证的及时性审核

(1) 审核原始凭证的填制日期是否过期，是否超过了支付期限。

(2) 审核原始凭证的日期是否在报销期内，否则不予报销。

(二) 发现原始凭证存在问题后的处理

对于有问题的原始凭证，一经发现必须进行及时有效地处理。

《中华人民共和国会计法》第十四条规定："会计机构、会计人员必须按照国家统一的会计制度的规定对原始凭证进行审核，对不真实、不合法的原始凭证有权不予接受，并向单位负责人报告；对记载不准确、不完整的原始凭证予以退回，并要求按照国家统一的会计制度的规定更正、补充。原始凭证记载的各项内容均不得涂改；原始凭证有错误的，应当由出具单位重开或者更正，更正处应当加盖出具单位印章。原始凭证金额有错误的，应当由出具单位重开，不得在原始凭证上更正。记账凭证应当根据经过审核的原始凭证及有关资料编制。"

审核有问题的原始凭证处理方法汇总情况如表5-2 所示。

表 5-2　审核有问题的原始凭证处理方法汇总表

原始凭证审核内容	有问题的原始凭证处理方法
原始凭证的真实性审核	对不真实的原始凭证，会计人员可不予接受，并告知有关管理人员
原始凭证的合法性审核	对不合法的原始凭证，会计人员不予接受，并告知相关管理人员，必要时可要求有关部门介入
原始凭证的完整性审核	对不完整的原始凭证，会计人员可要求重开或更正，并在更正处加盖该单位公章
原始凭证的正确性审核	对错误的原始凭证，如果项目内容有错误，会计人员可以要求对方更正盖章后入账。原始凭证金额有错误的，会计人员可要求出具单位重开
原始凭证的及时性审核	对不及时的凭证，会计人员可要求重开或更正，并在更正处加盖该单位公章

第三节　记 账 凭 证

一、记账凭证的种类

如前文所述，记账凭证是指根据原始凭证编制的，用作确定会计分录并据以直接登记账簿的会计凭证。按照不同的标准，记账凭证有不同的划分。

（一）按所反映的经济内容划分

记账凭证按所反映的经济内容划分，可以分为收款凭证、付款凭证和转账凭证。

在多数企业中，涉及收款和付款的交易或者事项比较多，所以单独设置了与之相对应的两种记账凭证，即收款凭证和付款凭证。

1. 收款凭证

收款凭证是专门用来记录库存现金和银行存款收入业务的记账凭证。收款凭证应根据审核无误的库存现金或银行存款收入业务原始凭证进行填制，用来登记库存现金日记账和银行存款日记账及有关的总分类账或明细账。根据库存现金收入业务的原始凭证编制的收款凭证，称为库存现金收款凭证。根据银行存款业务的原始凭证编制的收款凭证，称为银行存款收款凭证。收款凭证的格式及填写方法如图 5-15 所示。

收 款 凭 证

借方科目：银行存款　　　　　　2018 年 10 月 2 日　　　　　　银收字第 01 号

对方单位（或交款人）	摘要	贷方科目		金　　额									记账符号
		总账科目	明细科目	千	百	十	万	千	百	十	元	角	分	
略	销售产品收款	主营业务收入					1	0	0	0	0	0	0	
		应交税费	应交增值税（销项税额）					1	6	0	0	0	0	
		合　　计		¥	1	1	6	0	0	0	0			

附单据　　张

会计主管：王小红　　记账：洪涛　　复核：姜楠　　出纳：刘亚东　　制单：黄奇伟

图 5-15　收款凭证

图 5-15 所示为银行存款收款凭证，如果"借方科目"一栏填写的是"库存现金"，那就是库存现金收款凭证。在"记账符号"一栏打钩"√"，表示确认已经将该笔业务登记入账。

2. 付款凭证

付款凭证是用来记录库存现金和银行存款支出业务的记账凭证。付款凭证根据审核无误的库存现金或银行存款支付业务原始凭证进行填制，用来登记库存现金日记账和银行存款日记账及有关的总分类账或明细账。根据库存现金支出业务的原始凭证编制的付款凭证，称为库存现金付款凭证。根据银行存款业务的原始凭证编制的付款凭证，称为银行存款付款凭证。付款凭证的格式及填写方法如图 5-16 所示。

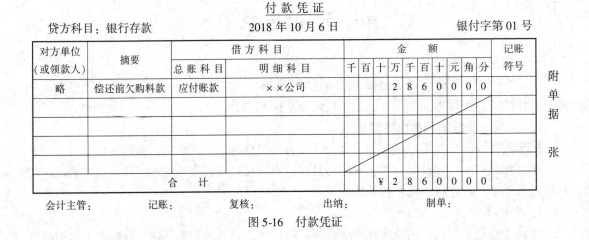

图 5-16 付款凭证

图 5-16 所示的是银行存款付款凭证，如果"贷方科目"一栏填写的是"库存现金"，那就是库存现金付款凭证。在"记账符号"一栏打"√"，也表示确认已经将该笔业务登记入账。

在实际工作中，经常发生同时出现库存现金和银行存款的业务。例如，从银行支取现金，以及将现金存入银行等业务。如果对此类业务不进行详细规定，那么在业务较多时就可能出现重复记账，因为从银行支取现金时既可以填写银行存款付款凭证，也可以填写库存现金收入凭证。对此类业务的处理惯例是只按照减少方填制付款凭证，而不填制收款凭证。例如，在从银行支取现金业务时，企业只填写银行存款付款凭证，而不填制库存现金收款凭证。

3. 转账凭证

转账凭证是用来记录不涉及库存现金和银行存款的交易或者事项的记账凭证。它根据审核无误的转账业务原始凭证进行填制，用来登记账簿。转账凭证的格式有两种：一种是金额分借贷方的，如图 5-17 所示；另一种是科目分借贷方的，如图 5-18 所示。在实际工作中，虽然两种格式的转账凭证可以任选其一进行使用，但运用金额分借贷方的转账凭证的单位较多。

转 账 凭 证

20××年12月29日　　　　　　　　转账第04号

摘要	总账科目	明细科目	借方金额	贷方金额	记账符号
销售产品	应收账款	××公司	¥276080.00		
	主营业务收入			¥238000.00	
	应交税费	应交增值税（销项税额）		¥38080.00	
	合　计		¥276080.00	¥276080.00	

会计主管：　　　　记账：　　　　复核：　　　　制单：

图5-17　金额分借贷方的转账凭证

图5-18　科目分借贷方的转账凭证

在企业管理中为了区分不同的业务，有时会使用不同颜色的转账凭证来加以区分。

（二）按记账凭证的用途划分

按记账凭证的用途划分，可以分为专用记账凭证和通用记账凭证。

专用记账凭证是指按照经济业务内容不同，区分为收款凭证、付款凭证和转账凭证的记账凭证。收款凭证、付款凭证和转账凭证的内容及格式在本节前文已述及。

通用记账凭证是相对于专用记账凭证而言的，是指不区分收款、付款和转账业务，只采用一种格式来反映所有经济业务的记账凭证。对于经济业务较少的小型企业而言，设置多种专用凭证显然会导致记账过于复杂，因此这类企业一般会采用通用记账凭证。

记账凭证按用途分类如图5-19所示。

通用记账凭证是一种适合所有经济业务的记账凭证。不再将记账凭证按照内容进行详细分类，而是对发生的每笔经济业务都直接编制会计分录，并把一笔经济业务所涉及的会计科目全部填列在一张凭证内，借方在前，贷方在后，将各会计科目所记应借应贷的金额填列在"借方金额"和"贷方金额"栏内。通用记账凭证的格式与金额分借贷方的转账凭证基本相同。通用记账凭证格式如图5-20所示。

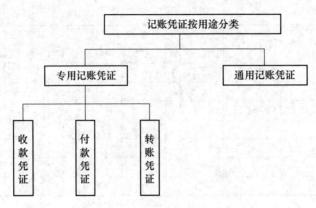

图 5-19 记账凭证的分类

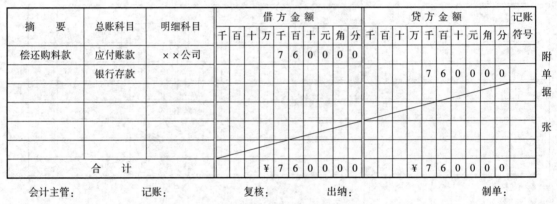

图 5-20 通用记账凭证

(三) 按填列方式不同划分

记账凭证按填列方式不同还可划分为分录记账凭证和汇总记账凭证。

分录记账凭证是用来确定会计分录,反映一笔经济业务全貌的记账凭证。它是在实际业务中使用最普遍的一种记账凭证。前文所述的收款凭证、付款凭证和转账凭证都属于分录记账凭证。

汇总记账凭证是为了减少登录账簿的次数而设置的一种专门的记账凭证,它将若干记账凭证逐日或者逐期加以汇总填制,用来统一登记账簿。在一些企业中,会计人员会把收款凭证、汇总付款凭证和汇总转账凭证按一定的时间间隔分别汇总,然后根据汇总的凭证进行账簿登记,就形成了汇总收款凭证、汇总付款凭证和汇总转账凭证。另外,将一段时间内的所有记账凭证按照相同的会计科目进行分类,汇总出每个账户的借方发生额和贷方发生额,然后再行记账的记账凭证被称为科目汇总表。汇总收款凭证如图 5-21 所示,汇总付款凭证如图 5-22 所示,汇总转账凭证如图 5-23 所示,科目汇总表(格式之一)如图 5-24 所示。

汇总收款凭证

借方科目：银行存款　　　　　　　　年　月　　　　　　　　　　　汇收第　号

贷方科目	金　额				总账页数		记账凭证起讫号
	(1)	(2)	(3)	合计	借方	贷方	
合计							

会计主管：　　　　　　记账：　　　　　　审核：　　　　　　制表：

附注：(1) 自＿＿＿日至＿＿＿日　　收款凭证共计＿＿＿张
　　　(2) 自＿＿＿日至＿＿＿日　　收款凭证共计＿＿＿张
　　　(3) 自＿＿＿日至＿＿＿日　　收款凭证共计＿＿＿张

图 5-21　汇总收款凭证

汇总付款凭证

贷方科目：银行存款　　　　　　　　年　月　　　　　　　　　　　汇付第　号

借方科目	金　额				总账页数		记账凭证起讫号
	(1)	(2)	(3)	合计	借方	贷方	
合计							

会计主管：　　　　　　记账：　　　　　　审核：　　　　　　制表：

附注：(1) 自＿＿＿日至＿＿＿日　　付款凭证共计＿＿＿张
　　　(2) 自＿＿＿日至＿＿＿日　　付款凭证共计＿＿＿张
　　　(3) 自＿＿＿日至＿＿＿日　　付款凭证共计＿＿＿张

图 5-22　汇总付款凭证

汇总转账凭证

贷方科目：　　　　　　　　　　　　年　月　　　　　　　　　　　汇转第　号

借方科目	金　额				总账页数		记账凭证起讫号
	(1)	(2)	(3)	合计	借方	贷方	
合计							

会计主管：　　　　　　记账：　　　　　　审核：　　　　　　制表：

附注：(1) 自＿＿＿日至＿＿＿日　　转账凭证共计＿＿＿张
　　　(2) 自＿＿＿日至＿＿＿日　　转账凭证共计＿＿＿张
　　　(3) 自＿＿＿日至＿＿＿日　　转账凭证共计＿＿＿张

图 5-23　汇总转账凭证

科目汇总表

年　　月　　日　　　　　　　　　　　　　　　科汇第　　号

会计科目	总账页数	本期发生额		记账凭证起讫号数
		借　方	贷　方	

会计主管：　　　　　记账：　　　　　审核：　　　　　制表：

图 5-24　科目汇总表

二、记账凭证的基本内容

记账凭证必须具备以下基本内容。

（1）单位名称。

（2）记账凭证名称。

（3）凭证日期，即填制记账凭证的日期。

（4）凭证编号，即必须标有凭证编号，如"银收字第××号"，便于存档。

（5）经济业务摘要，即该项经济业务的主要内容。

（6）所涉及的会计科目及借贷方金额。

（7）凭证的填制人员、稽核人员、记账人员、会计机构主管的签章。收款和付款凭证还要有出纳人员的签章。

（8）所附原始凭证张数。要写清楚相应的原始凭证数量，以便于核对。

另外，企业在用自制的原始凭证或者原始凭证汇总表代替记账凭证时，也必须具备记账凭证应有的基本内容。

三、记账凭证的填制

在填制记账凭证时，要符合相关的填制要求。

1. 记账凭证要依据审核无误的原始凭证作为填制依据

《中华人民共和国会计法》规定："记账凭证应当根据经过审核的原始凭证及有关资料编制"。填制记账凭证前，首先必须对相应的原始凭证进行核对，审核原始凭证的真实性、合法性、完整性、正确性和及时性，从而保证记账凭证的真实性。

2. 填制及时

会计人员应根据盖有"收讫""付讫"字样的收、付款凭证及时编制记账凭证；对其他经济业务也要根据原始凭证及时填制记账凭证。

3. 日期填写一致

记账凭证的日期必须与相应的原始凭证日期在同一记账期间（一般是一个月），否则会导致会计信息的失真。如果在实务中出现了经济业务发生日期与原始凭证标示的日期不符的情况，则要按照原始凭证的日期进行填制，并将经济业务的发生日期写到记账凭证的"摘要"一栏备查。按照权责发生制对收入和费用进行分配，以及涉及收益计算、折旧计算、结转成本等会计分录的记账凭证，其填写日期均应该是该月月末。

4. 编号要规范

对于各种专用记账凭证，其编号必须连续，并分别写明"××字"和"××号"。其中，"××字"表示凭证的种类；而"××号"表示凭证的连续编号号数，该号数从月初开始计数。记账凭证可以按照现金收付业务、银行存款收付业务和转账业务三类分别编号，即"现字第××号""银字第××号""转字第××号"；也可以按照现金收入、现金支出、银行存款收入、银行存款支出和转账凭证五类进行编号，即"现收字第××号""现付字第××号""银收字第××号""银付字第××号""转字第××号"。记账凭证按月从"1"开始编号，不得跳号、重号。如果同一经济业务涉及的会计科目较多，需要编制多张记账凭证，则记账凭证之间需要用分数编号法进行排列。例如，转账业务的第20号使用了三张记账凭证，则该三张凭证的总号都是20号，单张凭证要以1/3、2/3、3/3进行编号。

5. 摘要书写要简明、准确

记账凭证中的"摘要"一栏要简明地写出该经济业务的主要内容，并进行准确的概括。

6. 正确地填写会计分录

编制会计分录时，应根据经济业务的内容，按照会计有关规定，正确地填制各会计分录，不得随意变更经济业务的内容、涉及的会计科目及借贷方涉及的金额。

7. 记账凭证的金额栏不得有空行

记账凭证填制时，如果金额栏有空行，则需用直线进行注销。记账凭证的格式之一收款凭证格式如图5-25所示。

收 款 凭 证

借方科目：银行存款　　　　　　　2018年10月5日　　　　　　　　银收字第02号

对方单位（或交款人）	摘要	贷方科目		金　额									记账符号	
		总账科目	明细科目	千	百	十	万	千	百	十	元	角	分	
略	销售产品收款	主营业务收入					2	0	0	0	0	0	0	
		应交税费	应交增值税（销项税额）					3	2	0	0	0	0	
	合　　计					¥	2	3	2	0	0	0	0	

会计主管：王小红　　记账：洪涛　　复核：姜楠　　出纳：刘亚东　　制单：黄奇伟

附单据　　张

图5-25　收款凭证

8. 记账标记要注明

记账凭证上必须标明"记账符号"栏，记账人员根据记账凭证在账簿上"记账符号"后应打"√"进行标记。

9. 附件张数的填写要准确

记账凭证要正确填写相应附件的张数，尤其是所附原始凭证的张数。

10. 相关人员签章完整

每张记账凭证都必须有相关的人员签章，不得遗漏、代签。

四、记账凭证的审核

为了保证所传达的会计信息的正确性,在记账前,会计人员必须对记账凭证进行认真仔细的检查,同时会计部门还必须有专人进行复核和检审。

1. 原始凭证的审核

记账凭证的依据必须是审核无误的原始凭证,在审核记账凭证时必须对其原始凭证进行检查,保证其内容的合法性和材料的齐全性。如果是汇总记账凭证,则要对据以汇总的有关记账凭证进行审核,并保证其一致性。

2. 填写项目的审核

会计人员一定要对记账凭证的填写项目进行全面的审核,包括:凭证类型、凭证日期、凭证编号、摘要内容、会计科目名称、借贷方金额、所附原始凭证张数和有关人员的签章等。

3. 金额的审核

会计凭证审核中一项重要的内容就是要审核记账凭证和原始凭证上所列明的金额是否一致,尤其是审核经济业务的数量、单价及其乘积的金额是否正确。汇总记账凭证的金额审核尤为重要,一定要核算汇总记账凭证中所列明的金额及据以汇总的有关记账凭证中的合计是否正确。

4. 摘要和分录的审核

会计人员在审核记账凭证时,要关注摘要的内容与会计分录的内容是否一致,所列明的会计科目是否正确,借贷金额是否正确,账户的对应关系是否清晰,核算内容是否符合国家的会计制度。

5. 书写的审核

以书面形式进行会计记账的企业,要检查会计信息书写是否规范,字迹是否清楚、工整,不得对会计凭证进行擦抹和挖补。实行电算化会计的单位,对于机制的记账凭证也要审核数字和打印是否完整,打印效果是否清楚,是否有相关人员的授权或签章。

经过审核无误的记账凭证才能作为会计记账的依据用来登记账簿。不符合要求或填写有误的记账凭证,必须补办手续或者予以更正、重填,之后方可作为记账的依据。

第四节 会计凭证的传递与保管

一、会计凭证的传递

会计凭证的传递是指从会计凭证的取得或填制到归档保管的整个过程中,企业内部各有关部门或人员间按规定的时间、手续进行相关处理的过程。会计凭证的有效、正确传递是会计信息正确性的重要保障,也是会计制度的重要内容。

根据经济业务的不同,会计信息传递的方式方法也不尽相同,据以办理业务的方式方法也就不尽相同。会计部门应根据每种经济业务的具体特征和情况,为其设置合理的规定程序,以确定会计凭证在各部门的停留、收发、交接等合理的程序。

另外,科学的会计凭证传递过程设计还有助于会计凭证信息在各部门之间传递时,相关人员进行必要的审核,这不仅可以保证会计信息的正确性,最重要的还可以帮助确认哪个环节真正出现了问题,从而确定责任,找出出现问题的环节,为进一步修订管理制度提供依据。

在制定会计凭证传递制度时,企业会计人员应当注意以下环节。

(1) 要根据不同业务和事项的特点设计会计凭证的传递过程、人员的分工、会计凭证的联数和所流经的必要环节。例如,对于收料单的传递,会计部门就要做出以下相应的规定:材料到达企业后多长时间必须完成验收入库(制单)、收料单由谁(一般是仓库保管员)填制、一式几联(分成不同颜色)、各联次的用途如何(不同颜色的联次传送到哪个部门)、何时必须传递到会计部门、会计部门由谁负责收料单的接收和审核、由谁进行记账凭证的填制、由谁审核记账凭证、由谁根据记账凭证进行账簿登记和整理归档等。这样,会计人员就能够根据一套比较全面的内部控制流程对会计凭证进行传递和审核了。

(2) 要注意各环节的时间设计。在会计凭证的传递过程中,各阶段的停留时间一定要进行预先设计,保证原始凭证和记账凭证都能够及时地传递到相关的会计人员手中,以据此填制记账凭证和登记账簿。

(3) 要注意各环节的签收制度。会计凭证每传递一次,就多一次可能出现错误的风险,各环节的人员在接收会计凭证时必须对上一步骤的会计凭证进行严格审核,以保证会计信息传递无误,因此完善的签收制度是相当关键的。

二、会计凭证的保管

会计凭证的保管是指对会计凭证进行整理、装订和归档的过程。

会计凭证是反映企业会计信息的重要依据,更是审计人员审核企业会计信息的主要凭据,因此必须要妥善保管,保证会计凭证的安全、完整,不能出现污损和丢失的情况。当企业内部发生一些问题尤其是重大问题时,如偷窃、贪污等,会计凭证是重要的依据和依法处理的有效证据。因此,企业必须将会计凭证进行分类、编号,形成档案资料,妥善保管,不得随意涂改、散乱、丢失或销毁。

会计凭证在存档时有以下要求。

(1) 对于登记账簿完毕的记账凭证必须定期装订成册,防止散失。会计人员在将记账凭证登记账簿后,必须定期(按天、旬或月)对其进行分类、整理、归档,并连同其相应的原始凭证,按编号顺序折叠整齐后一同进行装订,并加具封面。装订完成后,要由装订人员在装订线封签处签章确认,以明确责任。凭证封面必须包含以下信息:单位名称、年、月(旬)、凭证种类、凭证张数、起止号码、会计负责人签章和凭证保管人员签章等。会计凭证封面格式如图5-26所示。

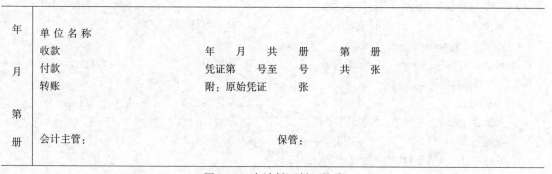

图5-26 会计凭证封面格式

（2）装订成册的会计凭证要有专门的地点集中保管，并应有专人负责。每次查阅都要履行相关的手续。凭证不能外借，查看时不能拆开装订，并由单位负责人签字后方可取出。在保管期间，要防止潮湿、霉变、散失、破损、虫蛀、鼠咬等。

（3）会计凭证的保管期限和销毁手续必须严格地执行《会计档案管理办法》的有关规定。会计档案是指单位在进行会计核算等过程中接收或形成的，记录和反映单位经济业务事项，具有保存价值的文字、图表等各种形式的会计资料，包括通过计算等电子设备形成、传输和存储的电子会计档案。会计档案的保管期限分为永久、定期两类。定期保管期限一般分为10年和30年。

会计凭证是会计档案中的一部分。首先，任何人员都无权随意更改、编造和销毁会计凭证。其次，会计凭证的保管期限也有严格的规定：原始凭证、记账凭证和汇总凭证要保留30年；银行对账单、银行存款余额调节表、纳税申报表要保留10年；保管期限从会计年度终了后第一天算起。保管期满但尚未结清的债权债务原始凭证，不得销毁；项目正在建设期间的建设单位，其保管期满的会计凭证亦不得销毁。到期可以销毁的会计凭证，也要在办理相关的手续后方可销毁。

思 考 题

1. 填制和审核会计凭证有何意义？
2. 原始凭证应具备哪些内容？
3. 填制原始凭证应遵循哪些要求？
4. 审核原始凭证的主要内容是什么？
5. 记账凭证应具备哪些内容？
6. 填制记账凭证应遵循哪些要求？
7. 如何审核记账凭证？
8. 合理组织会计凭证传递的意义是什么？

练 习 题

一、单项选择题

1. 下列不属于原始凭证基本内容的是（   ）。
   A. 填制日期   B. 经济业务内容   C. 应借应贷科目   D. 有关人员签章
2. 产品生产领用材料，应编制的记账凭证是（   ）。
   A. 收款凭证   B. 付款凭证   C. 转账凭证   D. 一次凭证
3. 记账凭证的填制是由（   ）完成的。
   A. 出纳人员   B. 会计人员   C. 经办人员   D. 主管人员
4. 记账凭证是根据（   ）填制的。
   A. 经济业务   B. 原始凭证   C. 账簿记录   D. 审核无误的原始凭证
5. "限额领料单"是一种（   ）。
   A. 一次凭证   B. 累计凭证   C. 单式凭证   D. 汇总凭证
6. 填制会计凭证是（   ）的前提和依据。
   A. 成本计算   B. 编制财务报表   C. 登记账簿   D. 设置账户
7. 下列项目中，属于自制原始凭证的有（   ）。
   A. 领料单   B. 购料发票   C. 增值税发票   D. 银行对账单

8. 从银行提取现金500元，应编制（　　）。
A. 银行存款收款凭证　　　　　　　　B. 银行存款付款凭证
C. 现金收款凭证　　　　　　　　　　D. 现金付款凭证
9. 以银行存款归还银行借款的业务，应编制（　　）。
A. 转账凭证　　B. 收款凭证　　C. 付款凭证　　D. 计算凭证
10. 会计凭证按（　　）分类，分为原始凭证和记账凭证。
A. 用途和填制程序　　B. 形成来源　　C. 反映方式　　D. 填制方式
11. 下列原始凭证中属于外来原始凭证的是（　　）。
A. 购货发票　　B. 工资结算汇总表　　C. 发出材料汇总表　　D. 领料单
12. 对于现金和银行存款之间相互划转的经济业务，通常（　　）。
A. 不需编制记账凭证　　B. 需编制收款凭证　　C. 只需编制付款凭证　　D. 需编制转账凭证
13. 自制原始凭证按其填制方法，可以分为（　　）。
A. 原始凭证和记账凭证　　B. 收款凭证和付款凭证　　C. 单项凭证和多项凭证　　D. 一次凭证和累计凭证
14. 会计人员对于不真实、不合法的原始凭证，应当（　　）。
A. 给予受理，但应向单位领导口头报告　　　B. 给予受理，但应向单位领导书面报告
C. 不予以受理　　　　　　　　　　　　　　D. 视具体情况而定
15. 原始凭证的金额出现错误，正确的更正方法是（　　）。
A. 由出具单位更正，并在更正处盖章　　　　B. 由取得单位更正，并在更正处盖章
C. 由出具单位重开　　　　　　　　　　　　D. 由出具单位另开证明，作为原始凭证的附件
16. 下列选项中，不属于会计凭证的是（　　）。
A. 购销合同　　B. 领料单　　C. 发货票　　D. 住宿费收据
17. 发生下列经济业务，应编制转账凭证的是（　　）。
A. 车间领用材料　　B. 支付材料运杂费　　C. 收回销货款　　D. 支付购料款
18. 以银行存款归还银行短期借款，应编制的记账凭证是（　　）。
A. 付款凭证　　B. 收款凭证　　C. 转账凭证　　D. 转账支票

二、多项选择题

1. "收料单"是（　　）。
A. 外来原始凭证　　B. 自制原始凭证　　C. 一次凭证　　D. 累计凭证　　E. 记账凭证
2. "限额领料单"是（　　）。
A. 外来原始凭证　　B. 自制原始凭证　　C. 一次凭证　　D. 累计凭证　　E. 转账凭证
3. 原始凭证应具备的基本内容有（　　）。
A. 原始凭证的名称和填制日期　　　　　B. 接受凭证单位名称
C. 经济业务的内容　　　　　　　　　　D. 数量、单价和大小写金额
E. 填制单位和有关人员的签章
4. 记账凭证必须具备的基本内容有（　　）。
A. 记账凭证的名称　　　B. 填制日期和编号　　　C. 经济业务的简要说明
D. 会计分录　　　　　　E. 有关人员的签名和盖章
5. 下列经济业务中，应填制转账凭证的有（　　）。
A. 国家以厂房对企业投资　　　B. 外商以货币资金对企业投资　　　C. 购买材料未付
D. 销售商品收到商业汇票一张　　　E. 支付前欠某单位账款
6. 下列经济业务中，应填制付款凭证的有（　　）。
A. 提现金备用　　　B. 购买材料预付定金　　　C. 购买材料未付款
D. 以存款支付前欠某单位账款　　　E. 将现金存入银行

7. 会计凭证可以( )。
A. 记录经济业务　B. 明确经济责任　C. 登记账簿　D. 编制报表　E. 财产清查
8. 会计凭证的传递应结合企业( )的特点。
A. 经济业务　B. 内部机构组织　C. 人员分工　D. 经营管理　E. 凭证自身
9. 下列经济业务中,应填制付款凭证的有( )。
A. 从银行提现金备用　　　　　B. 销售商品未收款　　　　　C. 将现金存入银行
D. 购买材料预付定金　　　　　E. 转账偿还前欠货款
10. 下列原始凭证中,属于一次凭证的有( )。
A. 限额领料单　B. 领料单　C. 领料汇总表　D. 购货发票　E. 销货发票
11. 银行存款的收、付业务,可能涉及下列( )记账凭证。
A. 现金收款凭证　　　　　　　B. 现金付款凭证　　　　　　C. 银行存款付款凭证
D. 转账凭证　　　　　　　　　E. 银行存款收款凭证
12. 会计凭证的保管应当做到( )。
A. 定期归档以便查阅　　　　　B. 查阅会计凭证要有手续　　C. 由企业随意销毁
D. 保证会计凭证的安全、完整　E. 在办理了相关手续后方可销毁

三、判断题

1. 原始凭证的填制不得使用圆珠笔填写。( )
2. 转账业务即银行存款在不同企业单位的银行户之间的划转。( )
3. 原始凭证和记账凭证都是具有法律效力的证明文件。( )
4. 采用累计凭证可以减少凭证的数量和记账的次数。( )
5. 一张累计凭证可连续记录所发生的经济业务。( )
6. 收款业务是指销售产品收取货款的业务。( )
7. 记账凭证的编制依据是审核无误的原始凭证。( )
8. 科目汇总表只能作为登记总账的依据。( )
9. 汇总记账凭证就是记账凭证的汇总表格。( )
10. 会计凭证的保管期满以后,企业可自行进行处理。( )
11. 销售产品一批,货款计伍万零玖元肆角整,在填写发票小写金额时应为￥500 009.4元。( )
12. 记账凭证按其编制的方式不同,可分为专用记账凭证和通用记账凭证两种。( )

第六章　会　计　账　簿

【教学目的】

通过本章学习，学生应当了解并掌握：
1. 会计账簿的定义和基本分类。
2. 日记账、分类账和明细账的概念。
3. 总账与分类账的平行登记原理。
4. 错账更正的基本方法。
5. 会计的对账与结账。
6. 会计账簿的设置、启用、更换与保管。

第一节　会计账簿概述

一、会计账簿的概念

会计账簿简称账簿，是由具有一定格式、相互联系的账页组成的，以会计凭证为依据，用于全面、系统、连续、科学地记录企业各项经济业务的簿籍。账簿的基本单位是账页，而相互联系的账页集合则构成了账簿。

当经济业务发生后，会计人员应首先填制会计凭证，然后把会计凭证上的相关内容填写到账簿中去，这个过程被称为账簿登记，简称记账。例如，企业以应付账款的方式购入了一批原材料，价格 1 000 000 元（暂不考虑增值税），会计人员收到原始凭证后，根据原始凭证填写以下记账凭证：

借：原材料　　　　　　　　　　　　　　　　　　　　　　　1 000 000
　　贷：应付账款　　　　　　　　　　　　　　　　　　　　　　1000 000

此时就要进行账簿登记了，会计人员应在"原材料"和"应付账款"两个账簿中同时登记 1 000 000 元，从而完成账簿登记。当然，具体的账簿形式和格式是有差别的。

在整个会计核算体系中，会计账簿起着中心环节的作用：一方面，它与会计凭证相关，要把会计凭证上的信息转移到账簿中来；另一方面，它又与财务报表相关，报表上的项目及数据也都来自于会计账簿。因此，会计账簿起着承前启后的作用。

二、会计账簿的作用

设置和登记账簿是会计核算的专门方法之一，能系统地记录和反映企业经济活动的各种信息，对会计核算及其信息提供起着重要且关键的作用。

1. 通过设置会计账簿，可以全面、连续、系统地提供会计信息

会计账簿是会计信息的主要载体，它能够把大量分散的会计信息进行分类处理，然后再把已经分类的信息进行整理和汇总，从而对独立的各项交易和事项进行全面、连续、系统的反映，进而向管理者提供必要的信息。

2. 通过设置会计账簿，可以为编制财务报告提供依据

会计凭证、会计账簿和财务报表是会计信息生成的基本过程，而会计账簿能够在任何时点上反映出每项资产、负债和所有者权益的增减、变动及结存情况，为资产负债表提供了数据基础。同时，会计账簿也把收入和费用进行登记和计算，从而能体现利润的实现，并可以辅助进行利润的分配，为编制利润表提供依据。

3. 通过设置会计账簿，可以为财务分析和会计检查提供依据

会计账簿里含有大量的财务信息，这些信息为后续进行财务分析提供了必要的基础。通过对会计数据的分析，将相关的账户信息进行比较，管理者可以了解企业整体的经营情况，尤其是资产负债情况和盈利情况，从而及时地做出必要的决策。另外，账簿里所承载的信息还是进行会计检查的必要基础。通过对账户信息的筛查，审计人员可以找出企业是否执行了国家的相关政策和法规，是否执行了统一的会计制度，是否合理使用了资金，费用开支是否符合标准等。

4. 通过设置会计账簿，可以为企业内部考核和评价提供依据

会计账簿全面、系统地对企业会计信息进行了分类，这样就给管理者提供了必要的有关每个内部单位的财务信息。管理者可以使用这些信息对内部各有关单位进行审查，从而为其业绩考核和评价提供依据。

三、会计账簿的分类

会计账簿的分类如图6-1所示。

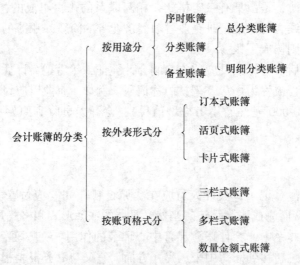

图6-1　会计账簿的分类

（一）按照会计账簿的用途划分

1. 序时账簿

序时账簿是企业会计中使用最为广泛的一种账簿，它按照会计交易和事项发生的时间先后顺序，逐日、逐笔进行登记，因此称为"日记账"。序时账簿还可以进一步分成普通日记账和特种日记账。

普通日记账是企业用来反映全部经济业务的发生情况的日记账，它把每天发生的经济业务按照先后顺序编制会计分录后逐笔记入日记账中。

特种日记账则是专门用来记录特定项目经济业务发生情况的日记账。在企业中，有些经济业务非常重要而且比较繁多，企业要单独设置日记账对其进行反映，也就是特种日记账，如库存现金日记账和银行存款日记账。

2. 分类账簿

分类账簿也称分类账，是对全部经济业务进行分类登记的账簿。分类账可以进一步分为总分类账簿（简称总分类账或总账）和明细分类账簿（简称明细分类账或明细账）。其中，总分类账是按照总分类账户开设的，对总分类账户所发生业务进行登记的账簿；明细分类账是按照明细分类账户开设的，对明细分类账户进行登记的账簿。

3. 备查账簿

备查账簿又称辅助账簿，是对某些在序时账簿和分类账簿中未能记载或记载不全的部分进行补充登记的账簿。在企业中，有些经济业务无法反映在账簿上。例如，经营性租赁的资产，虽然企业拥有其使用权，但是没有其所有权，因此它不符合"资产"的定义，不能反映在账户及分类账和日记账里，这样的业务就只能使用备查账簿来进行反映了。

（二）按照会计账簿的外表形式划分

1. 订本式账簿

订本式账簿也称订本账，是指在账簿启用前，就已将若干账页装订成册，并已对所有账页进行了连续编号的账簿。订本账的优点是能够防止人工替换账页，避免账页的散失，也方便按照时间顺序进行查验。但是订本账的缺点也是明显的，主要是只能一人记账，不便于分工记账，因此效率较低。

订本账在使用前一般会预留账页，从而用同一本订本账记录不同的分类账户，但是这样的操作经常导致预留账页过多而产生账页浪费，或预留账页过少而影响记账的连续性。

在会计实务中，比较重要的账簿，如总分类账、库存现金日记账、银行存款日记账等，都使用订本账。

2. 活页式账簿

活页式账簿也称活页账，与订本账正好相反，在启用前没有将账页装订在一起。这类账簿一般将零散的账页装存在账夹内，方便随时替换、增减和重新排列账页，但是容易导致账页的散失。显然，活页账不宜作为重要账户的账簿，一般主要应用于企业内部各单位的明细账的记录。另外，活页账因为可以替换且容易散失，所以需要专人保管，对账页进行编号并放入账夹内保存，其存取也需履行专门的手续。

3. 卡片式账簿

卡片式账簿简称卡片账，是指使用印有特殊格式的硬卡片作为账页，并将其存放在卡片箱中保管的账簿。与活页账类似，卡片账也是可以根据实际情况随时增减和替换的。但与活页账也有所不同，卡片账使用硬卡片是因为该种账簿需经常抽取、容易损坏。另外，由于卡片账不需订本，所以容易散失。因此，管理人员必须给卡片账一一编号，存放的卡片箱也要有专人保管。使用完毕的卡片账要在卡片上进行穿孔处理，然后固定保管。卡片账一般应用于比较固定的明细账，如固定资产明细账等。

（三）按照会计账簿的账页格式划分

1. 三栏式账簿

三栏式账簿是指每个账页都由借方、贷方、余额三个主要栏目反映经济业务的账簿。三栏式账簿是企业会计中最常用的账簿，总分类账、日记账、资本账户等一般都采用三栏式格式。具体格式如表6-1所示。

表6-1 总分类账

账户名称：

年		记账凭证编号	摘要	借方	贷方	借或贷	余额
月	日						

2. 多栏式账簿

多栏式账簿是指采用一个贷方栏目配合多个借方栏目，或一个借方栏目配合多个贷方栏目，或多个借方栏目配合多个贷方栏目的账簿。集合分配账户、成本计算账户、收入账户、费用账户、财务成果账户、部分调整账户等一般采用多栏式格式。具体格式如表6-2～表6-4所示。

表6-2 多栏式账簿（一个贷方栏目配合多个借方栏目）

生产成本明细账

产品名称：甲产品

年		凭证编号	摘要	借方					转出（贷方）
月	日			直接材料	直接人工	其他直接费用	制造费用	合计	

表6-3 多栏式账簿（一个借方栏目配合多个贷方栏目）

营业外收入明细账

年		记账凭证编号	摘要	贷方						借方	余额
月	日			债务重组利得	与企业日常活动无关的政府补助	盘盈利得	捐赠利得	罚没利得	…	合计	

表 6-4 多栏式账簿（多个贷方栏目配合多个借方栏目）

应交税费——应交增值税明细账

年		记账凭证编号	摘要	借方				贷方					余额
月	日			合计	进项税额	已交税额	…	合计	销项税额	出口退税	进项税额转出	…	

3. 数量金额式账簿

数量金额式账簿也称三大栏式账簿，是指账页在借方、贷方和余额三个大栏里各按照数量、单价和金额三个小栏进行设置的账簿。存货类账户，如原材料、在途物资、材料采购、库存商品等账户一般采用数量金额式账簿。具体格式如表 6-5 所示。

表 6-5 原材料明细账

类别：　　　　　　　　　　　　　　编号：
品名或规格：　　　　　　　　　　　存放地点：
储备定额：　　　　　　　　　　　　计量单位：

年		凭证号数	摘要	收　入			付　出			结　余		
月	日			数量	单价	金额	数量	单价	金额	数量	单价	金额

第二节　账簿的设置与登记

一、会计账簿的设置

（一）会计账簿的设置原则

1. 按照会计法和国家的统一规定设置

企业发生的各项经济业务应当依法在账簿上进行登记和核算，企业不得违反国家统一的会计制度，少设或多设会计账簿。

2. 按照会计业务的需要设置

在会计实务中，账簿的设置是需要技巧的，由于不同的企业经济业务和事项有各自的特点，因此在设计会计账簿时所采用的具体形式也会不同。总的说来，会计账簿的设置要符合企业特点和管理的要求。

3. 账簿的设置要组织严密、层次分明

账簿之间有密切的关系，因此账簿的设置就要符合这种关系。在设置时，既要防止账簿设置的重叠，又要防止过于繁复或简化，总账和明细账的设置更要清楚、明晰。

（二）会计账簿的基本内容

各种会计账簿内容都不尽相同，格式更是花样繁多，但是各种账簿一般都需要具备以下要素。

1. 封面

封面（含封底）对账页起到一定的保护作用，封面上一般要写明账簿的名称（如"银行存款日记账""应收账款总账""在途物资明细账"等）和记账单位的名称。

2. 扉页

账簿的扉页是很重要的组成部分，主要包括账户目录（见表6-6）和账簿启用及经管人员一览表（见表6-7）等。

表6-6　账户目录

页码	会计科目	页码	会计科目	页码	会计科目	页码	会计科目

表6-7　账簿启用及经管人员一览表

单位名称		启用日期	
账簿名称		停用日期	
账簿页数		记账人员	
账簿册次		会计主管	

经管人员姓名	接管日期	交出日期	经管人员签章	财务主管人员签章

备注		单位公章:	

3. 账页

账页是账簿最重要的组成部分，是账簿记录的主体。账页的基本内容包括账户的名称、记账日期（包括年、月、日）、凭证种类和号数栏、摘要栏、金额栏（借方、贷方、余额）以及页次（包括总页次和分户页次）等。

二、会计账簿的启用和登记

(一) 会计账簿的启用

为了确保会计账簿完整，明确记账和保管责任，启用账簿时要在账簿封面上写明单位名称和账户名称，在扉页上附启用表，其中包括：启用日期、账簿页数、记账人员和会计机构负责人姓名，并加盖单位公章和会计人员签章。当记账人员或者会计机构负责人发生变动时，应当注明交接日期、接办人员名单、监督人员名单等，并由各方签字确认。

启用订本账时，若账页未编号，则必须从第一页到最后一页进行编号，不得跳页、重页。使用活页账时，应当按照账户顺序编号，并定期装订，装订后再按照实际情况编订页码。最后，要另附上目录，记明每个账户的名称和页次。

(二) 会计账簿的登记

按照《中华人民共和国会计法》的规定，在登记账簿时，会计人员必须以审核无误的会计凭证作为依据，在填写时要遵循有关法律、法规和统一的会计制度。会计账簿登记时要按照页码顺序进行登记，要严格避免隔页、缺号、跳行的情况发生，如果发现上述情况，则必须按照国家统一的会计制度进行更正，更正后必须由相关会计人员和会计主管人员签章确认。

在进行账簿登记时，会计人员应当按照以下基本要求进行操作。

(1) 在登记账簿前，必须保证会计凭证的真实性和准确性。

(2) 登记会计账簿时，应当将会计凭证日期、编号、业务内容摘要、金额和其他有关资料逐项记入账内，做到数字准确、摘要清楚、登记及时、字迹工整。

(3) 账簿登记完毕后，要在记账凭证上签名或者盖章，并注明已经登账的符号，表示已经记账，防止重复记账。

(4) 在账簿中书写的文字和数字上面要留有适当空格，不要写满格，一般应占格距的 1/2。

(5) 登记账簿时要用蓝黑墨水或者碳素墨水书写，不得使用圆珠笔（银行的复写账簿除外）或者铅笔。

(6) 如果出现下列情况可以用红色墨水记账。

1) 按照红字冲账的记账凭证，冲销错误记录。

2) 在不设借贷等栏的多栏式账页中，登记减少数。

3) 在三栏式账户的余额栏前，如未印明余额方向的，在余额栏内登记负数余额。

4) 根据国家统一的会计制度的规定可以用红字登记的其他会计记录。

(7) 各种账簿按页次顺序连续登记，不得跳行、隔页，如果发生跳行、隔页，应当将空行、空页画线注销，或者注明"此行空白""此页空白"字样，并由记账人员和会计主管人员签名或者盖章确认。

(8) 凡需要结出余额的账户，结出余额后，应当在"借或贷"等栏内写明"借"或者"贷"等字样。没有余额的账户，应当在"借或贷"等栏内写"平"字，并在余额栏内用"0"表示。库存现金日记账和银行存款日记账必须逐日结出余额。

(9) 每一账页登记完毕结转下页时，应当结出本页合计数及余额，写在本页最后一行和下页第一行有关栏内，并在摘要栏内分别注明"过次页"和"承前页"字样；也可以将本页合计数及金额直接写在下页第一行有关栏内，并在摘要栏内注明"承前页"字样。

对需要结计本月发生额的账户，结计"过次页"的本页合计数应当为自本月月初起至本月月末止的发生额合计数；对需要结计本年累计发生额的账户，结计"过次页"的本页合计数应当为自年初起至本页末止的累计数；对既不需要结计本月发生额也不需要结计本年累计发生额的账户，可以只将每页末的余额结转次页。

需要注意的是，实行会计电算化的单位，总账和明细账应当定期打印。发生收款和付款业务时，在输入收款凭证和付款凭证的当天必须打印出库存现金日记账和银行存款日记账，并与库存现金核对无误。

（三）序时账的格式与登记

序时账也称日记账，是指按照会计交易或者事项发生的时间先后顺序，逐日、逐笔进行登记的账簿。企业设置的日记账有普通日记账和特种日记账两种。

特种日记账是为了特殊业务设置的日记账，在企业中，库存现金和银行存款两个账户是发生交易最多的账户，因此，为了提高效率，企业一般会单独设置"库存现金日记账"和"银行存款日记账"两种特种日记账。除此之外，一些企业还会单独设置"转账日记账"；有的商业企业还会设置"购货日记账"和"销货日记账"。

1. 普通日记账

普通日记账又称分录簿，是用来核算和监督全部经济业务发生和完成情况的账簿。普通日记账的账页一般只设置"借方"和"贷方"两个金额栏，登记每笔分录的借方金额和贷方金额，不结余额。因其只有两栏，这种格式也被称为"两栏式"。普通日记账是根据原始凭证逐日、逐笔进行登记的，所以事实上该种日记账就是把每笔经济业务转化为会计分录登记在日记账上，然后再过入分类账中。普通日记账的格式如表6-8所示。

表6-8 普通日记账

年		凭证号数	摘要	账户名称	记账	借方	贷方
月	日						

在登记普通日记账时，有以下几方面需要登记。

（1）日期栏：按照经济业务发生的日期先后顺序进行登记，准确标明该项经济业务发生的具体日期。

（2）凭证号数栏：准确标注每一笔记账所对应的凭证号数，便于事后查找和检验。

（3）摘要栏：简明扼要地说明该笔经济业务的内容。

（4）账户名称栏：准确列明所登记的账户名称。

(5) 借贷方金额栏：准确写明借贷方的金额。

(6) 记账栏：当会计人员把日记账的内容过账到分类账后，在此栏打"√"，表示已过账完成，避免重复过账。

使用普通日记账需要把所有的经济业务逐日逐笔记录在同一本日记账中，不便于分工记录，消耗大量的工时，因此我国企业目前很少使用。

2. 库存现金日记账

库存现金日记账简称现金日记账，是用来反映库存现金收付业务的特种日记账，一般采用订本式账簿。按照账页格式，库存现金日记账可以分为三栏式库存现金日记账和多栏式库存现金日记账。三栏式库存现金日记账主要设有"收入""付出""结余"三个金额栏，格式如表6-9所示。

表6-9 库存现金日记账（三栏式）

年		凭证编号	摘要	对方科目	收入	付出	结余
月	日						

有些企业为了更好地对库存现金进行监管，反映其收入来源和支出方向，也会采用多栏式日记账来反映库存现金。多栏式库存现金日记账将收入和支出两栏分别按照对应账户设置专栏进行登记。收入栏按照与库存现金相对应的贷方科目设置专栏，支出栏按照与库存现金对应的借方科目设置专栏，并加设收入合计和支出合计两栏。月末分别加计各栏数字，计算期末余额。多栏式库存现金日记账格式如表6-10所示。

表6-10 库存现金日记账（多栏式）

年		凭证编号	摘要	收入				支出				结余
				贷方科目				借方科目				
月	日			银行存款	主营业务收入	…	合计	其他应收款	管理费用	…	合计	

从表6-10中不难看出，多栏式库存现金日记账由于收入和支出项目很多，可能导致账页设置庞大，不便于登账，而且造成大量纸张浪费，因此一些企业将多栏式库存现金日记账分成两本，即"多栏式现金收入日记账"和"多栏式现金支出日记账"，分别记录库存现金的收入和支出。具体格式如表6-11和表6-12所示。

表6-11 多栏式现金收入日记账

年		凭证编号	摘要	贷方科目				支出合计	结余
月	日			银行存款	主营业务收入	…	收入合计		

表6-12 多栏式现金支出日记账

年		凭证编号	摘要	支出					
				借方科目					
月	日			银行存款	其他应收款	管理费用	制造费用	…	支出合计

库存现金日记账由出纳人员根据现金的收款凭证和付款凭证及其所附的原始凭证逐日逐笔序时登记。

库存现金日记账在登记时有以下规则。

（1）日期栏：登记现金实际收付的日期。

（2）凭证编号栏：登记收款凭证和付款凭证的种类和号数，如现收01、现付02、银付03等。

（3）摘要栏：简明扼要地说明该笔经济业务发生的情况。

（4）对方科目栏：登记现金收入和现金支出对应的科目名称。这里，对方科目栏反映了库存现金的实际来源和实际支出的具体方向，准确的登记便于管理者了解企业货币资金的具体流向。

（5）收入、支出栏：用来逐笔登记现金的实际收付额。在多栏式库存现金日记账里，现金收入要按照对应科目填入"贷方科目"各专栏内，同时计算收入合计；现金支出要按照对应科目填入"借方科目"各专栏内，同时计算支出合计。

（6）结余栏：登记现金结算余额。每日终了应分别计算出当天库存现金的收入和支出的合计数，并结出账面余额。逐日结出的现金余额，应与库存现金实存数进行核对，检查是否相符，做到日结日清。月末计算本月合计，即本月收入合计、支出合计和月末余额。

采用收入和支出双账簿分别记账时，登记方法如下：由出纳人员根据审核后的收、付款凭证，逐日逐笔登记现金收入和支出日记账，每日业务结束时，在支出日记账中结算出当日"支出合计"数，并将其记入收入日记账的"支出合计"栏；最后，在收入日记账中计算当日账面余额。会计人员应当对多栏式库存现金日记账的记录加强检查和监督，并负责在月末根据多栏式库存现金日记账各专栏的合计数分别登记总分类账的各有关账户。

3. 银行存款日记账

银行存款日记账的格式与库存现金日记账基本相同，既可以采用三栏式，也可以采用多栏式。还可以按照收入和支出细分成"银行存款收入日记账"和"银行存款支出日记账"。具体格式如表6-13~表6-16所示。

表6-13　银行存款日记账

年		凭证编号	摘要	对方科目	收入	支出	结余
月	日						

表6-14　银行存款日记账（多栏式）

年		凭证编号	摘要	收入				支出				结余
				应贷科目				应借科目				
月	日			银行存款	主营业务收入	…	合计	其他应收款	管理费用	…	合计	

表6-15　银行存款收入日记账

年		凭证编号	摘要	贷方科目				支出合计	结余
月	日			库存现金	主营业务收入	…	收入合计		

表6-16　银行存款支出日记账

年		凭证编号	摘要	支出					
				借方科目					
月	日			库存现金	其他应收款	管理费用	制造费用	…	支出合计

银行存款日记账的登记方法与库存现金日记账的登记方法基本相同，通常也是根据审核

无误的会计凭证逐笔登记。对于现金存入银行业务填制现金付款凭证，并据以登记。每日终了应分别计算出银行存款的收入和支出合计数，结出账面余额。每月月末应计算本月合计，并定期与银行对账单进行逐笔核对。发现账实不符时，应及时查明原因并进行处理。

在实际操作中，应当注意，当发生银行存款与现金互转的业务时，双方应同时登记，不要出现遗漏。

4. 转账日记账

在企业中，除设置库存现金日记账和银行存款日记账外，一般还会设置转账日记账，用来登记除现金和银行存款以外的其他经济业务。其格式如表6-17所示。

表6-17 转账日记账

年		凭证号数	摘要	借方		贷方	
月	日			一级科目	金额	一级科目	金额
1	1	略	销货款项未收	应收账款	35 100	主营业务收入	30 000
						应交税费	5 100
1	5	略	购货款项未付	在途物资	10 000	应付账款	11 700
				应交税费	1 700		

转账日记账是根据转账凭证逐日逐笔登记的。设置转账日记账的主要目的是将每日发生的转账业务集中反映；同时，利用转账凭证，可以检查转账凭证记账时是否有遗漏和缺失。但是转账日记账使用起来过于烦琐和复杂，因此一般企业很少使用。

（四）分类账的设置与登记

在企业中，会计账户应根据总分类账和明细分类账分别设置其账簿。

1. 总分类账簿

总分类账簿也称总分类账，是按照总分类账户分类登记其全部经济业务的账簿。在设置总分类账时，会计人员应按照国家统一的会计制度所设置的账户编码顺序设置账簿。总分类账一般是订本账，在开列账户时要留足账页。总分类账能全面反映企业的整体财务状况，并且为编制财务报告提供数据依据。所有会计主体必须设置总分类账。

（1）三栏式总分类账。三栏式总分类账一般设有借方、贷方和余额三栏，但是有时也会在此三栏外另设置对方科目来具体反映经济业务的内容。据此，三栏式分类账又可以分为"不设对方科目的三栏式总分类账"和"设置对方科目的三栏式总分类账"。

1）不设对方科目的三栏式总分类账。不设对方科目的三栏式总分类账只记录金额，不反应账户之间的对应关系，这种格式是总分类账的近似格式。具体格式如表6-18所示。

表6-18 不设对方科目的三栏式总分类账

账户名称：

年		记账凭证编号	摘要	借方	贷方	借或贷	余额
月	日						

2）设置对方科目的三栏式总分类账。设置对方科目的三栏式总分类账不仅能够反映借方、贷方的金额，而且能够反映账户间的关系。这种格式除了设置借方和贷方金额栏以外，还要设置"对方科目"栏，从而反映该笔业务所对应的另一方科目。这种格式比较适用于汇总记账凭证的会计核算模式，从而保证记账凭证与总账账户的对应关系。与不设对方科目的三栏式总分类账相比，设置对方科目的三栏式总分类账更能反映经济业务的来龙去脉，因此应用更加广泛。设置对方科目的三栏式总分类账格式如表6-19所示。

表6-19 设置对方科目的三栏式总分类账

账户名称：

年		记账凭证编号	摘要	对方科目	借方	贷方	借或贷	余额
月	日							

（2）多栏式总分类账。多栏式总分类账把所有的总账科目都设置在一张账页上，具体的做法有以下两种。

1）按照会计科目分设专栏，把所有的经济业务，根据记账凭证序时、分类直接入账。这种格式的总分类账既能起到总分类账的作用，又能起到序时账的作用，因此通常被称为日记总账。采用这种账簿可以大大减少日常记账的工作量，提高工作效率，也能够较全面地反映整个企业经济业务的来龙去脉。但是这种总账的问题也比较明显，因为它只适合于业务相对比较简单或整体业务量不大的企业，因为较多的科目数量会使得该账簿变得十分庞杂，反而会降低整体的会计工作效率。按照会计科目分设专栏的多栏式总分类账格式如表6-20所示。

表6-20 日记总账（按照会计科目分设专栏的多栏式总分类账）

年		凭证		摘要	发生额	库存现金		银行存款		应收账款		…
月	日	字	号			借方	贷方	借方	贷方	借方	贷方	…

2）按经济业务性质分设专栏，所有的经济业务都根据记账凭证定期入账。具体格式如表6-21所示。

表 6-21　按经济业务性质分设专栏的多栏式总分类账

会计科目	期初余额		借方发生额			贷方发生额			期末余额	
	借方	贷方	收款业务	付款业务	转账业务	收款业务	付款业务	转账业务	借方	贷方

2. 明细分类账

为详细反映企业内部各单位的具体情况，并为会计信息使用者提供具体的细节性信息，企业应在总账的基础上设置明细分类账。明细分类账有各种不同的账页格式，可以是订本式账簿，也可以是活页式账簿。此外，个别账簿还可以采用卡片式账簿。

明细分类账的具体格式包括以下几种。

（1）三栏式明细分类账。三栏式明细分类账是最常见的明细分类账，其格式与总分类账账页相同，即只设置借方、贷方和余额三栏。它主要适用于登记只反映金额的经济业务，如应收账款、应付账款等。其具体格式如表 6-22 所示。

表 6-22　三栏式明细分类账

会计科目：　　　　　　二级或明细科目：

年		凭证号数	摘要	借方	贷方	借或贷	余额
月	日						

（2）数量金额式明细分类账。数量金额式明细分类账重点反映的是该账户所反映对象的具体情况，尤其适用于有单价和数量参数的经济业务，如原材料、在途物资、材料采购、库存商品等。数量金额式明细分类账在借方（收入）、贷方（发出）和余额（结存）三大栏的内部再分设三小栏，即数量、单价和金额。表 6-23 以原材料明细分类账为例呈现具体的格式。

表 6-23　原材料明细账

类别：　　　　　　　　编号：
品名或规格：　　　　　存放地点：
储备定额：　　　　　　计量单位：

年		凭证号数	摘要	收入			发出			结余		
月	日			数量	单价	金额	数量	单价	金额	数量	单价	金额

(3)多栏式明细分类账。多栏式明细分类账是根据经济业务的特点与经营管理的需要,在明细分类账的借方栏或贷方栏分设若干专栏,用以反映各有关项目的具体情况的明细分类账。多栏式明细分类账适用于无须核算具体数量,且在管理上需要了解其构成内容的科目,如"制造费用""管理费用""其他应收款""营业外收入"等。

多栏式明细分类账既可以设置为借方多栏式,也可以设置为贷方多栏式,当然也有借贷方多栏式。具体设置样式如表6-24~表6-27所示。

表6-24 管理费用明细账(借方多栏式)

年		凭证号数	摘要	借方						
月	日			职工薪酬	办公费	差旅费	董事会费	咨询费	业务招待费	…	合计

表6-25 营业外收入明细账(贷方多栏式)

年		记账凭证编号	摘要	贷方							借方	余额
月	日			处置非流动资产利得	非货币性资产交换利得	债务重组利得	罚没利得	政府补助利得	…	合计		

表6-26 应交税费——应交增值税明细账(借贷方多栏式)

年		记账凭证编号	摘要	借方				贷方				余额
月	日			合计	进项税额	已交税额	…	合计	销项税额	出口退税	进项税额转出	…	

表 6-27　生产成本明细账

产品名称：

年		凭证编号	摘要	成本项目					转出（贷方）
月	日			直接材料	直接人工	其他直接费用	制造费用	合计	

（4）横线登记式明细分类账。横线登记式明细分类账实际上也是一种多栏式明细分类账，但要求将每一前后密切相关的经济业务在统一横行中登记，从而根据每一行各栏目登记是否齐全来判断该项业务的记账情况。例如，员工领取的差旅费要记入"其他应收款"账户中，但是其支取、报销、归还的业务是前后相关的，这样用横线登记式明细分类账就能更清晰地对该笔业务进行详细跟踪，从而了解具体的进展情况。在企业中，"材料采购"和"其他应收款"等账户一般采用横线登记式明细账。表 6-28 为"其他应收款明细账"样例。

表 6-28　其他应收款明细账

年		凭证号数	户名	摘要	借方（借支）	贷方（报销和收回）				备注
月	日					年		凭证号数	报销金额	收回金额	
						月	日				

三、总分类账与明细分类账的平行登记

在企业中，总分类账是明细分类账的统驭账户，而明细分类账是按照总分类账的具体内容进行设置的，能为总分类账户提供相应的具体信息，因此被称为从属账户。在总分类账中进行的核算被称为总分类核算，简称总核算；在明细分类账中进行的核算被称为明细分类核算，简称明细核算。

由于以上关系，在会计核算中，总分类账和明细分类账之间必须保证平行登记。所谓平行登记，是指对每一项经济业务，根据会计凭证，既要在总分类账又要在明细分类账上登记，保证依据相同、期间相同、方向相同、金额相等。否则，就会出现总分类账和明细分类账数据不统一的情况，出现差错。

平行登记有以下要点。

1. 依据相同

依据相同是指在经济业务发生后，总分类账和明细分类账在记账时要根据相同的会计凭证进行登记。

2. 期间相同

在对每项经济业务进行记账的过程中，会计人员填写总分类账和明细分类账的时间可能

不同，但是必须在同一会计期间内完成。会计人员不能只登记总分类账而不登记明细分类账；反之亦不可。

3. 方向一致

对于同一项经济业务在总分类账和明细分类账中进行平行登记时，一定要注意两者的借贷方向必须相同，即总分类账记借方，明细分类账记借方，反之亦然。但是对于不设置贷方栏或借方栏的多栏式明细账而言，若发生反方金额时只能用红字进行登记。

4. 金额相等

金额相等是指记入总分类账和明细分类账中的金额必须相等。

在平行记账法的原则下，总分类账和所属明细分类账之间必须存在以下数量对等关系。

（1）总分类账本期发生额与其所属各明细分类账本期发生额之和应当相等。公式如下：

$$总分类账本期发生额 = 所属各明细分类账本期发生额合计$$

（2）总分类账的期末余额与其所属各明细分类账的期末余额之和应当相等。公式如下：

$$总分类账期末余额 = 所属各明细分类账期末余额合计$$

【例6-1】 旅永公司20××年1月初，"原材料"和"应付账款"账户余额分别为222 000和384 000，其有关明细分类账账面余额如表6-29和表6-30所示。

表6-29　"原材料"账户账面余额

材料名称	计量单位	数量	单价/（元/kg）	金额/元
A材料	kg	1 500	100	150 000
B材料	kg	1 200	60	72 000
合　计				222 000

表6-30　"应付账款"账户账面余额　　　　　　　　　　（单位：元）

债权人名称	应付账款余额
刘园公司	128 000
双林公司	256 000
合　计	384 000

20××年1月，发生了以下事项。

（1）1月3日，旅永公司向刘园公司购买A材料600kg，单价100元/kg，货物已验收入库，货款以银行存款支付（不考虑增值税）。会计分录为：

借：原材料——A材料　　　　　　　　　　　　　　　　　　　　　　60 000
　　贷：银行存款　　　　　　　　　　　　　　　　　　　　　　　　　　60 000

（2）1月9日，旅永公司向双林公司购买B材料500kg，单价60元/kg，货物已验收入库，货款以银行存款支付（不考虑增值税）。会计分录为：

借：原材料——B材料　　　　　　　　　　　　　　　　　　　　　　30 000
　　贷：银行存款　　　　　　　　　　　　　　　　　　　　　　　　　　30 000

（3）1月10日，旅永公司生产领用原材料，其中领取A材料1 600kg，单价100元/kg，共计160 000元；领取B材料1 300kg，单价60元，共计78 000元。会计分录为：

借：生产成本　　　　　　　　　　　　　　　　　　　　　　　　　238 000

贷：原材料——A 材料　　　　　　　　　　　　　　　　　　　160 000
　　　　　　　　——B 材料　　　　　　　　　　　　　　　　　　 78 000
（4）1 月 15 日，旅永公司向刘园公司购买 A 材料 500kg，单价 100 元/kg，货物已验收入库，货款未付（不考虑增值税）。会计分录为：
　　借：原材料——A 材料　　　　　　　　　　　　　　　　　　　 50 000
　　　贷：应付账款——刘园公司　　　　　　　　　　　　　　　　　50 000
（5）1 月 19 日，旅永公司向双林公司购买 B 材料 700kg，单价 60 元/kg，货物已验收入库，货款未付（不考虑增值税）。会计分录为：
　　借：原材料——B 材料　　　　　　　　　　　　　　　　　　　 42 000
　　　贷：应付账款——双林公司　　　　　　　　　　　　　　　　　42 000
（6）1 月 25 日，旅永公司用银行存款向刘园公司归还欠款 100 000 元，向双林公司归还欠款 200 000 元。会计分录为：
　　借：应付账款——刘园公司　　　　　　　　　　　　　　　　　100 000
　　　　　　　　——双林公司　　　　　　　　　　　　　　　　　200 000
　　　贷：银行存款　　　　　　　　　　　　　　　　　　　　　　300 000

根据以上会计分录，登记总账及明细账如表 6-31 ~ 表 6-38 所示。

表 6-31　总分类账　　　　　　　　　　　　　　　　　　　本户页数：1

账户名称：原材料　　　　　　　　　　　　　　　　　　　　（单位：元）

20××年		凭证编号	摘　要	借　方	贷　方	借或贷	余　额
月	日						
1	1		期初余额			借	222 000
	3	1	购入	60 000		借	282 000
	9	2	购入	30 000		借	312 000
	10	3	生产领用		238 000	借	74 000
	15	4	购入	50 000		借	124 000
	19	5	购入	42 000		借	166 000
1	31		本月合计	182 000	238 000	借	166 000

表 6-32　原材料明细分类账户

类别：　　　　　　　　　　　　　　　　　　　编号：
品名或规格：A 材料　　　　　　　　　　　　　存放地点：
储备定额：　　　　　　　　　　　　　　　　　计量单位：kg
　　　　　　　　　　　　　　　　　　　　　　金额单位：元

20××年		凭证号数	摘要	收　入			发　出			结　余		
月	日			数量	单价	金额	数量	单价	金额	数量	单价	金额
1	1		期初余额							1 500	100	150 000
	3	1	购入	600	100	60 000				2 100	100	210 000
	10	3	生产领用				1 600	100	160 000	500	100	50 000
	15	4	购入	500	100	50 000				1 000	100	100 000
1	31		本月合计	1 100	100	110 000	1 600	100	160 000	1 000	100	100 000

表6-33 原材料明细分类账户

类别：　　　　　　　　　　　　　　　　　编号：
品名或规格：B材料　　　　　　　　　　　存放地点：
储备定额：　　　　　　　　　　　　　　　计量单位：kg
　　　　　　　　　　　　　　　　　　　　金额单位：元

20××年		凭证号数	摘要	收入			发出			结余		
月	日			数量	单价	金额	数量	单价	金额	数量	单价	金额
1	1		期初余额							1 200	60	72 000
	9	2	购入	500	60	30 000				1 700	60	102 000
	10	3	生产领用				1 300	60	78 000	400	60	24 000
	19	5	购入	700	60	42 000				1 100	60	66 000
1	31		本月合计	1 200	60	72 000	1 300	60	78 000	1 100	60	66 000

表6-34 总分类账

　　　　　　　　　　　　　　　　　　　　　　　　　　　　本户页数：1
账户名称：应付账款　　　　　　　　　　　　　　　　　　（单位：元）

20××年		凭证编号	摘要	借方	贷方	借或贷	余额
月	日						
1	1		期初余额			贷	384 000
	15	4	购料欠款		50 000	贷	434 000
	19	5	购料欠款		42 000	贷	476 000
	25	6	偿还欠款	300 000		贷	176 000
1	31		本月合计	300 000	92 000	贷	176 000

表6-35 应付账款明细分类账户

账户名称：刘园公司　　　　　　　　　　　　　　　　　　（单位：元）

20××年		凭证编号	摘要	借方	贷方	借或贷	余额
月	日						
1	1		期初余额			贷	128 000
	15	4	购料欠款		50 000	贷	178 000
	25	6	偿还欠款	100 000		贷	78 000
1	31		本月合计	100 000	50 000	贷	78 000

表6-36 应付账款明细分类账户

账户名称：双林公司　　　　　　　　　　　　　　　　　　（单位：元）

20××年		凭证编号	摘要	借方	贷方	借或贷	余额
月	日						
1	1		期初余额			贷	256 000
	19	5	购料欠款		42 000	贷	298 000
	25	6	偿还欠款	200 000		贷	98 000
1	31		本月合计	200 000	42 000	贷	98 000

表 6-37　银行存款日记账　　　　　　　　　　　　　　　　　　（单位：元）

年		凭证编号	支票编号	摘　要	对方科目	收　入	付　出	结　余
月	日							
1	1			期初余额				500 000
	3	1	1	购料	原材料		60 000	440 000
	9	2	2	购料	原材料		30 000	410 000
	25	6	3	偿还欠款	应付账款		300 000	110 000
1	31			合计			390 000	110 000

表 6-38　总账与明细账登记结果对照表　　　　　　　　　　　　（单位：元）

总账账户	明细账户	期初余额	借方发生额	贷方发生额	期末余额
原材料	A 材料	150 000	110 000	160 000	100 000
	B 材料	72 000	72 000	78 000	66 000
	合计	222 000	182 000	238 000	166 000
应付账款	刘园公司	128 000	100 000	50 000	78 000
	双林公司	256 000	200 000	42 000	98 000
	合计	384 000	300 000	92 000	176 000

第三节　结账和对账

在某会计期间（月末、季末、年末）的末尾，会计人员都要对该会计期间的经营成果和经济活动的变化情况进行总结，从而满足编制财务报告、确保会计记录正确性和向会计信息使用者提供决策依据的需要，因此会计人员必须在会计期末进行结账和对账。

一、结账

结账是在会计期末对所有的账簿进行汇总和结转，即在把一定会计期间的经济业务全部登账后，按照规定的方法结出每个账户的本期发生额合计和期末余额，并将期末余额结转至下期或下年的过程。在会计期末，会计人员要及时结账，既不能过早结账导致数据不全，也不能推迟到下期结账，导致下期经济业务不能及时入账。通过结账，可以分清上下期的会计记录，结出本期损益，从而也能为编制财务报告打好基础。

1. 结账的程序

（1）在结账前，要保证所有的本期经济业务都准确无误地进行了记录。

（2）按照权责发生制的要求进行账项调整。账项调整是指将应计入本期的收入和费用全部登记入账。具体包括以下几个方面。

1）应计费用的调整。应计费用是指按照权责发生制的要求在本期发生，但是款项仍未支付，因而没有登记入账的费用。例如，本期应付金融机构的长期或短期借款利息、各种应计但未付的税金、未支付的房屋租金等。应计费用的账项调整账户一般包括"管理费用""财务费用""税金及附加"等账户。

【例 6-2】　1 月初，旅永公司向同悦公司经营租赁一台机器设备，在签订租赁合同时双方商定该设备的租金每三个月付一次，即于3月末才需要支付前三个月的租金，共90 000元。1月末，公司应计费用的账项调整如下：

  借：管理费用   30 000
    贷：其他应付款——机器设备租赁   30 000

  2）费用分摊的调整。费用分摊是指企业已经支付了相关款项，但是该款项会使企业在未来若干期受益，因此该项支出也应在未来若干期进行分摊。

【例6-3】 1月初，旅永公司支付全年保险费用12 000元。

  在支付保险费用时：

  借：长期待摊费用——保险费   12 000
    贷：银行存款   12 000

  在各个月末：

  借：管理费用   1 000
    贷：长期待摊费用   1 000

  3）应计收入的调整。应计收入是指按照权责发生制的要求在本期发生，但是由于不符合收入确认原则，而没有确认入账的收入。到了期末结账时，如果符合收入确认原则了，则应调整确认为收入，并登记入账。例如，分期收款销售商品、本期应收金融机构存款利息收入、预收收入及其他应计收入的调整等。

【例6-4】 1月，旅永公司按照购销合同，采取分期收款方式向安溪公司销售商品一批，价格为400 000元，该批商品的成本为320 000元。由于发出商品时不符合收入确认原则，所以在发出商品时不能确认收入，待款项收到时，再调整确认收入。

  借：发出商品   320 000
    贷：库存商品   320 000

在合同约定的收款日期，按收款金额再确认收入。假设分两期收款，第一期收款时：

  借：银行存款   234 000
    贷：主营业务收入   200 000
      应交税费——应交增值税（销项税额）   34 000

  4）收入分摊的调整。收入分摊是指企业已经收取了相关款项，但是该款项会使企业在未来若干期向其他企业提供产品或劳务，因此该项收入也应在未来若干期进行分摊。

【例6-5】 1月，旅永公司将暂时不用的设备租赁给红秀公司使用，使用年限1年，租金600 000元，已收到全年的租金。

  收到全年租金时：

  借：银行存款   600 000
    贷：预收账款   600 000

  在各个月末：

  借：预收账款   50 000
    贷：其他业务收入   50 000

（3）其他在期末需进行转账的业务，主要包括把所有的损益类账户清空。

在会计期末，企业如有大量业务没有原始凭证，就要根据已完成的账簿记录编制会计凭证，再据以进一步登记账簿。在期末，主要有分配结转制造费用、结转完工产品的成本、结转已销售产品的成本、将本期收入和费用转入"本年利润"账户、计算本期所得税并结转入"本年利润"账户、计算本期利润后进行利润分配等业务。在期末结账时,要对这些业务进行核算,并入账。

(4) 结算出资产、负债和所有者权益的本期发生额和期末余额,结转下期。

2. 结账的方法

结账按照时间长短可以分为月结、季节和年结等,每个期间的结账方法都不相同。

(1) 不需要进行月结的账簿。在会计记账中,有部分账簿是不需要进行月结的,如应收应付明细账、部分资产的明细分类账等。对于这些账簿,每次记账后都会随时结出余额,每月最后一笔余额即为月末余额。月末结账时,只需要在最后一笔经济业务之后通栏划单红线即可,不需要进行其他结账操作。

(2) 需要月结的账簿。对于库存现金、银行存款的日记账,以及收入、费用的明细账等,在每月结账时,会计人员须在最后一笔业务后划单红线,结出本月发生额及余额,在摘要栏注明"本月合计"字样,在下面再通栏划单红线。

(3) 需要年结的账簿。对于某些明细账簿,会计人员需要计算本年累计的发生额。这时,应在"本月合计"行下结出本年自年初起到该月末的累计发生额,将其登记在当月发生额下面,在摘要栏注明"本年累计"字样,并在下方通栏划单红线。12月月末的"本年累计"表示的是全年的发生额,要在其下方通栏划双红线,表示全年业务已完成。

(4) 总账账簿。总账账簿只需每月结出余额。年末结账时,要将总账全年发生额和年末余额计算出来,并在摘要栏内注明"本年累计"字样,并在其下方划双红线。

二、对账

对账即核对账目,是指将经济业务入账后,对会计账簿的记录进行检查和核对的过程。对账主要包括账证核对、账账核对和账实核对三个方面。

在会计核算工作中,会计人员难免会发生一些账簿记录的差错,从而导致会计信息的错误,进而出现账实不符的情况。为了确保核算资料的正确性,会计核算人员在一定的时期(每天或按月),应对各种账簿的记录进行核对。日常核对是指登记会计账簿时随时进行的核对。定期核对一般是指在月末、季末、年末的结账工作之前对会计账簿记录的各种数据进行的核对。做到账证相符、账账相符,账实相符。对账工作每年至少进行一次。

1. 账证核对

账证核对是指将各种会计账簿,如总分类账、明细分类账以及现金和银行存款日记账与原始凭证和会计凭证进行的核对。核对会计账簿记录与原始凭证、记账凭证的时间、凭证字号、内容、金额是否一致,记账方向是否相符。账证核对应当在日常进行,每日末会计人员都应当将当天的账证进行核对。在月末结账时,如果出现账证不符或账实不符的情况,应进行账簿记录与会计凭证的核对,以确保账证相符。

2. 账账核对

账账核对即核对不同会计账簿的记录是否相符,既包括总分类账与明细分类账的账账核对,也包括总分类账与日记账的账账核对。

(1) 总分类账记录的核对。总分类账中全部账户的借方余额合计应与贷方余额合计核对相符。

(2) 总分类账与明细分类账的核对。总分类账中各账户的余额应与其所属明细账户的余额之和核对相符。

（3）总分类账与日记账的核对。总分类账中"库存现金""银行存款"账户的余额分别与库存现金日记账、银行存款日记账的余额核对相符。

（4）会计部门的财产物资明细分类账与财产物资保管和使用部门的有关明细分类账核对。双方有关明细分类账的余额应核对相符。

账账核对的方法有总分类账试算平衡表、总分类账与其所属明细账余额明细表等。

3. 账实核对

账实核对即核对会计账簿记录与各种财产物资的实存数是否相符。具体包括：

（1）库存现金日记账的账面余额与现金的实际库存数核对。

（2）银行存款日记账与银行对账单核对。

（3）各种财产物资明细分类账的余额与各种财产物资的实存数额核对。

（4）各种应收、应付明细分类账的余额与有关债务、债权单位的账面记录核对。

在实际工作中，账实核对是通过财产清查工作来进行的。

第四节　错账的查找和更正

在会计工作过程中，由于疏忽或其他原因很可能出现各种错漏，如少记、多记、漏记等。根据会计账簿的保存要求，会计账簿不允许涂改、挖补、刮擦或使用药剂进行字迹的消除。因此，会计人员应根据要求针对不同的错误情况进行相应的更正。

一、错账的查找

在记账过程中，有很多可能出现的记账差错，如重复记账、漏记、数字颠倒、数字错位、数字错误、科目错误、借贷方向反向等。这些错误产生后都会有特定的数字特征产生，会计人员可以根据这些特征寻找错误的蛛丝马迹。一般而言，错账的查找主要以试算平衡表为基础进行。

1. 差数法

差数法是指按照错账的差数查找错账的方法。这种方法一般适用于寻找借贷一方漏记的情况。例如，在记账过程中，会计人员只登记了借方金额或贷方金额，漏记了另一方，从而导致试算平衡表中借方金额合计与贷方金额合计不相等。对于这样的差错，运用差数法，会计人员将借贷方的差数与相关金额的记录进行核对，最终可以找到错账。

2. 尾数法

尾数法是指对于发生错误的尾数即角和分进行核查的方法。找到差错的角、分对应点，能够提高查找错账的效率。

3. 除2法

除2法是指以错账的差数除以2来查找错账的方法。除2法比较适用于某个账户的借方金额被记入了贷方，进而导致重复记录了贷方金额而没有登记借方金额的情况。此时，试算平衡后的差数除以2恰好是错记的数字，会计人员可以根据这个数字找到错账的源头。

4. 除9法

除9法是指以错账的差数除以9来查找错账的方法。它适用于以下三种情况。

（1）将数字写少了一位，导致数字变小。例如，会计人员在记账时误将 1 000 元写成 100 元，这时 1 000 减去 100 是 900，正好是 9 的倍数（其他数字也一样，如将 4 000 写成 400，差额是 3 600，也是 9 的倍数）。查找方法是，将错账的差数除以 9，得出的商即为错误的数字，然后找到该数字，将数字乘以 10 即为正确的数字。在本例中，差数 900（1 000 - 100）除以 9，得出的商 100 即为出错的数字，将该数字乘以 10（得 1 000），即为正确的数字。

（2）将数字多写了一位，导致数字变大。例如，会计人员在记账时误将 100 元写成了 1 000 元，这时 1 000 - 100 也等于 900，正好是 9 的倍数（其他情况同上）。查找方法是，将错账的差数除以 9，即为正确的数字，将其商乘以 10 即为错误的数字。在本例中，900（1 000 - 100）除以 9（得 100）即为正确数字，得出的商 100 乘以 10（得 1 000）即为错误的数字。

（3）邻数颠倒。邻数颠倒也可以用除 9 法解决，因为邻数颠倒后其差数依然是 9 的倍数。例如，会计人员误将 94 写成了 49，其差数 45（94 - 49）也恰好是 9 的倍数。颠倒后，差数最小是 9 的 1 倍，最大是 9 的 8 倍。查找错误的方法是将错账的差数除以 9 后的商连续加 11，直到找到颠倒的数字位置。例如，误将 94 写成了 49，两者差数是 45，会计人员可以用 45 除以 9，得到 5；然后用 5 连续加 11，得到 16、27、38、49、60、71、82、93 等，其中 49 恰好在其中。会计人员发现 49 这个数字时，49 可能就是被写颠倒的数字。

表 6-39　邻位数字颠倒速查表

颠倒差数除以 9 的商	1	2	3	4	5	6	7	8
颠倒的原数字	12	21	13	31	14	41	15	51	16	61	17	71	18	81	19	91
	23	32	24	42	25	52	26	62	27	72	28	82	29	92		
	34	43	35	53	36	63	37	73	38	83	39	93				
	45	54	46	64	47	74	48	84	49	94						
	56	65	57	75	58	85	59	95								
	67	76	68	86	69	96										
	78	87	79	97												
	89	98														

二、错账的更正方法

当发现会计记账错误时，会计人员必须按照国家统一的会计制度规定的方法对其进行修改。由于会计错误的原因和结果不同，所以使用的错账更正方法也不尽相同。

（一）划线更正法

在记账过程中，会计人员可能由于登记账簿时的失误而导致登入账簿的数字或文字有误，但是凭证无误，这时会计人员可以使用划线更正的方法对该错误进行更正。在更正时，会计人员应当在错误的文字或数字上画红线表示注销，但注销后必须保持原字可以辨认，然后再在线的上方用蓝字或黑字填写正确的文字或数字，并由记账人员和会计主管人员签章确认。在具体操作中，会计人员应注意，对于错误的文字可以只将错误的部分划去，例如，在摘要中填写了"代购原材料"，但事实上应当是"购买原材料"，可以只将"代购"两个字用红线划去，然后再在上面用蓝字或黑字更改为"购买"，之后由记账人员和会计主管人员分别签章确认。但是，如果是数字错误就不能只将错误部分划去了，必须将整个数字划去，然后再行修改。例如,在登账时,会计人员误将"35 871.24"写成了"35 781.24",会计人员不能只将"87"两个字划去,再在上面进行修改;正确的操作方法是用红线将"35 871.24"全部划去,然后再在上面用黑字或蓝字更正为"35 781.24",再由记账人员和会计主管人员签章确认。

(二)红字更正法

如果会计人员查错时发现不仅账簿中的登记发生了错误,而且相对应的记账凭证也填写错误,则需使用红字更正法进行更正。

使用红字更正法可能有以下两种情况。

1. 凭证中会计科目错误

若在检查中发现会计记账凭证中的会计科目有错误,则必须使用红字更正法。

(1)使用红字填写一张与原凭证一模一样的凭证,以示注销。操作时应注意,在记账凭证上应有"注销某月某日某号凭证"字样。

(2)根据红字凭证进行登账。

(3)使用蓝字或黑字重新填写正确的记账凭证。操作时应注意,在记账凭证上应有"订正某月某日某号凭证"字样。

(4)根据正确的凭证进行登账。

【例6-6】 旅永公司20××年4月末结账前发现一笔错账,在该月10日公司用预付账款预购了一批原材料,价格10 000元(凭证号为银付字第26号)。当时的会计分录误记为:

借:应付账款　　　　　　　　　　　　　　　　　　　　10 000
　　贷:银行存款　　　　　　　　　　　　　　　　　　　　　　　10 000

该笔错账的错误特征为使用了错误的账户。本应借记"预付账款",会计人员误写成了"应付账款"。该笔错账的更正方法如下:

(1)使用红字填写一张与原凭证一模一样的凭证,以示注销。

借:应付账款　　　　　　　　　　　　　　　　　　　　|10 000|
　　贷:银行存款　　　　　　　　　　　　　　　　　　　　　　　|10 000|

(在摘要栏要注明:注销20××年4月10日银行存款付款凭证:银付字第26号。)

(2)根据红字凭证进行登账。

(3)使用蓝字或黑字重新填写正确的记账凭证。

借:预付账款　　　　　　　　　　　　　　　　　　　　10 000
　　贷:银行存款　　　　　　　　　　　　　　　　　　　　　　　10 000

(在摘要栏要注明:订正20××年4月10日银行存款付款凭证:银付字第26号。)

(4)根据正确的凭证进行登账。

2. 凭证中数字多记

在结账前,会计人员若发现原始凭证无误,记账凭证上的科目、方向也没有问题,但是记账金额大于原始凭证上的金额,此时也可以使用红字更正法进行改正。

(1)将多记金额用红字编制一张更正凭证,与原凭证科目一致、方向相同,并在摘要栏注明"注销某月某日某号凭证多记金额"字样,冲销多记金额,并据以入账。

(2)将该红字凭证登记入账,完成冲销。

【例6-7】 旅永公司20××年4月末结账前发现一笔错账,在该月20日发生了一笔管理费用8 329.14元,银付字第79号。当时的会计分录误记为:

借:管理费用　　　　　　　　　　　　　　　　　　　　8 392.14
　　贷:银行存款　　　　　　　　　　　　　　　　　　　　8 392.14

发现错账后,会计人员应按照以下步骤处理。

(1)使用红字填写一张与原凭证科目相同、方向相同的凭证,但金额为错账金额,以示注销。本例中,8 392.14 – 8 329.14 = 63(元)

借:管理费用　　　　　　　　　　　　　　　　　　　　　63
　　贷:银行存款　　　　　　　　　　　　　　　　　　　　　63

(在摘要栏要注明:冲销20××年4月20日银行存款付款凭证多计金额:银付字第79号。)

(2)根据该红字凭证登记账簿。

(三) 补充登记法

在结账前,会计人员若发现原始凭证无误,记账凭证上的科目、方向也没有问题,但是记账金额小于原始凭证上的金额,此时应使用补充登记法进行改正。

(1)将少记金额用蓝字或黑字编制一张更正凭证,与原凭证科目一致、方向相同,并在摘要栏注明"补记某月某日某号凭证少记金额"字样,补足少记金额,并据以入账。

(2)将该凭证登记入账。

【例6-8】 旅永公司20××年4月末结账前发现一笔错账,在该月25日发生了一笔员工借款业务,金额为5 200元,现付字第66号。当时的会计分录误记为:

借:其他应收款　　　　　　　　　　　　　　　　　　　2 500
　　贷:库存现金　　　　　　　　　　　　　　　　　　　　2 500

发现错账后,会计人员应按照以下步骤处理。

(1)使用蓝字或黑字填写一张与原凭证科目相同、方向相同的凭证,但金额为错账金额,以示补足。本例中,5 200 – 2 500 = 2 700(元)

借:其他应收款　　　　　　　　　　　　　　　　　　　2 700
　　贷:库存现金　　　　　　　　　　　　　　　　　　　　2 700

(在摘要栏要注明:补记20××年4月25日现金付款凭证少计金额:现付字第66号。)

(2)根据该凭证登记账簿。

第五节　会计账簿的更换和保管

一、会计账簿的更换

在企业会计中,为了保证会计账簿资料的完整性和连续性,一般会在一个会计年度结束、新的会计年度开始时要进行账簿的更换,并将上一年度的账簿进行统一保管。

一般而言,总分类账、库存现金日记账、银行存款日记账和多数明细账需要每年更换一次。但是,某些财产物资、债权债务等的明细账,由于更换起来十分烦琐,工作量太大,一般可以跨年度使用和更换。但是对于这些不需每年更换的账簿,每年年末要在"摘要"栏内加盖"结转下年"的戳记，以划分上下年度之间的金额。

对于需要年度更换的账簿，在年度终了，会计人员应当在各账户账页的最后一行的"摘要"栏内加盖"结转下年"的戳记，在下面的空白处划一条斜红线以示注销，表示该账簿已完结。之后，在下一会计年度新建账簿的第一行填写结转过来的余额，并在"摘要"栏内加盖"上年结转"的戳记。

二、会计账簿的保管

会计账簿、会计凭证和财务报表等都是企业重要的历史资料，每个企业都应当按照国家的相关规定，做好账簿的保管工作。

会计账簿的保管要合理分类、妥善保管。

（1）企业要设置专门的职位对账簿进行保管，做到专人负责、详细登记、出入有序。

（2）在新年度开始时要对刚刚替换下的所有账簿进行合理分类和整理。

（3）之后，要对所有的明细账进行详细的编号处理，前面加上封面和扉页，并按照正常的处理方式在扉页上填写账簿启用及人员一览表、账户目录等必要的内容，然后装订成册。

（4）将各种订本账和明细账一并整理立卷，并编制目录，最后进行归档保管，严防遗失或损坏。

按照我国《会计档案管理办法》的规定，总账、明细账、日记账要保留30年，固定资产卡片在固定资产报废清理后保管5年，一些涉及涉外事务和其他重要的会计账簿应永久保存。保管期满后，应按规定的审批程序报经批准后才能销毁，不得任意销毁。

会计档案移交清册要保留30年，会计档案保管清册、会计档案销毁清册、会计档案鉴定意见书要永久保存。

思 考 题

1. 什么是会计账簿？设置账簿有什么意义？
2. 设置会计账簿的原则是什么？
3. 会计账簿按用途分为哪几类？各是什么？
4. 试述库存现金日记账与银行存款日记账的内容和登记方法。
5. 试述总分类账户的格式。
6. 明细分类账有哪几种格式？它们应该怎样登记？
7. 试述总账和明细账的平行登记。
8. 更正错账的方法有哪几种？各种更正方法的特点和适用条件是什么？
9. 什么是对账？对账工作包括哪些内容？
10. 什么是结账？结账工作包括哪些内容？

练 习 题

一、单项选择题

1. 若记账凭证正确，记账时将10 000元误记为1 000元，则更正时应采用（　　）。

　A. 红字更正法　　　　　B. 补充登记法　　　　　C. 红蓝字法　　　　　D. 划线更正法

2. "制造费用"明细账的格式一般是（　　）。

A. 三栏式　　　　　B. 多栏式　　　　　C. 数量金额式　　　D. 平行式

3. 库存现金日记账由（　　）登记。

A. 财务主管　　　　B. 会计人员　　　　C. 出纳人员　　　　D. 经办人员

4. 固定资产明细账一般采用（　　）账簿。

A. 订本式　　　　　B. 活页式　　　　　C. 横线　　　　　　D. 卡片式

5. 在结账以前，编制的记账凭证没有错误，而发现账簿记录中的文字或数字有笔误或计算错误，应用（　　）更正。

A. 划线更正法　　　B. 红字更正法　　　C. 补充登记法　　　D. 上述都可以

6. （　　）只能在结账、划线、改错和冲账时使用。

A. 铅笔　　　　　　B. 圆珠笔　　　　　C. 蓝黑墨水笔　　　D. 红色墨水笔

7. 会计科目是（　　）。

A. 会计账户的名称　B. 财务报表的名称　C. 会计要素的名称　D. 会计账簿的名称

8. （　　）是在启用前就已编有顺序号的若干账页固定装订成册的账簿。

A. 总账　　　　　　B. 明细账　　　　　C. 订本账　　　　　D. 活页账

9. 总账、库存现金日记账和银行存款日记账应采用（　　）。

A. 活页账　　　　　B. 订本账　　　　　C. 卡片账　　　　　D. 以上均可

10. 库存现金日记账和银行存款日记账由（　　）登记。

A. 财务负责人　　　B. 经办人员　　　　C. 总账会计　　　　D. 出纳人员

11. 库存现金日记账和银行存款日记账的登记方法是（　　）。

A. 逐日汇总登记　　　　　　　　　　　B. 定期逐笔序时登记
C. 逐日逐笔分类登记　　　　　　　　　D. 逐日逐笔序时登记

12. 库存现金日记账和银行存款日记账的登记依据是（　　）。

A. 审核无误的收、付款原始凭证　　　　B. 审核无误的收、付款记账凭证
C. 审核无误的所有原始凭证　　　　　　D. 审核无误的所有记账凭证

13. 库存现金日记账中，"凭证字号"栏不可能出现（　　）。

A. 现收××　　　　B. 现付××　　　　C. 银收××　　　　D. 银付××

14. （　　）明细账的基本结构为"借方""贷方""余额"三栏。

A. 三栏式　　　　　B. 多栏式　　　　　C. 数量金额式　　　D. 横线登记式

15. （　　）明细账的基本结构为"收入""发出""结存"三栏，每栏设"数量""单价""金额"三栏。

A. 三栏式　　　　　B. 多栏式　　　　　C. 数量金额式　　　D. 横线登记式

16. （　　）明细账应根据经济业务的内容和经营管理的需要，在"借方"或"贷方"分别按明细项目设若干专栏。

A. 三栏式　　　　　B. 多栏式　　　　　C. 数量金额式　　　D. 横线登记式

17. （　　）采用数量金额式明细账。

A. 应收账款明细账　　　　　　　　　　B. 营业外收入明细账
C. 管理费用明细账　　　　　　　　　　D. 库存商品明细账

18. （　　）采用数量金额式明细账。

A. 本年利润明细账　　　　　　　　　　B. 短期借款明细账
C. 其他应收款明细账　　　　　　　　　D. 原材料明细账

19. （　　）为编制财务报表提供依据。

A. 填制和审核原始凭证　　　　　　　　B. 编制记账凭证
C. 设置和登记账簿　　　　　　　　　　D. 编制会计分录

20. 明细账的登记方法是（　　）。
   A. 只能逐笔登记　　　　　　　　　　　B. 只能定期汇总登记
   C. 一般是逐笔登记，也可以定期汇总登记　D. 以上都不对
21. 账簿按（　　）分为序时账、分类账和备查账。
   A. 用途　　　　B. 经济内容　　　　C. 外表形式　　　　D. 会计要素
22. 总账一般采用（　　）。
   A. "收入""支付""结余"三栏式账页
   B. "借方""贷方""余额"三栏式账页
   C. 多栏式账页
   D. 横线登记式账页
23. 一般情况下，在登账时，须用（　　）书写。
   A. 蓝黑墨水笔　　B. 圆珠笔　　　　C. 铅笔　　　　D. 红色墨水笔
24. （　　）不属于企业结账之前的对账工作。
   A. 账证核对　　B. 账账核对　　　C. 账实核对　　D. 账表核对
25. 账簿按（　　）不同，可以分为订本账、活页账和卡片账。
   A. 用途　　　　　　　　　　　　　　　B. 外表形式
   C. 提供核算指标的详细程度　　　　　　D. 经济内容
26. 没有余额的账户，应在"借方"或"贷方"栏内（　　）。
   A. 注明没有余额
   B. 注明没有余额，并在余额栏内用"0"表示
   C. 注明"平"字
   D. 注明"平"字，并在余额栏内用"0"表示
27. （　　）是按照经济业务发生先后顺序，逐日逐笔登记经济业务的账簿。
   A. 序时账　　　B. 分类账　　　　C. 明细账　　　　D. 备查账
28. 期末根据账簿记录，计算并记录账户的本期发生额和期末余额，在会计上称为（　　）。
   A. 对账　　　　B. 结账　　　　　C. 调账　　　　　D. 查账
29. 在结账前，若发现记账凭证所记金额小于应记金额，并已过账，应用（　　）更正。
   A. 划线更正法　B. 补充登记法　　C. 红字更正法　　D. 平行登记法
30. 用补充登记法更正错账时，（　　）。
   A. 应用红字按少记金额填制一张补记凭证
   B. 应用蓝字按少记金额填制一张补记凭证
   C. 应用红字按应记金额填制一张补记凭证
   D. 应用蓝字按应记金额填制一张补记凭证
31. 在结账前，若发现记账凭证中所记金额大于应记金额，而应借应贷科目没有错误，并已过账，应用（　　）更正。
   A. 补充登记法　B. 红字更正法　　C. 划线更正法　　D. 以上方法均可
32. "应交税费—应交增值税"明细账应该采用（　　）。
   A. 借方多栏式　B. 贷方多栏式　　C. 借方贷方多栏式　D. 三栏式

二、多项选择题
1. 在会计实务中，红色墨水可用于（　　）。
   A. 填制原始凭证　B. 补充登记　C. 更正错账　D. 冲账　E. 划线
2. 库存现金日记账的登记依据有（　　）。
   A. 现金收款凭证　　　　B. 现金付款凭证　　　　C. 银行存款付款凭证
   D. 银行存款收款凭证　　E. 转账凭证
3. 采用数量金额式明细账的有（　　）明细账。

A. 实收资本　　B. 原材料　　C. 库存商品　　D. 应付账款　　E. 银行存款

4. 账簿的登记规则包括（　　）。
A. 以审核无误的记账凭证为依据　　B. 必须逐页逐行按顺序连续登记
C. 必须逐页结转　　D. 必须及时结出余额　　E. 必须用黑色碳素笔填写

5. 对账包括（　　）。
A. 账证核对　　B. 账账核对　　C. 证证核对　　D. 账实核对　　E. 账人核对

6. 不采用卡片式明细账的有（　　）。
A. 材料采购明细账　　B. 其他应收款明细账
C. 固定资产明细账　　D. 销售费用明细账　　E. 银行存款日记账

7. 会计账簿应具备的基本要素有（　　）。
A. 封面　　B. 扉页　　C. 账页　　D. 封底　　E. 出版社

8. 企业从银行提取现金 500 元，该业务应登记到（　　）。
A. 库存现金日记账　　B. 银行存款日记账　　C. 总分类账
D. 固定资产明细账　　E. 应收账款明细账

9. 库存现金日记账和银行存款日记账（　　）。
A. 一般采用订本式账簿和三栏式账页　　B. 由出纳人员登记
C. 根据审核后的收、付款记账凭证登记　　D. 逐日逐笔序时登记
E. 属于总账

10. 账账核对包括（　　）。
A. 总账与日记账的核对　　B. 总账与明细账的核对　　C. 会计账与保管账的核对
D. 总分类账记录的核对
E. 各种应收、应付账款明细账与有关债权、债务单位的账目核对

11. 登账要求（　　）。
A. 书写的文字、数字上面要留适当的空距，一般应占格的 1/2
B. 可用蓝黑钢笔　　C. 不得用铅笔
D. 要按页码顺序登记，不得跳行、隔页　　E. 必要时可以按照规定使用红色钢笔

12. 总账与其所属明细账之间的登记，应该做到（　　）。
A. 登记的期间相同　　B. 登记的方向一致　　C. 登记的金额相等
D. 登记的人员相同　　E. 登记的依据相同

三、判断题

1. 所有账户都是根据会计科目开设的，包括总账账户和明细账户。　　（　　）
2. 会计账簿和会计凭证记录经济业务的方式不同。　　（　　）
3. 总账和日记账必须采用订本式账页。　　（　　）
4. 如果账簿记录发生错误，可以视情况选用涂改工具涂改。　　（　　）
5. 在会计年度中间变更会计人员，可以不办理账簿移交手续。　　（　　）
6. 年度结账时，应在"本年累计"下面划通栏单红线，表示封账。　　（　　）
7. 平行登记的结果，使总账和所属明细账之间形成相互核对的数量关系。　　（　　）
8. 会计账簿与会计凭证提供的会计资料一样，都是分类、序时、全面、连续的。　　（　　）
9. 会计账簿和会计凭证记录经济业务的方式不同。　　（　　）
10. 库存现金日记账应采用订本账。　　（　　）
11. 每日经济业务登记完毕，应结计库存现金日记账的当日余款，并以账面余额同库存现金的实存额进行核对，检查账实是否相符。　　（　　）
12. 数量金额式明细账适用于明细项目较多，且要求分别列示成本、费用、收入、利润及利润分配的

明细账。   (   )
13. 明细账一般是逐笔登记，也可以定期汇总登记。   (   )
14. 特种日记账是用来记录某一类经济业务发生情况的日记账。   (   )
15. 总账的登记依据可以是明细账或日记账。   (   )
16. 库存现金日记账和银行存款日记账须逐日结出余额。   (   )
17. 如果账簿记录发生错误，应根据错误的具体情况，采用规定的方法予以更正，不得涂改、挖补、刮擦或用退色药水更改字迹。   (   )
18. 年终结账后，总账和日记账应当更换新账，明细账一般也应更换；但有些明细账，如原材料明细账、固定资产明细账可以连续使用，不必每年更换。   (   )
19. 年度更换新账时，新旧账簿有关账户之间的转记金额，应该编制记账凭证。 (   )
20. 普通日记账是用来记录某一类经济业务情况的日记账。   (   )
21. 结账一般包括月结、季结和年结。   (   )
22. 红色墨水可以在写摘要时使用。   (   )
23. 库存现金日记账是由会计人员登记的。   (   )
24. 所有记账错误都可以用红字更正法进行更正。   (   )

四、业务题

1. 练习错账的更正方法。

资料：更新公司在20××年1月末进行了账簿核对，发现以下错误。

（1）签发转账支票一张，支付管理费用4 000元，记账凭证如下，已登记入账。

借：管理费用   4 000
　　贷：库存现金   4 000

（2）签发转账支票一张5 000元，预付后三个月的保险费，记账凭证如下，已登记入账。

借：预付账款   500
　　贷：银行存款   500

（3）用现金支付后三个季度的房租12 000元，记账凭证如下，已登记入账。

借：预付账款   21 000
　　贷：银行存款   21 000

（4）用现金支付管理费用780元。记账凭证如下，已登记入账。

借：管理费用   780
　　贷：库存现金   780

记账时库存现金贷方栏记录为870元。

要求：判断上列各经济业务的账务处理是否有误，如有错误采用适当方法加以更正。

2. 练习错账的更正方法。

资料：大宇公司本月发现下列账务处理错误。

（1）用银行存款偿还B公司购货款7 000元，编制记账凭证如下，尚未登记入账。

借：应收账款   7 000
　　贷：银行存款   7 000

（2）公司以现金2 000元支付下半年报刊费，记账凭证如下，已登记入账。

借：管理费用   2 000
　　贷：库存现金   2 000

（3）以银行存款支付办公费2 700元，记账凭证如下，已登记入账。

借：管理费用   7 200
　　贷：银行存款   7 200

(4) 公司接到银行通知，收回宏信公司所欠的货款 45 000 元，记账凭证如下，已登记入账。
借：银行存款　　　　　　　　　　　　　　　　　　　　　　　　　　　　4 500
　　贷：应收账款　　　　　　　　　　　　　　　　　　　　　　　　　　　　4 500

要求：判断各种错误性质，说明应采取什么样的更正方法，并予以更正。

3. 练习总账与明细账的平行登记。

旅永公司 20××年 3 月 1 日 "原材料" 和 "应付账款" 两个总账及其明细账信息如下。

"原材料" 总账借方 124 000 元，其所属明细账余额如表 6-40 所示。

表 6-40　原材料明细账余额

名　称	重量/kg	单价/（元/kg）	金额（元）
甲材料	1 000	40	40 000
乙材料	1 400	60	84 000
合计			124 000

"应付账款" 总账贷方 112 000 元，其所属明细账余额如表 6-41 所示。

表 6-41　应付账款明细账余额

名　称	金额（元）
明器公司	60 000
梁洪公司	52 000
合计	112 000

该公司 20××年 3 月份发生下列业务（不考虑增值税）：

(1) 3 月 2 日，向明器公司购入甲材料 1 200kg，单价 40 元/kg，价款 48 000 元；乙材料 600kg，单价 60 元/kg，价款 36 000 元。材料已验收入库，货款尚未支付。

(2) 3 月 8 日，生产车间从仓库领用原材料一批，其中，甲材料 1 400kg，单价 40 元/kg，计 56 000 元；乙材料 1 000kg，单价 60 元/kg，计 60 000 元。

(3) 3 月 13 日，向梁洪公司购入材料一批。其中，甲材料 400kg，单价 40 元/kg，价款 16 000 元；乙材料 800kg，单价 60 元/kg，价款 48 000 元。材料已验收入库，货款尚未支付。

(4) 3 月 22 日，以银行存款偿还明器公司货款 100 000 元，偿还梁洪公司货款 140 000 元（超出部分作为预付，挂在应付账款下）。

(5) 3 月 25 日，管理部门领用甲材料 400kg，单价 40 元/kg，用以维修办公室桌椅。

要求：(1) 根据以上业务编制会计分录。
　　　(2) 填制 "原材料" 和 "应付账款" 总分类账和明细分类账。
　　　(3) 编制总分类账户与明细分类账户发生额及余额对照表。

第七章 财产清查

【教学目的】

通过本章学习,学生应当了解并掌握:
1. 财产清查的意义和种类。
2. 财产物资的盘存制度。
3. 财产清查的方法。
4. 财产清查的账务处理。

第一节 财产清查概述

一、财产清查的概念及意义

财产清查是指通过对货币资金、实物资产和往来款项的盘点或核对,确定其实存数,并将实存数与账存数进行核对,确定账实是否相符的一种会计核算方法。

企业在会计凭证的填制和审核、账簿登记等工作中,尽管做到了账证相符、账账相符,但也不一定能够做到财产物资的账面结存数与实际结存数完全一致。因为企业在生产经营过程中,可能会出现财产物资收发计量方面的差错,财产物资保管过程中的自然损耗或者遭受自然灾害等造成损失,保管不善造成财产物资的损坏、变质或短缺等。为了保证企业财产物资完整无损和企业会计账簿的真实可靠,企业还必须定期或不定期地进行财产清查,发现问题及时处理,以便真正做到账实相符。

财产清查是会计核算工作必不可少的环节,是保证企业账实相符的有效措施。财产清查的意义主要有以下几方面。

(1) 通过财产清查,做到账实相符,保证会计资料真实、可靠。通过财产清查,可以确定各项财产物资的实际结存数,将实存数与账存数进行核对,确定它们之间的差额,查明原因,及时调整账面记录,保证账簿记录真实可靠,并为编制财务报表奠定基础。

(2) 通过财产清查,可以查明企业财产物资管理制度存在的问题。通过财产清查,可以发现财产物资管理工作中存在的保管措施不当、手续不严密、制度不健全等诸多问题,为强化企业财务管理,健全企业内部控制制度,明确财产物资管理责任和权利,提供重要依据。

(3) 充分挖掘财产物资的潜力,提高物资使用效率。通过财产清查,可以查明财产物资是否存在超储积压、闲置不用等现象,为企业充分挖掘财产物资潜力,提高企业资产利用效果奠定基础。

二、财产清查的种类

由于财产清查对象、清查范围、清查时间不同,财产清查的种类也有所区别。按照不同的标准,财产清查有以下几种分类。

(一) 按照清查的对象和范围划分

按照清查的对象和范围不同，可分为全面清查和局部清查。

1. 全面清查

全面清查是指对一个单位的全部财产物资，包括实物资产、货币资产以及债务债权进行的全面彻底的盘点与核对。

全面清查的特点是涉及范围广、时间长、工作量大，参加的人员也较多，有时还会影响企业生产经营的正常运行。

全面清查的适用范围包括以下五个方面。

（1）年终结算之前，为了确保年终结算会计资料的真实性，需要进行一次全面清查。
（2）企业撤销、合并或者改变隶属关系时，为明确经济责任，需要进行全面清查。
（3）企业进行股份制改制之前，需要进行全面清查。
（4）开展全面的资产评估、清产核资，需要进行全面清查。
（5）企业主要负责人调离工作岗位，需要进行全面清查。

2. 局部清查

局部清查是指对一个单位的部分实物资产或债权债务进行的盘点与核对。

局部清查的特点是清查范围小、专业性强、人力与时间的耗费比较少。

局部清查的适用范围包括以下五个方面。

（1）材料、商品、在产品、产成品等存货在年终进行的清查。
（2）贵重物资每月至少应清查盘点一次。
（3）库存现金，由出纳人员在每日营业终了时实地清点核对。
（4）银行存款，由出纳人员每月与银行对账单核对一次。
（5）各种债权债务，每年要核对1或2次，防止坏账。

（二）按照清查的时间划分

按照清查的时间不同，可分为定期清查和不定期清查。

1. 定期清查

定期清查是根据财务管理制度规定或预先制订的计划时间对财产物资、货币资金和往来结算款项等进行的清查。

定期清查通常在年末、季末或月末结账前进行。定期清查可以是全面清查，也可以是局部清查。

2. 不定期清查

不定期清查是指事前不规定清查时间，根据需要随时进行的清查。不定期清查可以是全面清查，也可以是局部清查。

三、财产清查的一般程序

由于财产清查涉及面广、工作量大，所以为了提高工作效率，保证财产清查的工作质量，需要按照一定的程序，有计划、有组织地进行财产清查。财产清查的一般程序如下。

（1）成立专门的清查领导小组。清查领导小组由本单位负责人、财会人员、有关业务人员及仓库管理人员等组成，负责财产清查的组织管理及具体清查工作。
（2）组织清查人员学习有关法律、法规和相关业务知识，以便保证清查工作质量。

(3) 确定清查对象，明确清查范围和清查任务。

(4) 安排好清查内容、时间、步骤、方法，并做好清查前的各项业务准备工作。其中的业务准备工作包括：①会计部门应保证账簿记录正确、完整、及时；②财产物资保管部门和使用部门应保证经管的财产物资明细账登记正确、完整、及时，并使各种财产物资存放有序、标示清楚；③清查部门应保证度量器具计量准确，备齐清查登记用的各种表册。

(5) 实地清查并填制盘存清单。应先清查数量并与账簿核对，后认定质量。

(6) 根据盘存清单，填制盘存结果报告表。

四、财产物资的盘存制度

财产物资盘存结果是否准确，会直接影响企业财产物资的期末计量结果，因此，企业必须采用科学的方法对财产物资进行盘存。常用的财产物资的盘存制度有两种：永续盘存制和实地盘存制。

1. 永续盘存制

永续盘存制又称账面盘存制，是指根据账簿记录计算账面结存数量的方法。永续盘存制主要用于存货实存数量的盘点。

在实际盘点过程中，通过设置存货明细账，逐日或逐笔登记存货的收入数、发出数，能随时计算出财产物资的账面结存数。采用这种方法，存货明细账要按照品种规格设置，在明细账中，要登记收入、发出、结存数量以及金额。尽管存货明细账记录了收入、发出数量，但仍然要进行财产清查，这是因为要查明账实是否相符以及账实不符的原因，并通过调整账簿记录做到账实一致。永续盘存制下期末存货结存的计算公式如下。

期末存货结存数量 = 期初存货结存数量 + 本期增加存货数量 - 本期发出存货数量

期末存货结存金额 = 期初存货结存金额 + 本期增加存货金额 - 本期发出存货金额

永续盘存制的优点主要是有利于加强企业存货的管理和控制。具体表现在：①通过存货明细账，可以随时反映出每种存货的收入、发出和结存情况，并从数量和金额两方面加以控制；②通过明细账的结存数，可以随时将其与实存数核对，及时发现存货的溢余或短缺，并及时查明原因予以纠正；③通过明细账的结存数，可以随时了解和掌握库存限额情况，为及时进行存货采购提供依据。

永续盘存制的缺点主要是加大了明细分类核算的工作量，尤其是对那些存货品种较多的企业，如果再采用月底一次结转成本的核算方法，则不但月末核算工作集中，而且还需要耗费较多的人力和物力。

由于永续盘存制在存货管理和控制方面具有明显的优越性，所以在实际工作中被广泛使用。

2. 实地盘存制

实地盘存制又称以存计销（商业企业）或以存计耗（工业企业），是指期末通过实地盘点确定实存数的一种方法。企业在日常会计核算中，只登记存货的收入数，不登记存货的发出数，到了月末进行实地盘点，将实地盘点数直接作为账存数，并据以倒挤计算出本期发出的存货数量和成本。实地盘存制下本期发出的存货数量和成本的计算公式如下。

本期发出存货数量 = 期初存货结存数量 + 本期增加存货数量 - 期末存货结存数量

本期发出存货金额 = 期初存货结存金额 + 本期增加存货金额 - 期末存货结存金额

实地盘存制的优点主要是平时不登记存货的发出数，所以大大简化了核算工作量。

实地盘存制的缺点：首先，采取以存计销或以存计耗方式，有可能将各种财产物资的短缺、毁损也倒挤到发出存货的成本中，因此，实地盘存制存在着手续不严密的问题，不利于加强财产物资的管理；其次，实地盘存制不能随时反映存货的收入、发出和结存的增减变动情况。

实地盘存制一般只适用于价值低、数量不稳定、损耗大的鲜活商品及价值低的大宗物资。

第二节　财产清查的方法及其运用

一、财产清查的方法

由于企业单位的财产物资种类多，作用不同，因此在财产清查中，针对不同的财产物资需要采用不同的清查方法。企业财产清查的方法主要有实地盘点法、技术推算法和核对账目法。

1. 实地盘点法

实地盘点法是指在财产物资存放现场逐一清点数量或用计量仪器确定其实存数的一种方法。此方法的优点是清查质量高，数字准确，适用范围广。缺点是工作量大。实地盘点法主要适用于现金的清查和实物资产的清查。

2. 技术推算法

技术推算法是指利用量方、计尺等技术测定财产物资实有数量的方法。此方法的优点是工作量小。缺点是盘点的数字不够准确。技术推算法适用于大堆存放、物体笨重、价值低廉、难以逐一清点的实物资产，如煤炭、砂石等。

3. 核对账目法

核对账目法是指通过本单位内部的相关账目与外单位相关账目之间的逐笔核对，进行财产物资清查的方法。此方法主要适用于银行存款的清查和债权债务的清查。

二、财产清查方法的运用

在企业财产物资清查中，企业会根据企业财产物资的种类不同而选用不同的财产清查方法，当然也可能同时选用两种或两种以上的财产清查方法进行综合运用。企业的财产清查方法主要用于货币资金的清查、实物资产的清查和往来款项的清查。

（一）货币资金的清查

在企业日常生产经营活动中，货币资金的收支相当频繁且容易出现差错，为防止企业货币资金收支过程中出现差错，企业应强化货币资金的管理，重视货币资金的清查工作，定期或不定期地对货币资金进行清查，以及时发现问题和解决问题，保证企业货币资金的安全完整。企业货币资金的清查一般包括库存现金的清查和银行存款的清查。

1. 库存现金的清查

为了确保账实相符，企业应当按照规定对库存现金进行定期或不定期的清查。库存现金的清查采用实地盘点法。库存现金的清查包括出纳人员每日终了前进行的库存现金实存数与库存现金日记账的核对、清查小组对库存现金进行的定期或不定期的现金盘点核对。当清查小组对库存现金进行清查时，出纳人员必须在场。库存现金清查的具体方法如下。

(1) 清查前，出纳人员必须将有关的收、付款凭证全部登记入账，并结出余额。

(2) 清查过程中，清查人员应对库存现金进行逐张清点，并注意查明有无违反《现金管理暂行条例》的情况，如白条抵库、超限额存放库存现金、坐支现金等。将清点结果与现金日记账进行核对，在查明盈亏情况的同时，如发现违反《现金管理暂行条例》规定的情况应及时上报。

(3) 清查结束后，应根据清查结果和现金日记账核对的情况登记库存现金盘点报告表，并由盘点人和出纳员共同签字。库存现金盘点报告表的格式如表 7-1 所示。

表 7-1　库存现金盘点报告表

单位名称：　　　　　　　　　　　　　　　年　月　日

币　种	实存金额	账存金额	对比结果		备　注
			盘　盈	盘　亏	
合计					

盘点人员：　　　　　　　　　　　　　　出纳人员：

库存现金盘点报告表，既能反映企业库存现金的实存数，又能反映企业库存现金的账存数，同时通过实存数与账存数的比较，可以发现企业库存现金的盈与亏，进而可以作为查明账实不符的原因及明确经济责任的依据，也是企业用以调整账簿记录的原始凭证。在清查过程中如果发现有挪用现金、白条抵库的情况，应及时予以纠正；对于超限额留存的现金，应当及时送存银行；如果发现有记账错误的情况，应及时更正，对发生的溢余或短缺按本章第三节中的财产清查结果账务处理方法进行会计处理。

2. 银行存款的清查

银行存款的清查主要采用账目核对的方法，即将企业银行存款日记账与银行转来的对账单进行逐笔核对。

企业的开户银行会定期（一般为 1 个月）将企业一定时期的银行存款增减变动情况，以"对账单"的方式提供给企业，由企业出纳人员根据企业的银行存款日记账与银行转来的对账单进行逐笔核对。如果核对结果是企业和银行双方记录不一致，则其原因有两种情况：一是一方或双方存在记账错误；二是存在未达账项。

所谓未达账项，是指由于企业和银行双方入账时间不一致而发生的一方已经登记入账，而另一方由于尚未取得原始凭证而未登记入账的款项。企业和银行之间的未达账项主要有以下四种情况。

(1) 银行已收，企业未收。此种情况是指银行已经记录企业银行存款的增加，而企业一方仍未收到有关原始凭证，尚未登记银行存款增加数，从而导致双方记录的不一致。例如，企业采取委托收款方式进行销售货款结算时，当银行已将货款收回存入企业的银行存款账户中，并已登记入账，而企业尚未收到银行转来的入账通知单，若恰在此时企业与银行进行对账，则此笔业务会出现银行已收、企业未收的未达账项。

(2) 银行已付，企业未付。此种情况是指银行已经记录企业银行存款的减少，而企业一方仍未收到有关原始凭证，尚未登记银行存款减少数，从而导致双方记录的不一致。例如，企业采取委托付款方式进行水、电费等款项结算时，当银行已从企业的银行存款户中转出款项并已登记入账，而企业尚未收到银行转来的付款通知，若恰在此时企业与银行进行对账，则此笔业务会出现银行已付、企业未付的未达账项。

（3）企业已收，银行未收。此种情况是指企业已经在银行存款日记账中记录银行存款的增加，而银行一方仍未收到有关原始凭证，尚未登记银行存款增加数，从而导致双方记录的不一致。例如，企业在同城销售商品时，付款单位采取转账结算方式结算，企业收到付款单位交来的转账支票时，企业一方即可在银行存款日记账中登记银行存款增加，但企业尚未将转账支票和进账单送交银行，若恰在此时企业与银行进行对账，则此笔业务会出现企业已收、银行未收的未达账项。

（4）企业已付，银行未付。此种情况是指企业已经在银行存款日记账中记录企业银行存款的减少，而银行一方仍未收到有关原始凭证，尚未登记银行存款减少数，从而导致双方记录的不一致。例如，企业采取转账结算方式结算购货款，在开出转账支票时，即根据转账支票存根在银行存款日记账中登记银行存款减少，之后将转账支票送交销货单位，若在销货单位尚未将该转账支票送交银行或银行尚未办妥转账业务时企业与银行进行对账，则此笔业务会出现企业已付、银行未付的未达账项。

上述未达账项的存在会导致企业的银行存款日记账余额与银行对账单的余额不一致，这种不一致属于正常现象。要想查明企业或银行有无记账错误，并确定是否存在其他不正常现象，必须先找出未达账项，并通过编制银行存款余额调节表来消除未达账项的影响。

银行存款余额调节表是在企业银行存款日记账和银行对账单余额的基础上，各自加上对方已收本单位未收的数额，减去对方已付本单位未付的数额，以调整双方余额使其一致的一种方法。银行存款余额调节表的格式如表 7-2 所示。

表 7-2 银行存款余额调节表

单位名称：　　　　　　　　　　　　　年　月　日

项　目	金　额	项　目	金　额
银行存款日记账余额 加：银行已收，企业未收 减：银行已付，企业未付		银行对账单余额 加：企业已收，银行未收 减：企业已付，银行未付	
调节后余额		调节后余额	

银行存款余额调节表中调节后的余额如果相等，则说明企业和银行双方账目基本正确；如果调节后余额不相等，则说明企业和银行中的一方或双方记账错误，应进一步查明原因并予以更正。

需要注意的是，银行存款余额调节表只用于银行存款的清查，不能作为企业账务调整的原始依据，对于未达账项，企业应在收到有关原始凭证后才能据以入账。

下面举例说明银行存款余额调节表的编制方法。

【例 7-1】 甲企业 20××年 8 月 31 日的银行存款余额为 30 000 元，银行对账单当日余额为 34 000 元，经逐笔核对，查明有以下几笔未达账项。

（1）8 月 26 日，企业销售产品收到购货单位送来的转账支票一张 8 000 元，企业已登记银行存款增加，而银行尚未入账。

（2）8月28日，企业开出金额为7 500元的转账支票支付购料款，持票人尚未到银行办理转账。

（3）8月30日，企业委托银行代收销货款10 000元，银行已收到，但企业尚未收到进账通知，因此没有入账。

（4）8月31日，企业委托银行代付水电费5 500元，银行已付出款项并入账，企业尚未收到付款通知，因此没有入账。

根据上述资料，企业编制银行存款余额调节表调整双方余额，如表7-3所示。

表7-3　甲企业银行存款余额调节表

单位名称：甲企业　　　　　　　　20××年8月31日

项目	金额	项目	金额
银行存款日记账余额	30 000	银行对账单余额	34 000
加：银行已收，企业未收	10 000	加：企业已收，银行未收	8 000
减：银行已付，企业未付	5 500	减：企业已付，银行未付	7 500
调节后余额	34 500	调节后余额	34 500

甲企业8月份核对银行存款日记账与银行对账单后，编制银行存款余额调节表对未达账项进行调整，调整后的余额相等，说明甲企业和银行双方账务处理基本正确。

（二）实物资产的清查

企业的实物资产在企业生产经营过程中具有重要的作用，而且数量大、占用资金多，因此，实物资产的清查在企业管理中尤为重要。企业的实物资产包括存货和固定资产两类。

1. 存货的清查

存货包括原材料、在产品、产成品、包装物、低值易耗品等。由于存货的种类多、形态各异、价值高低不同，存货的清查方法也不尽相同，常用的有实地盘点法和技术推算法。

存货资产的清查必须以各项存货目录规定的名称规格为标准，查明各项存货的数量，同时检查存货的质量。在存货清查时为了明确责任，要求存货保管人员必须在场。

运用适当的存货清查方法进行存货清查后，应根据存货清查结果如实填写盘存单，并由存货保管人员、盘点人员共同签字。盘存单的格式如表7-4所示。

表7-4　盘存单

单位名称：　　　　　　　盘点时间：　　　　　　　编号：
财产类别：　　　　　　　存放地点：　　　　　　　金额单位：

编号	名称及规格	计量单位	数量	单价	金额	备注

盘点人员：　　　　　　　保管人员：

盘存单既是记录存货清查结果的书面证明，也是反映存货实有数额的原始凭证。

企业还应将盘存结果与账面结存数额进行核对，并填制实存账存对比表，以查明存货账实是否相符。实存账存对比表属于企业的原始凭证，用作进行账实相符调整的依据。实存账存对比表的一般格式如表7-5所示。

表7-5 实存账存对比表

单位名称： 年 月 日

编号	名称	规格型号	计量单位	单价	账存		实存		对比结果				备注
									盘盈		盘亏		
					数量	金额	数量	金额	数量	金额	数量	金额	

编制人： 复核： 会计主管：

2. 固定资产的清查

固定资产的清查通常采用实地盘点法，且企业固定资产的清查至少每年进行一次，以保证固定资产核算的真实性，充分挖掘企业现有固定资产的潜力。

固定资产清查的主要程序如下。

（1）清查前。将固定资产总账与固定资产明细账核对，保证固定资产总账余额与固定资产明细账余额相符，即保证账账相符。

（2）清查中。对固定资产类别、名称和编号等进行逐一盘点、核对，查明固定资产实物是否与账面记录相符，即查明账实是否相符。

（3）清查后。根据清查结果编制固定资产清查盘盈盘亏报告表。固定资产清查盘盈盘亏报告表属于企业的原始凭证，用作进行账实相符调整的依据。固定资产清查盘盈盘亏报告表的格式如表7-6所示。

表7-6 固定资产清查盘盈盘亏报告表

使用部门： 年 月 日

固定资产编号	固定资产名称	固定资产规格	盘盈			盘亏			毁损			原因
			数量	重置价值	累计折旧	数量	原价	折旧	数量	原价	折旧	
处理意见	审批部门			清查小组				使用保管部门				

编制人： 复核： 会计主管：

（三）往来款项的清查

往来款项主要包括应收、应付、预收、预付等款项。往来款项的清查采用核对账目法。企业应当定期或者至少每年年度终了时，进行往来款项的全面清查。

往来款项的清查目的主要是查明债权债务的余额及形成的原因，为企业强化往来款项的管理，防止坏账损失的发生提供依据。此外需要注意的是，在往来款项清查中，如果发现坏账损失则应该按有关规定进行会计处理，不得随意冲销账簿记录。

往来款项清查的主要程序如下。

(1) 全面入账，进行账证核对。将本企业的债权、债务业务全部登记入账，并进行账证核对，保证账簿记录完整正确、账证相符。

(2) 编制往来款项对账单交给对方企业。企业将编制好的往来款项对账单（对账单一式两联，一联由对方企业留存，另一联作为回单由债权人或债务人确认并签章后退回）寄交或派人送交对方企业，或用电话及邮件等方式与对方企业联系。债权人（或债务人）核对后如果发现核对单内容与事实不符，则应在注明原因后将回单联退回。企业应就不一致事项进行核实。往来款项对账单的一般格式如表 7-7 所示。

表 7-7　往来款项对账单

单位名称：　　　　　　　　　　　　　年　　月　　日

本企业入账时间	发票或凭证号数	摘要	应收（或付）金额	收（或付）款方式	已收（或付）金额	结欠金额	对方企业入账时间	备注

对方企业（盖章）：　　　　　　　　　　　　　　　　　　　　　年　　月　　日

(3) 编制往来款项清查结果报告表。企业收到对方企业回单后，经核实、确认后，清查人员应及时编制往来款项清查结果报告表。"往来款项清查结果报告表"一般格式如表 7-8 所示。

表 7-8　往来款项清查结果报告表

单位名称：　　　　　　　　　　　　　年　　月　　日

总分类账		明细分类账		清查结果		核对不符的原因分析			备注
户名	账面余额	户名	账面余额	核对相符金额	核对不符金额	有争议款项金额	无法收回（或偿还）款项	其他原因	

清查人员：　　　　　　　　　　　　会计人员：

往来款项清查后，对发现的记录错误，应按规定方法予以更正。对于有争议的款项和无法收回的款项，应尽可能地予以详细说明，及时向有关部门提供财产清查报告，以便有关部门采取相应措施，减少不必要的坏账损失。

第三节　财产清查结果的账务处理

一、账户设置

企业应设置"待处理财产损溢"账户，该账户属于资产类账户，用于核算企业在财产清查过程中查明的各种财产物资盘盈、盘亏、毁损及处理情况。借方登记财产物资的盘亏、毁损数以及盘盈的转销数;贷方登记财产物资的盘盈数及盘亏、毁损的转销数。该账户在批准处理前,若为借方余额,则反映企业尚未处理的各项财产物资的净损失;若为贷方余额,则反映企业尚未处理的各项财产物资的净溢余。期末处理后该账户应无余额。

"待处理财产损溢"账户下设"待处理流动资产损溢"和"待处理固定资产损溢"两个明细账户,分别用来核算流动资产和固定资产的盘盈、盘亏、毁损及处理情况。

"待处理财产损溢"账户结构如图 7-1 所示。

借方	待处理财产损溢	贷方
发生的各种财产物资的盘亏、毁损金额,批准的盘盈转销金额		发生的各种财产物资的盘盈金额,批准的盘亏或毁损转销金额
尚未处理的财产净损失		尚未处理的财产净溢余

图 7-1 "待处理财产损溢"账户结构

二、财产清查结果的账务处理

企业财产清查的结果有两种情况:一种是账实相符,一种是账实不符。对财产清查结果的处理是指对账实不符情况的处理,而账实不符的情况又有盘盈和盘亏之分。盘盈是指实存数大于账存数,盘亏是指实存数小于账存数。

无论是盘盈还是盘亏,企业进行财产清查结果的账务处理,都分为领导审批前和领导审批后两个阶段进行。

在领导审批之前,会计人员应根据实存账存对比表等原始凭证,运用"待处理财产损溢"账户,编制记账凭证,调整财产物资账面记录,使企业账实相符。

在领导审批之后,根据发生差异的原因和领导做出的批准处理意见,编制记账凭证,并据以登记有关账簿。

经过对相关清查结果进行会计处理后,企业最终在编制财务报表时,能够客观真实地反映企业会计核算资料。

(一)库存现金清查结果的账务处理

在库存现金清查中发现短缺或者溢余时,除了设法查清原因之外,应根据库存现金盘点报告表及时调整账面记录,即通过"待处理财产损溢——待处理流动资产损溢"账户进行核算。然后查找原因,按管理权限经批准后进行相应的账务处理,以确保账实相符。

1. 现金短缺的处理

现金短缺是指库存现金实有数少于现金账面余额的差额。发现现金短缺,应借记"待处理财产损溢——待处理流动资产损溢",贷记"库存现金"。查明原因后,属于由责任人或保险公司赔偿的部分,应借记"其他应收款——××单位(或个人)"账户,贷记"待处理财产损溢——待处理流动资产损溢"账户;无法查明原因的,经批准后方可处理,应借记"管理费用——现金短缺"账户,贷记"待处理财产损溢——待处理流动资产损溢"账户。

【例 7-2】 甲企业 8 月份发生如下现金清查业务。

(1)现金清查中发现短缺 80 元,原因待查。企业应编制的会计分录如下:

借:待处理财产损溢——待处理流动资产损溢　　80
　　贷:库存现金　　　　　　　　　　　　　　　　80

(2) 经核查，上述短缺是由于出纳人员失责造成的，由出纳人员赔偿。企业应编制的会计分录如下：

借：其他应收款——出纳员×× 80
　　贷：待处理财产损溢——待处理流动资产损溢 80

2. 现金溢余的处理

现金溢余是指库存现金实有数多于库存现金账面余额的差额。发现现金溢余，应借记"库存现金"，贷记"待处理财产损溢——待处理流动资产损溢"。查明原因后，属于应支付给有关人员或单位的部分，应借记"待处理财产损溢——待处理流动资产损溢"账户，贷记"其他应付款——××单位（或个人）"账户；无法查明原因的现金溢余，经批准后，应借记"待处理财产损溢——待处理流动资产损溢"账户，贷记"营业外收入——现金溢余"账户。

【例7-3】 甲企业8月份发生如下现金清查业务。

(1) 进行现金清查，发现现金溢余200元。企业应编制的会计分录如下：

借：库存现金 200
　　贷：待处理财产损溢——待处理流动资产损溢 200

(2) 经反复核查，仍无法确认其原因，经有关领导批准，转入营业外收入。企业应编制的会计分录如下：

借：待处理资产损溢——待处理流动资产损溢 200
　　贷：营业外收入 200

（二）存货清查结果的账务处理

1. 存货盘盈的处理

企业存货盘盈时，按盘盈存货的重置成本，借记"原材料""生产成本""库存商品""周转材料"等账户，贷记"待处理财产损溢——待处理流动资产损溢"账户；按管理权限报经批准后，借记"待处理财产损溢——待处理流动资产损溢"账户，贷记"管理费用"账户或"营业外收入——盘盈利得"账户。

【例7-4】 甲企业在财产清查中，盘盈甲材料100kg，实际单位成本为60元/kg，经查属于材料收发计量错误。报经批准后，作冲减管理费用处理。根据有关凭证，进行如下会计处理。

(1) 批准处理前：

借：原材料 6 000
　　贷：待处理财产损溢——待处理流动资产损溢 6 000

(2) 批准处理后：

借：待处理财产损溢——待处理流动资产损溢 6 000
　　贷：管理费用 6 000

2. 存货盘亏及毁损的处理

企业发生存货盘亏及毁损时，按盘亏或毁损存货的账面成本，借记"待处理财产损溢——待处理流动资产损溢"账户，贷记"原材料""周转材料""库存商品"等账户。涉及增值税的还应进行相应处理。在按管理权限报经批准后，根据有关凭证，进行如下会计处理。

(1) 对于入库的残料价值，借记"原材料"等账户，贷记"待处理财产损溢——待处理流动资产损溢"账户。

(2) 属于定额内自然损耗造成的损失，计入管理费用。

(3) 属于收发计量差错和管理不善等原因造成的损失，将扣除可收回的保险公司和过失人赔偿款以及残料价值后的净损失，计入管理费用。

(4) 属于保险公司和过失人赔偿款部分，借记"其他应收款"等账户，贷记"待处理财产损溢——待处理流动资产损溢"账户。

(5) 属于自然灾害或意外事故等原因造成的毁损，将扣除残料价值和应由保险公司和过失人赔偿后的净损失，记入"营业外支出"账户。

【例7-5】 甲企业按实际成本核算原材料，在当年12月份的财产清查中发现以下问题。

(1) 盘亏甲材料1 000kg，实际单位成本30元/kg，经查属于一般经营损失。

(2) 毁损乙材料2 000kg，实际单位成本20元/kg，增值税进项税额为6 800元。经查属于火灾造成的损失，根据保险合同规定，应由保险公司赔偿30 000元。

根据上述业务的有关凭证，进行如下会计处理。

(1) 批准处理前：

借：待处理财产损溢——待处理流动资产损溢　　　　　　　　　30 000
　　贷：原材料　　　　　　　　　　　　　　　　　　　　　　　30 000

批准处理后：

借：管理费用　　　　　　　　　　　　　　　　　　　　　　　30 000
　　贷：待处理财产损溢——待处理流动资产损溢　　　　　　　　30 000

(2) 批准处理前：

借：待处理财产损溢——待处理流动资产损溢　　　　　　　　　46 800
　　贷：原材料　　　　　　　　　　　　　　　　　　　　　　　40 000
　　　　应交税费——应交增值税（进项税转出）　　　　　　　　6 800

批准处理后：

借：其他应收款——××保险公司　　　　　　　　　　　　　　30 000
　　营业外支出——非常损失　　　　　　　　　　　　　　　　　16 800
　　贷：待处理财产损溢——待处理流动资产损溢　　　　　　　　46 800

(三) 固定资产清查结果的账务处理

1. 固定资产盘亏的处理

对于盘亏的固定资产，企业应及时办理固定资产注销手续。在报经审批前，按盘亏固定资产的账面价值，借记"待处理财产损溢——待处理固定资产损溢"账户；按已提折旧，借记"累计折旧"账户；按固定资产的原值，贷记"固定资产"账户。盘亏的固定资产经批准转销时，借记"营业外支出——固定资产盘亏"账户，贷记"待处理财产损溢——待处理固定资产损溢"账户。

【例7-6】 甲企业在财产清查中，盘亏一台设备，其账面原值为60 000元，累计折旧为45 000元。其相关会计处理如下所示。

(1) 盘亏时：

借：待处理财产损溢——待处理固定资产损溢　　　　　　　　　15 000
　　累计折旧　　　　　　　　　　　　　　　　　　　　　　　45 000
　　贷：固定资产　　　　　　　　　　　　　　　　　　　　　　60 000

(2) 经批准转销时：
借：营业外支出——固定资产盘亏　　　　　　　　　　　15 000
　　贷：待处理财产损溢——待处理固定资产损溢　　　　　　　15 000

2. 固定资产盘盈的处理

对于盘盈的固定资产，企业应根据固定资产清查盘盈盘亏报告表，按照同类或者类似固定资产的市场价格减去按照固定资产新旧程度估计的价值损耗后的余额，借记"固定资产"账户，贷记"以前年度损益调整"账户。

（四）往来款项清查结果的账务处理

对于财产清查中发现的确实无法收回的应收账款和无法偿付的应付账款等，不应通过"待处理财产损溢"账户核算，而应按规定程序报经批准后，分别按不同情况进行核销。

1. 无法收回的应收账款的处理

对于无法收回的应收账款，应根据有关部门批准结果及时进行坏账损失处理，冲减应收账款和坏账准备。借记"坏账准备"账户，贷记"应收账款"账户。

【例7-7】 甲企业在财产清查中查明应收乙企业的货款 50 000 元，因乙企业破产，确实无法收回该笔款项。报经批准后，冲销已经提取的坏账准备。会计处理如下：
借：坏账准备　　　　　　　　　　　　　　　　　　　50 000
　　贷：应收账款——乙企业　　　　　　　　　　　　　　50 000

2. 无法偿付的应付账款的处理

对于企业无法偿付的应付账款，应计入营业外收入。借记"应付账款"账户，贷记"营业外收入"账户。

【例7-8】 甲企业在财产清查中发现，欠李某集资款 30 000 元，因债权人消失，经查实，无法支付。按规定程序报经批准后，进行如下会计处理：
借：应付账款——李某　　　　　　　　　　　　　　　30 000
　　贷：营业外收入　　　　　　　　　　　　　　　　　30 000

思 考 题

1. 什么是财产清查？财产清查有何意义？
2. 财产清查的各类有哪些？
3. 简述永续盘存制和实地盘存制的优缺点与适用范围。
4. 什么是未达账项？未达账项有哪些类型？
5. 各种财产物资清查的具体方法是什么？
6. 银行存款余额调节表如何编制？
7. 财产清查结果的核算应设置哪些账户，各账户结构及用途如何？
8. 如何处理库存现金的盘盈与盘亏？
9. 说明存货盘盈盘亏的处理方法。

练 习 题

一、单项选择题

1. 原材料仓库保管员更换，保管员在交接时对单位财产物资的清查属于（　　）清查。
A. 全面清查　　　　B. 局部清查　　　　C. 定期清查　　　　D. 账面清查

2. 对现金进行清查应采用的方法是（　　）。
   A. 实地盘点法　　　B. 抽查检验法　　　C. 查询核对法　　　D. 技术推算法
3. 对银行存款清查一般采用的方法是（　　）。
   A. 实地盘点　　　B. 技术推算　　　C. 核对账目　　　D. 抽查盘点
4. 对银行存款的清查，就是将（　　）进行核对。
   A. 银行存款日记账与总分类账
   B. 银行存款日记账与银行存款收、付款凭证
   C. 银行存款日记账与银行对账单
   D. 银行存款日记账与明细账
5. "待处理财产损溢"账户属于（　　）账户。
   A. 损益类　　　B. 资产类　　　C. 成本类　　　D. 所有者权益类
6. 在记账无误的情况下，银行对账单与银行存款日记账账面余额不一致是因为存在（　　）。
   A. 应付账款　　　B. 应收账款　　　C. 外埠存款　　　D. 未达账项
7. 下列财产物资中，可以采用技术推算法进行清查的是（　　）。
   A. 现金　　　B. 固定资产　　　C. 沙石等大宗物资　　　D. 应收账款
8. 对应收账款进行清查时应采用的方法是（　　）。
   A. 技术测定法　　　B. 核对账目法　　　C. 与记账凭证核对　　　D. 实地盘点法
9. 对存货的盘点结果，应编制据以调整账面记录的原始凭证是（　　）。
   A. 入库单　　　B. 实存账存对比表　　　C. 出库单　　　D. 领料单
10. 在自然灾害后，对受损的财产物资进行清查，属于（　　）。
    A. 局部清查和定期清查
    B. 全面清查和定期清查
    C. 局部清查和不定期清查
    D. 全面清查和不定期清查
11. 因自然灾害造成的存货毁损，扣除保险公司理赔部分后，应由企业负担的部分经批准应借记的账户为（　　）。
    A. 待处理财产损溢　　　B. 管理费用　　　C. 其他应收款　　　D. 营业外支出
12. 采用实地盘存制时，平时对财产物资的记录（　　）。
    A. 只登记发出数，不登记收入数
    B. 只登记收入数，不登记发出数
    C. 先登记发出数，后登记收入数
    D. 先登记收入数，后登记发出数
13. 应由责任人赔偿的存货毁损经批准应借记的账户为（　　）。
    A. 管理费用　　　B. 其他应收款　　　C. 营业外支出　　　D. 待处理财产损溢

二、多项选择题
1. 造成账实不符的原因主要有（　　）。
   A. 财产物资的自然损耗
   B. 财产物资收发计量错误
   C. 财产物资的毁损、被盗
   D. 账簿的漏记、重记
   E. 更换保管人员
2. 核对账目的方法适用于对（　　）的清查。
   A. 固定资产　　　B. 应收账款　　　C. 库存现金　　　D. 银行存款　　　E. 存货
3. 下列属于未达账项的有（　　）。
   A. 企业收到支票已记银行存款增加，但尚未交存银行
   B. 企业银行存款日记账记录有误
   C. 企业开出转账支票已记银行存款减少，银行尚未收到支票
   D. 银行收到本企业销货款已记银行存款增加，企业尚未收到进账通知
   E. 银行代付水电费已记银行存款减少，企业尚未收到付款通知
4. 下列属于原始凭证的有（　　）。
   A. 库存现金盘点报告表
   B. 存货盘存单
   C. 银行存款余额调节表
   D. 固定资产清查盘盈盘亏报告表

E. 银行对账单
5. 下列情况中需要进行全面清查的有（　　）。
   A. 年终决算前　　　　　　B. 清产核资时　　　C. 单位撤销、合并
   D. 更换财产物资保管员　　E. 更换会计
6. 财产清查中查明的各种流动资产盘亏或毁损数，根据不同原因，报经批准后可能登记在（　　）账户中。
   A. 管理费用　　B. 营业外收入　　C. 营业外支出　　D. 其他应收款　　E. 其他应付款
7. 实物清查的方法主要有（　　）。
   A. 实地盘点法　　B. 技术推算法　　C. 外调核对法　　D. 核对账目法　　E. 局部清查法
8. 不定期清查一般在（　　）时进行。
   A. 年末结账　　　　　　　B. 更换财产物资保管员　　C. 发生非常损失
   D. 清产核资　　　　　　　E. 单位合并或改变隶属关系
9. 财产清查按其清查范围不同分，分为（　　）。
   A. 定期清查　　　　　　　B. 不定期清查　　　C. 根据需要随时清查
   D. 局部清查　　　　　　　E. 全面清查
10. "待处理财产损溢"账户借方登记（　　）。
    A. 发生的财产物资的盘盈数　　　　B. 结转的已经处理的财产物资的盘盈数
    C. 发生的财产物资的盘亏数　　　　D. 结转的已经处理的财产物资的盘亏数
    E. 尚未处理的财产物资的盘盈数
11. "待处理财产损溢"账户贷方登记（　　）。
    A. 财产物资的盘亏　　　　　　　　B. 财产物资的盘盈　　　　C. 坏账损失
    D. 财产物资盘亏的转销　　　　　　E. 财产物资盘盈的转销
12. 财产清查按其清查时间不同分为（　　）。
    A. 定期清查　　B. 不定期清查　　C. 局部清查　　D. 全面清查　　E. 抽样清查

三、判断题

1. 一般情况下，全面清查是定期清查，局部清查是不定期清查。（　　）
2. 未达账项应编制银行存款余额调节表进行调节，同时根据银行存款余额调节表将未达账项登记入账。（　　）
3. 银行存款日记账与银行存款对账单余额不符的主要原因是记账错误和未达账项。（　　）
4. 库存现金清查中发现长款，如果无法查明原因，经批准应当冲减当期管理费用。（　　）
5. 库存现金的清查，出纳人员必须在场。（　　）
6. 存货的盘亏，在报经批准后一律记入"管理费用"科目。（　　）
7. 对于财产清查结果的账务处理一般分两步进行，即审批前先通过"待处理财产损溢"科目调整有关账面记录，审批后再转入有关账户。（　　）
8. 财产清查时，既要清查财产物资的数量又要清查财产物资的质量。（　　）
9. 财产清查时，既要对实物资产进行盘点，又要对银行存款、往来款项进行核对。（　　）
10. 在永续盘存制下，仍需要定期对财产物资进行实地盘点。（　　）
11. 永续盘存制，是对存货在会计期末通过盘点来确定其库存数量，再由此推算本期已售或耗用存货的核算方法。（　　）

四、业务题

1. 银行存款清查业务核算。
   甲企业20××年11月30日银行存款日记的账面余额为64 000元，开户银行转来的对账单余额为68 500元。经逐笔核对，发现有以下未达账项存在。

(1) 11月26日，企业委托银行收款3 800元，银行已经登记入账，企业尚未入账。
(2) 11月28日，企业收到转账支票一张，金额6 500元，企业已经登记入账，尚未送存银行。
(3) 11月29日，企业开出转账支票一张，金额10 700元，企业已经登记入账，银行尚未收到该支票。
(4) 11月30日，银行代企业支付水电费3 500元，银行已经登记入账，企业尚未收到付款通知。
要求：根据以上资料编制银行存款余额调节表。

2. 财产清查结果的业务核算。
某企业在财产清查中发现下列情况。
(1) 甲材料账面余额800kg，单价为50元/kg，实地盘点结果为甲材料560kg；乙材料账面余额550kg，单价为40元/kg，实地盘点结果为乙材料570kg。经查，甲材料盘亏有以下原因：①其中200kg属于保管员失责造成的，经批准由保管员赔偿，赔偿款尚未收到；②盘亏的40kg甲材料属于自然损耗，经批准作管理费用处理。乙材料盘盈是收发计量器具误差所致，经批准作管理费用处理。
(2) 库存现金短缺50元。经查属于出纳员工作失职造成的，责令出纳员全额赔偿，赔偿款尚未收到。
(3) 丙材料账面数量为300kg，单价为35元/kg，全部因自然灾害毁损。经查丙材料未上财产保险，全部损失由企业承担，经批准作营业外支出处理。
(4) 盘亏机器设备一台，账面原价为8 000元，已提折旧3 500元。经批准盘亏固定资产净值转为营业外支出。
(5) 库存商品账面余额为3 560 000元，实际盘点金额为3 520 000元，共短缺40 000元，其中2 000元是计量器具误差所致，1 500元属于保管员过失所致，剩余的36 500元属于意外损失所致。计量器具误差所致的转入管理费用，保管员过失所致的损失责令保管员赔偿，意外损失部分转入营业外支出。
(6) 账面有一笔应收账款13 000元，因债权人死亡确实无法收回。无法收回的应收账款作坏账处理，冲减坏账准备。
(7) 账面有一笔其他应付款5 000元，经证实确已无法偿付。无法偿付的其他应付款作营业外收入处理。
要求：根据上述资料编制清查结果处理前及处理后的会计分录。

第八章 账务处理程序

【教学目的】

通过本章学习，学生应当了解并掌握：
1. 账务处理程序的概念和意义。
2. 记账凭证账务处理程序的特点、步骤及适用条件。
3. 汇总记账凭证账务处理程序的特点、步骤及适用条件。
4. 科目汇总表账务处理程序的特点、步骤及适用条件。
5. 日记总账账务处理程序的特点、步骤及适用条件。

第一节 账务处理程序概述

一、账务处理程序的意义

由于各会计主体的业务性质不同、经营规模及会计核算的组织方式方法不同，相应的管理要求也各不相同，所以各会计主体在会计核算工作中，设置会计凭证、会计账簿的格式和种类及对会计核算程序的要求也会有所不同。为了提高会计业务处理的效率和质量，也为了保证会计工作的科学有序进行，每个会计主体都应根据本单位经济业务的多少、经济业务的特点及提供会计资料的要求等具体情况，按照账务处理程序设计的基本要求，设计各单位的账务处理程序。账务处理程序也称会计核算组织程序或会计核算形式，是指会计主体依据原始凭证填制记账凭证，依据原始凭证或记账凭证登记账簿，再依据账簿编制财务报表，进而实现对外提供会计信息的全过程的方法和步骤。

科学合理的账务处理程序，对于提高会计工作效率、保证会计信息质量、及时提供会计资料具有十分重要的意义：①有利于规范会计核算组织工作；②有利于加强企业单位的内部控制；③有利于提高会计核算工作的质量，保证会计信息的真实、及时、完整；④有利于发挥会计核算工作的作用，提高会计核算工作效率。

二、账务处理程序设计的基本要求

在会计工作中，尽管各会计主体在业务性质、规模大小、管理要求等各方面均有所不同，但要设计科学、合理的账务处理程序都应遵循下列各项基本要求。

（1）要充分考虑本单位的实际情况。选择账务处理程序时，一定要充分考虑本单位的经营性质、经营规模、管理要求、业务特点等客观实际，以便于会计核算分工协作和及时提供会计信息资料。

（2）要保证会计核算质量。会计核算的主要目的是为会计信息使用者及时、全面、准确地提供会计核算资料，以使会计信息使用者及时掌握企业的财务状况、经营成果和现金流量情况，便于其进行相关决策。因此，从会计信息使用者的需求角度考虑，企业应在充分保证会计核算质量的前提下设计账务处理程序。

(3) 力求提高工作效率，降低会计核算成本。会计机构设置、会计人员配备及业务分工的不同，会计核算工作本身发生的人、财、物的消耗即会计核算成本也会有较大的区别，因此，在力求提高工作效率、保证会计核算质量的同时，还应尽可能地简化核算手续，节约人力、财力和物力，降低会计核算成本。

三、账务处理程序的一般步骤及种类

1. 账务处理程序的一般步骤

账务处理程序的一般步骤其实就是会计凭证、会计账簿、财务报表三者有机结合的数据传递程序。具体表现为以下过程。

(1) 根据原始凭证或原始凭证汇总表填制记账凭证。
(2) 根据收款凭证、付款凭证，序时、逐笔登记库存现金日记账和银行存款日记账。
(3) 根据记账凭证及其所附原始凭证或原始凭证汇总表登记明细分类账。
(4) 根据有关依据（各种核算程序有所不同）登记总分类账。
(5) 定期将总账与明细账、总账与日记账进行核对。
(6) 根据总账和有关明细账资料编制财务报表。

2. 账务处理程序的种类

根据账务处理程序设计的基本要求，结合各单位会计核算工作的实际，目前，各单位账务处理程序主要有以下四种。

(1) 记账凭证账务处理程序。
(2) 汇总记账凭证账务处理程序。
(3) 科目汇总表账务处理程序。
(4) 日记总账账务处理程序。

其中，记账凭证账务处理程序和科目汇总表账务处理程序是基本的、常用的账务处理程序。上述四种账务处理程序，都是在经济业务发生或完成后，先根据原始凭证（或原始凭证汇总表）填制记账凭证，然后根据记账凭证（或原始凭证）登记账簿，最后根据账簿记录编制财务报表。所不同的是登记总分类账簿的依据和程序不同。

第二节　记账凭证账务处理程序

一、记账凭证账务处理程序的含义及特点

记账凭证账务处理程序是对发生的经济业务，以原始凭证或原始凭证汇总表为依据编制记账凭证，根据记账凭证逐笔登记总分类账的一种账务处理程序。

记账凭证账务处理程序的显著特点是直接根据记账凭证逐笔登记总分类账。

记账凭证账务处理程序是最基本的账务处理程序，是其他账务处理程序的基础。

记账凭证账务处理程序下，会计主体在记账凭证选用方面，可以采用收款凭证、付款凭证和转账凭证，也可以选择通用记账凭证。在会计账簿的设置方面，需要设置库存现金日记账、银行存款日记账、有关总分类账和明细分类账。其中库存现金日记账、银行存款日记账、总分类账均采用三栏式，明细分类账根据核算对象的具体需要选择采用三栏式、数量金额式或多栏式。

二、记账凭证账务处理程序的步骤

（1）根据原始凭证或原始凭证汇总表编制记账凭证。
（2）根据收款凭证、付款凭证逐笔登记库存现金日记账和银行存款日记账。
（3）根据原始凭证、原始凭证汇总表、记账凭证逐笔登记各类明细账。
（4）根据记账凭证逐笔登记总分类账。
（5）月末，将库存现金日记账、银行存款日记账、各明细账与有关总分类账核对相符。
（6）月末，根据总分类账和明细分类账编制财务报表。

记账凭证账务处理程序如图8-1所示。

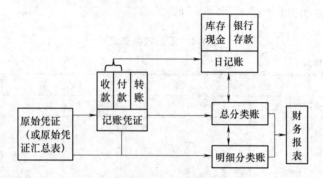

图8-1 记账凭证账务处理程序

三、记账凭证账务处理程序的优缺点及适用范围

记账凭证账务处理程序的优点：①总分类账能详细地反映经济业务的发生情况；②账户的对应关系和经济业务的来龙去脉清晰明了；③总分类账登记方法简单，易于理解和掌握。

记账凭证账务处理程序的缺点：①在经济业务较多的情况下，登记总账的工作量大；②账页耗用多，浪费资源，预留账页也难以掌握。

记账凭证账务处理程序适用于规模小、业务量少、凭证不多的单位。

第三节 汇总记账凭证账务处理程序

一、汇总记账凭证账务处理程序的含义及特点

汇总记账凭证账务处理程序，是根据原始凭证或汇总原始凭证编制记账凭证，再根据记账凭证定期分类编制汇总收款凭证、汇总付款凭证和汇总转账凭证，然后根据汇总记账凭证登记总分类账的账务处理程序。

汇总记账凭证账务处理程序的最大特点是根据记账凭证定期分类编制汇总记账凭证，再根据汇总记账凭证登记总分类账。

在汇总记账凭证账务处理程序下，会计主体在记账凭证选用方面，应采用收款凭证、付款凭证和转账凭证，此外还需要增设各种汇总记账凭证。会计账簿的设置与记账凭证账务处理程序基本相同。

二、汇总记账凭证账务处理程序的步骤

（1）根据原始凭证或原始凭证汇总表编制记账凭证。为便于编制汇总记账凭证，要求收款凭证按一借一贷或一借多贷的形式编制，付款凭证按一贷一借或一贷多借的形式编制，

转账凭证按一贷一借或一贷多借的形式编制。

(2) 根据收款凭证、付款凭证逐笔登记库存现金日记账和银行存款日记账。

(3) 根据原始凭证、原始凭证汇总表、记账凭证逐笔登记各类明细账。

(4) 根据各种记账凭证编制汇总记账凭证,即编制汇总收款凭证、汇总付款凭证和汇总转账凭证。

汇总收款凭证分别按照"库存现金"和"银行存款"账户的借方设置,并按贷方账户加以归类汇总,定期(5天或10天)填列一次,每月编制一张。月份终了,计算出汇总收款凭证的合计数后,分别登记库存现金或银行存款总账的借方,以及各个对应账户的贷方。汇总收款凭证的格式如表8-1所示。

表 8-1 汇总收款凭证

借方科目:(如银行存款)　　　　　　　年　月　日　　　　　　　汇收第　号

贷方科目	金额				总账页数		记账凭证起讫号
	1~10日	11~20日	21~31日	合计	借方	贷方	
合计							

会计主管:　　　　　记账:　　　　　审核:　　　　　制表:

汇总付款凭证分别按照"库存现金"和"银行存款"账户的贷方设置,并按库存现金或银行存款付款的借方账户加以归类汇总,定期(5天或10天)填列一次,每月编制一张。月份终了,计算出汇总付款凭证的合计数后,分别登记库存现金或银行存款总账的贷方,以及各个对应账户的借方。汇总付款凭证的格式如表8-2所示。

表 8-2 汇总付款凭证

贷方科目:(如库存现金)　　　　　　　年　月　日　　　　　　　汇付第　号

借方科目	金额				总账页数		记账凭证起讫号
	1~10日	11~20日	21~31日	合计	借方	贷方	
合计							

会计主管:　　　　　记账:　　　　　审核:　　　　　制表:

汇总转账凭证根据转账凭证按每个科目的贷方分别设置,并按对应的借方科目归类汇总,定期(5天或10天)填列一次,每月编制一张。月份终了,计算出汇总转账凭证的合计数后,分别登记各有关总账的贷方或借方。汇总转账凭证的格式如表8-3所示。

表 8-3　汇总转账凭证

借方科目	金额				总账页数		记账凭证起讫号
	1~10日	11~20日	21~31日	合　计	借　方	贷　方	
合计							

贷方科目：（如实收资本）　　　年　月　日　　　　　汇转第　号

会计主管：　　　记账：　　　审核：　　　制表：

（5）根据各种汇总记账凭证（汇总收款凭证、汇总付款凭证、汇总转账凭证）登记总分类账。

（6）月末，将库存现金日记账、银行存款日记账、各明细账与有关总分类账核对相符。

（7）月末，根据总分类账和明细分类账编制财务报表。

汇总记账凭证账务处理程序如图 8-2 所示。

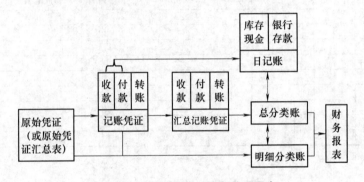

图 8-2　汇总记账凭证账务处理程序

三、汇总记账凭证账务处理程序的优缺点及适用范围

汇总记账凭证账务处理程序的优点：①简化了总分类账的记账工作，因为汇总记账凭证账务处理程序可以将日常发生的大量记账凭证整理工作分散在平时进行，经过平时的汇总归类后，月末一次记入总分类账中；②汇总记账凭证是按照科目的对应关系归类汇总编制的，能够清晰地反映账户间的对应关系，便于分析检查经济活动的发生及变动情况。

汇总记账凭证账务处理程序的缺点：①编制汇总记账凭证的工作量大；②汇总过程中可能发生的错误不易被发现；③在编制汇总转账凭证时按每一个贷方科目归类汇总，不考虑经济业务性质，不利于分工合作。

汇总记账凭证账务处理程序适用于规模大、业务量多、记账凭证多的单位。

第四节　科目汇总表账务处理程序

一、科目汇总表账务处理程序的含义及特点

科目汇总表账务处理程序，是根据原始凭证或原始凭证汇总表填制记账凭证，根据记账

凭证定期编制科目汇总表，再根据科目汇总表登记总分类账的一种账务处理程序。

科目汇总表账务处理程序的显著特点是根据记账凭证定期编制科目汇总表，然后依据科目汇总表登记总分类账。

在科目汇总表账务处理程序下，会计主体在记账凭证选用方面，可以采用收款凭证、付款凭证和转账凭证三种格式，也可以选择通用记账凭证，此外还需要增设特种记账凭证——科目汇总表。会计账簿的设置与记账凭证账务处理程序基本相同。

科目汇总表又称记账凭证汇总表，是根据记账凭证对一定时期内所有会计科目的借方发生额和贷方发生额进行分别汇总，并将发生额填入科目汇总表的相应栏目内所形成的特殊表格。科目汇总表最长的汇总时间是每月汇总一次，也可以是5天、10天或15天汇总一次。一般每汇总一次就要编制一张科目汇总表（见表8-4和表8-5），当然也可以将每次的汇总结果填列到一张汇总表（见表8-6）中，月末据以一次登记总账。

表 8-4　科目汇总表（格式一）

年　月　日　　　　　　　　　　　　　　　　　　　　　　科汇第　号

借方发生额											会计科目	贷方发生额										
亿	千	百	十	万	千	百	十	元	角	分		亿	千	百	十	万	千	百	十	元	角	分
											合计											

会计主管：　　　　记账：　　　　审核：　　　　制表：

表 8-5　科目汇总表（格式二）

年　月　日　　　　　　　　　　　　　　　　　　　　　　科汇第　号

会计科目	总账页数	本期发生额		记账凭证起讫号数
		借　方	贷　方	

会计主管：　　　　记账：　　　　审核：　　　　制表：

表 8-6　科目汇总表（格式三）

年　月

会计科目	总账页号	1~10日		11~20日		21~31日		本月合计	
		借方	贷方	借方	贷方	借方	贷方	借方	贷方

会计主管：　　　　记账：　　　　审核：　　　　制表：

二、科目汇总表账务处理程序的步骤

（1）根据原始凭证或原始凭证汇总表编制记账凭证。
（2）根据收款凭证、付款凭证逐笔登记库存现金日记账和银行存款日记账。
（3）根据原始凭证、原始凭证汇总表、记账凭证逐笔登记各类明细账。
（4）根据各种记账凭证定期编制科目汇总表。
（5）根据科目汇总表登记总账。
（6）月末，将库存现金日记账、银行存款日记账、各明细账与有关总分类账核对相符。
（7）月末，根据总分类账和明细分类账编制财务报表。

科目汇总表账务处理程序如图 8-3 所示。

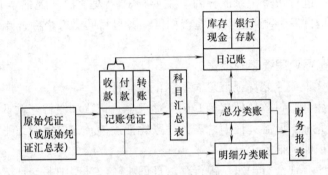

图 8-3　科目汇总表账务处理程序

三、科目汇总表账务处理程序的优缺点及适用范围

科目汇总表账务处理程序的优点：①科目汇总表的编制起到了试算平衡的作用；②根据科目汇总表登记总账，简化了登记总账的工作量。

科目汇总表账务处理程序的缺点：科目汇总表是按照总分类科目汇总的，不能反映账户对应关系。

科目汇总表账务处理程序适用于规模较大、经济业务量较多的单位。

第五节　日记总账账务处理程序

一、日记总账账务处理程序的含义及特点

日记总账账务处理程序是指在设置日记总账的基础上，将企业所发生的所有经济业务都根据记账凭证直接登记日记总账的一种账务处理程序。

日记总账账务处理程序的最大特点是设置日记总账，并根据记账凭证直接登记日记总账。

在日记总账账务处理程序下，会计主体选用的记账凭证主要是各种专用记账凭证。会计账簿除了设置库存现金日记账、银行存款日记账和各类明细账外，还设置日记总账。日记总账是把日记账和总账的特点结合在一起的账簿，它兼有序时账簿和分类账簿的功能，其账页为多栏式，将所有的总账科目都集中在一张账页上，对所有的经济业务都按照其发生的时间顺序进行序时登记，其格式如表 8-7 所示。

表 8-7　日记总账

年		记账凭证号数	摘要	发生额	____科目		____科目		…	____科目	
月	日				借方	贷方	借方	贷方		借方	贷方

登记日记总账时，应将每笔经济业务的金额，在记入日记总账"发生额"栏的同时，记入同行所涉及账户的"借方"或"贷方"栏。月终时结出各栏合计数，计算各科目的月末借方或贷方余额，进行账簿记录的核对。主要核对"发生额"栏的本月合计数与所有科目的借方发生额或贷方发生额的合计数是否相等，各科目的借方余额合计数与贷方余额合计数是否相等。

二、日记总账账务处理程序的步骤

（1）根据原始凭证或原始凭证汇总表编制记账凭证。
（2）根据收款凭证、付款凭证逐笔登记库存现金日记账和银行存款日记账。
（3）根据原始凭证、原始凭证汇总表、记账凭证逐笔登记各类明细账。
（4）根据各种记账凭证登记日记总账。
（5）月末，将库存现金日记账、银行存款日记账、各类明细账与日记总账核对相符。
（6）月末，根据日记总账和明细分类账编制财务报表。
日记总账账务处理程序如图 8-4 所示。

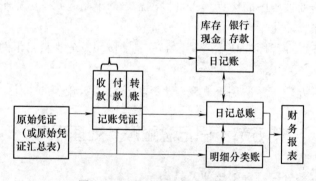

图 8-4　日记总账账务处理程序

三、日记总账账务处理程序的优缺点及适用范围

日记总账账务处理程序的优点：①直接根据记账凭证登记日记总账，简化了登记总账的工作量；②所有科目都集中在一张日记总账中，可以集中反映经济业务的全貌和每笔经济业务的账户对应关系，有利于经济业务的分析和检查。

日记总账账务处理程序的缺点：①由于每笔经济业务的发生，都要根据记账凭证登记日记总账，所以，增加了登记总账的工作量；②如果会计科目多，则日记总账的栏目会过多，不便于使用和分工。

日记总账账务处理程序适用于经济业务少、使用会计科目不多的小型企业。

第六节 账务处理程序运用举例

一、记账凭证账务处理程序运用举例

(一) 资料

甲企业为一般纳税人企业,增值税税率为13%,原材料采用实际成本法核算,制造费用按生产工人工资的比例分配。20××年11月初有关账户余额如下。

各总账账户月初余额如表8-8所示。

表8-8 总账账户余额表 (单位:元)

账户名称	借方余额	账户名称	贷方余额
库存现金	1 500	累计折旧	37 000
银行存款	269 800	短期借款	52 600
原材料	50 000	长期借款	100 000
库存商品	132 000	应付账款	52 000
生产成本	8 700	其他应付款	5 800
应收账款	30 600	应交税费	1 000
其他应收款	800	实收资本	550 000
固定资产	355 000	利润分配	50 000
合计	848 400	合计	848 400

月初"原材料"明细账余额如下。

甲材料400kg,单价为50元/kg,金额20 000元。

乙材料1 000kg,单价为30元/kg,金额30 000元。

月初"生产成本"8 700元,均为A产品成本明细账余额。

该企业11月发生如下经济业务。

(1) 1日,购入甲材料2 000kg,单价为50元/kg,增值税额为13 000元;乙材料3 000kg,单价为30元/kg,增值税税额为11 700元,款项以银行存款支付。

(2) 3日,上述材料运达企业并验收入库,按实际采购成本入账。

(3) 5日,材料仓库发出甲、乙两种材料,共计187 500元,分别用于产品生产、车间管理及行政管理等,具体情况如表8-9所示。

表8-9 甲、乙两种材料发出情况表

用途	甲材料		乙材料		金额合计(元)
	数量/kg	金额(元)	数量/kg	金额(元)	
生产A产品	1 000	50 000	1 500	45 000	95 000
生产B产品	800	40 000	1 200	36 000	76 000
用于车间管理			100	3 000	3 000
用于行政管理	150	7 500	200	6 000	13 500
合计	1 950	97 500	3 000	90 000	187 500

（4）6 日，收回前欠货款 30 600 元，存入银行。

（5）8 日，销售 A 产品 200 件，每件售价 800 元，货款 160 000 元，应交增值税 20 800 元，款已收到并存入银行。

（6）9 日，开出现金支票提取现金 2 000 元，备用。

（7）13 日，开出银行转账支票一张，用以偿还前欠购料款 28 600 元。

（8）15 日，以银行存款支付行政管理部门水电费 2 500 元。

（9）16 日，销售 B 产品 150 件，每件售价 700 元，货款 105 000 元，应交增值税 13 650 元，款项尚未收到。

（10）20 日，以银行存款 30 000 元，发放本月职工工资。

（11）25 日，以银行存款支付广告费 30 000 元。

（12）26 日，行政管理人员李虹因公出差，预借差旅费 2 000 元。

（13）28 日，向工商银行取得 3 个月的借款 150 000 元，存入银行。

（14）29 日，李虹出差回来，按规定报销差旅费 1 500 元，退回现金 500 元。

（15）30 日，结转本月应付职工工资 30 000 元，其中，A 产品生产工人工资 12 000 元，B 产品生产工人工资 8 000 元，车间管理人员工资 4 000 元，行政管理人员工资 6 000 元。

（16）30 日，本月实际发生的职工福利费 4 200 元。其中，A 产品生产工人福利费 1 680 元，B 产品生产工人福利费 1 120 元，车间管理人员福利费 560 元，行政管理人员福利费 840 元。

（17）30 日，计提本月负担的短期借款利息 1 000 元和长期借款利息 20 000 元（长期借款采用分期付息到期还本方式，本月长期借款利息不符合资本化条件）。

（18）30 日，提取本月固定资产折旧 30 000 元，其中生产车间固定资产折旧 20 000 元，行政管理部门固定资产折旧 10 000 元。

（19）30 日，分配结转 A、B 产品应负担的制造费用。

（20）30 日，本月 A、B 产品全部完工，结转完工产品成本。

（21）30 日，结转已销产品成本（A 产品单位成本为 350 元，B 产品单位成本为 320 元）。

（22）30 日，结转各损益类账户。

（23）30 日，按 25% 的税率计算本月应缴纳的所得税为 10 500 元。

（24）30 日，结转所得税费用至本年利润。

（25）30 日，将本年利润结转至利润分配。

（26）30 日，按规定提取本月法定盈余公积。

（27）30 日，企业决定向投资者分配利润 48 000 元。

（28）30 日，将上述有关利润明细分类账户余额转入"利润分配——未分配利润"账户。

（二）用记账凭证账务处理程序对本月经济业务进行核算

1. 根据资料按时间顺序填制记账凭证

业务（1）如图 8-5 所示（以下记账凭证填制过程中，附单据张数省略）。

付 款 凭 证

贷方科目：银行存款　　　　　　　20××年11月1日　　　　　　　银付第01号

对方单位（或领款人）	摘要	借方科目		金额	记账符号
		总账科目	明细科目	千百十万千百十元角分	
略	购原材料	在途物资	甲材料	1 0 0 0 0 0 0 0	
			乙材料	9 0 0 0 0 0 0	
		应交税费	应交增值税（进项税额）	2 4 7 0 0 0 0	
		合　　计		¥ 2 1 4 7 0 0 0 0	

会计主管：　　　　　记账：　　　　　复核：　　　　　出纳：　　　　　制单：

图 8-5 付款凭证

业务（2）如图8-6所示。

转 账 凭 证

20××年11月3日　　　　　　　转账第01号

摘要	总账科目	明细科目	借方金额	贷方金额	记账符号
			千百十万千百十元角分	千百十万千百十元角分	
材料验收入库	原材料	甲材料	1 0 0 0 0 0 0 0		
		乙材料	9 0 0 0 0 0 0		
	在途物资	甲材料		1 0 0 0 0 0 0 0	
		乙材料		9 0 0 0 0 0 0	
	合　　计		¥ 1 9 0 0 0 0 0 0	¥ 1 9 0 0 0 0 0 0	

会计主管：　　　　　记账：　　　　　复核：　　　　　制单：

图 8-6 转账凭证

业务（3）如图8-7所示。

转 账 凭 证

20××年11月5日　　　　　　　转账第02号

摘要	总账科目	明细科目	借方金额	贷方金额	记账符号
			千百十万千百十元角分	千百十万千百十元角分	
领用原材料	生产成本	A产品	9 5 0 0 0 0 0		
		B产品	7 6 0 0 0 0 0		
	制造费用		3 0 0 0 0 0		
	管理费用		1 3 5 0 0 0 0		
	原材料	甲材料		9 7 5 0 0 0 0	
		乙材料		9 0 0 0 0 0 0	
	合　　计		¥ 1 8 7 5 0 0 0 0	¥ 1 8 7 5 0 0 0 0	

会计主管：　　　　　记账：　　　　　复核：　　　　　制单：

图 8-7 转账凭证

业务（4）如图8-8所示。

收 款 凭 证

借方科目：银行存款　　　　　　20××年11月6日　　　　　　　　银收第01号

对方单位（或交款人）	摘要	贷方科目		金 额									记账符号
		总账科目	明细科目	千	百	十	万	千	百	十	元	角	分	
××公司	收回前欠货款	应收账款	××公司				3	0	6	0	0	0	0	
		合计		¥			3	0	6	0	0	0	0	

会计主管：　　　　记账：　　　　复核：　　　　出纳：　　　　制单：

图8-8　收款凭证

业务（5）如图8-9所示。

收 款 凭 证

借方科目：银行存款　　　　　　20××年11月8日　　　　　　　　银收第02号

对方单位（或交款人）	摘要	贷方科目		金 额									记账符号
		总账科目	明细科目	千	百	十	万	千	百	十	元	角	分	
略	销售产品收款	主营业务收入					1	6	0	0	0	0	0	
		应交税费	应交增值税（销项税额）					2	0	8	0	0	0	
		合计		¥		1	8	0	8	0	0	0	0	

会计主管：　　　　记账：　　　　复核：　　　　出纳：　　　　制单：

图8-9　收款凭证

业务（6）如图8-10所示。

付 款 凭 证

贷方科目：银行存款　　　　　　20××年11月9日　　　　　　　　银付第02号

对方单位（或领款人）	摘要	借方科目		金 额									记账符号
		总账科目	明细科目	千	百	十	万	千	百	十	元	角	分	
略	提现	库存现金						2	0	0	0	0	0	
		合计					¥	2	0	0	0	0	0	

会计主管：　　　　记账：　　　　复核：　　　　出纳：　　　　制单：

图8-10　付款凭证

业务（7）如图8-11所示。

付 款 凭 证

贷方科目：银行存款　　　　　　20××年11月13日　　　　　　　　银付第03号

对方单位	摘要	借方科目		金　额									记账
（或领款人）		总账科目	明细科目	千	百	十	万	千	百	十	元	角	分	符号
××公司	偿还前欠购料款	应付账款	××公司			2	8	6	0	0	0	0	0	
			合计			¥	2	8	6	0	0	0	0	0	

会计主管：　　　　　记账：　　　　复核：　　　　出纳：　　　　制单：

图 8-11　付款凭证

业务（8）如图8-12所示。

付 款 凭 证

贷方科目：银行存款　　　　　　20××年11月15日　　　　　　　　银付第04号

对方单位	摘要	借方科目		金　额									记账
（或领款人）		总账科目	明细科目	千	百	十	万	千	百	十	元	角	分	符号
略	支付水电费	管理费用	水电费					2	5	0	0	0	0	
			合计				¥	2	5	0	0	0	0	

会计主管：　　　　　记账：　　　　复核：　　　　出纳：　　　　制单：

图 8-12　付款凭证

业务（9）如图8-13所示。

转 账 凭 证

20××年11月16日　　　　　　　　转账第03号

摘要	总账科目	明细科目	借方金额										贷方金额										记账符号
			千	百	十	万	千	百	十	元	角	分	千	百	十	万	千	百	十	元	角	分	
销售产品	应收账款	××公司			1	1	8	6	5	0	0	0											
	主营业务收入														1	0	5	0	0	0	0	0	
	应交税费	应交增值税（销项税额）															1	3	6	5	0	0	0	
	合　计			¥	1	1	8	6	5	0	0	0		¥	1	1	8	6	5	0	0	0	

会计主管：　　　　　记账：　　　　复核：　　　　制单：

图 8-13　转账凭证

业务（10）如图8-14所示。

付 款 凭 证

贷方科目：银行存款　　　　　20××年11月20日　　　　　　银付第05号

对方单位(或领款人)	摘要	借方科目		金额									记账符号
		总账科目	明细科目	千	百	十	万	千	百	十	元	角	分	
本企业职工	发工资	应付职工薪酬	工资				3	0	0	0	0	0	0	
	合计						¥3	0	0	0	0	0	0	

附单据　张

会计主管：　　　　记账：　　　　复核：　　　　出纳：　　　　制单：

图8-14　付款凭证

业务（11）如图8-15所示。

付 款 凭 证

贷方科目：银行存款　　　　　20××年11月25日　　　　　　银付第06号

对方单位(或领款人)	摘要	借方科目		金额									记账符号
		总账科目	明细科目	千	百	十	万	千	百	十	元	角	分	
略	支付广告费	销售费用	广告费				3	0	0	0	0	0	0	
	合计						¥3	0	0	0	0	0	0	

附单据　张

会计主管：　　　　记账：　　　　复核：　　　　出纳：　　　　制单：

图8-15　付款凭证

业务（12）如图8-16所示。

付 款 凭 证

贷方科目：库存现金　　　　　20××年11月26日　　　　　　现付第01号

对方单位(或领款人)	摘要	借方科目		金额									记账符号
		总账科目	明细科目	千	百	十	万	千	百	十	元	角	分	
李虹	借出差旅费	其他应收款	李虹					2	0	0	0	0	0	
	合计							¥2	0	0	0	0	0	

附单据　张

会计主管：　　　　记账：　　　　复核：　　　　出纳：　　　　制单：

图8-16　付款凭证

业务（13）如图8-17所示。

收 款 凭 证

借方科目：银行存款　　　　　　20××年11月28日　　　　　　银收第03号

对方单位（或交款人）	摘要	贷方科目		金　额									记账符号
		总账科目	明细科目	千	百	十	万	千	百	十	元	角	分	
中国工商银行	借入款项存银行	短期借款	工商银行		1	5	0	0	0	0	0	0	0	
	合　计				¥	1	5	0	0	0	0	0	0	

会计主管：　　　　　记账：　　　　　复核：　　　　　出纳：　　　　　制单：

附单据　　张

图8-17　收款凭证

业务（14）如图8-18和图8-19所示。

收 款 凭 证

借方科目：库存现金　　　　　　20××年11月29日　　　　　　现收第01号

对方单位（或交款人）	摘要	贷方科目		金　额									记账符号
		总账科目	明细科目	千	百	十	万	千	百	十	元	角	分	
李虹	报差旅费退还现金	其他应收款	李虹						5	0	0	0	0	
	合　计							¥	5	0	0	0	0	

会计主管：　　　　　记账：　　　　　复核：　　　　　出纳：　　　　　制单：

附单据　　张

图8-18　收款凭证

转 账 凭 证

20××年11月29日　　　　　　转账第04号

摘　要	总账科目	明细科目	借方金额										贷方金额										记账符号
			千	百	十	万	千	百	十	元	角	分	千	百	十	万	千	百	十	元	角	分	
报差旅费	管理费用	差旅费					1	5	0	0	0	0											
	其他应收款	李虹															1	5	0	0	0	0	
	合　计					¥	1	5	0	0	0	0				¥	1	5	0	0	0	0	

会计主管：　　　　　记账：　　　　　复核：　　　　　制单：

附单据　　张

图8-19　转账凭证

业务（15）如图 8-20 所示。

转 账 凭 证

20××年 11 月 30 日　　　　　　　　　　　　　转账第 05 号

摘要	总账科目	明细科目	借方金额 千百十万千百十元角分	贷方金额 千百十万千百十元角分	记账符号
结转工资	生产成本	A产品	1 2 0 0 0 0 0		
		B产品	8 0 0 0 0 0		
	制造费用		4 0 0 0 0 0		
	管理费用		6 0 0 0 0 0		
	应付职工薪酬	工资		3 0 0 0 0 0 0	
合　计			¥ 3 0 0 0 0 0 0	¥ 3 0 0 0 0 0 0	

会计主管：　　　　记账：　　　　复核：　　　　制单：

图 8-20　转账凭证

业务（16）如图 8-21 所示。

转 账 凭 证

20××年 11 月 30 日　　　　　　　　　　　　　转账第 06 号

摘要	总账科目	明细科目	借方金额 千百十万千百十元角分	贷方金额 千百十万千百十元角分	记账符号
发生职工福利费	生产成本	A产品	1 6 8 0 0 0		
		B产品	1 1 2 0 0 0		
	制造费用		5 6 0 0 0		
	管理费用		8 4 0 0 0		
	应付职工薪酬	职工福利		4 2 0 0 0 0	
合　计			¥ 　4 2 0 0 0 0	¥ 　4 2 0 0 0 0	

会计主管：　　　　记账：　　　　复核：　　　　制单：

图 8-21　转账凭证

业务（17）如图 8-22 所示。

转 账 凭 证

20××年 11 月 30 日　　　　　　　　　　　　　转账第 07 号

摘要	总账科目	明细科目	借方金额 千百十万千百十元角分	贷方金额 千百十万千百十元角分	记账符号
计提利息	财务费用		2 1 0 0 0 0 0		
	应付利息			2 1 0 0 0 0 0	
合　计			¥ 2 1 0 0 0 0 0	¥ 2 1 0 0 0 0 0	

会计主管：　　　　记账：　　　　复核：　　　　制单：

图 8-22　转账凭证

业务（18）如图 8-23 所示。

转 账 凭 证

20××年 11 月 30 日　　　　　　　　转账第 08 号

摘要	总账科目	明细科目	借方金额 千百十万千百十元角分	贷方金额 千百十万千百十元角分	记账符号
提折旧	制造费用		2 0 0 0 0 0 0		
	管理费用		1 0 0 0 0 0 0		
		累计折旧		3 0 0 0 0 0 0	
合　计			¥3 0 0 0 0 0 0	¥3 0 0 0 0 0 0	

会计主管：　　　　记账：　　　　复核：　　　　制单：

图 8-23 转账凭证

业务（19）如图 8-24 所示。
本月发生的制造费用总额 = 3 000 + 4 000 + 560 + 20 000 = 27 560（元）
制造费用分配率 = 27 560 ÷（12 000 + 8 000）= 1.378
A 产品负担的制造费用 = 12 000 × 1.378 = 16 536（元）
B 产品负担的制造费用 = 8 000 × 1.378 = 11 024（元）

转 账 凭 证

20××年 11 月 30 日　　　　　　　　转账第 09 号

摘要	总账科目	明细科目	借方金额 千百十万千百十元角分	贷方金额 千百十万千百十元角分	记账符号
结转制造费用	生产成本	A 产品	1 6 5 3 6 0 0		
		B 产品	1 1 0 2 4 0 0		
	制造费用			2 7 5 6 0 0 0	
合　计			¥2 7 5 6 0 0 0	¥2 7 5 6 0 0 0	

会计主管：　　　　记账：　　　　复核：　　　　制单：

图 8-24 转账凭证

业务（20）如图 8-25 所示。
A 产品生产成本 = 8 700 + 95 000 + 12 000 + 1 680 + 16 536 = 133 916（元）
B 产品生产成本 = 76 000 + 8 000 + 1 120 + 11 024 = 96 144（元）

转 账 凭 证

20××年11月30日　　　　　　　　　　　转账第10号

摘要	总账科目	明细科目	借方金额									贷方金额									记账符号
			千	百	十	万	千	百	十	元	角	分	千	百	十	万	千	百	十	元	角	分	
结转完工产品成本	库存商品	A产品			1	3	3	9	1	6	0	0											
		B产品				9	6	1	4	4	0	0											
	生产成本	A产品													1	3	3	9	1	6	0	0	
		B产品														9	6	1	4	4	0	0	
合　计			¥	2	3	0	0	6	0	0	0		¥	2	3	0	0	6	0	0	0		

会计主管：　　　　　记账：　　　　　复核：　　　　　制单：

图 8-25　转账凭证

业务（21）如图8-26所示。

已销售A产品的成本 = 200×350 = 70 000（元）

已销售B产品的成本 = 150×320 = 48 000（元）

转 账 凭 证

20××年11月30日　　　　　　　　　　　转账第11号

摘要	总账科目	明细科目	借方金额									贷方金额									记账符号
			千	百	十	万	千	百	十	元	角	分	千	百	十	万	千	百	十	元	角	分	
结转销售成本	主营业务成本				1	1	8	0	0	0	0	0											
	库存商品	A产品														7	0	0	0	0	0	0	
		B产品														4	8	0	0	0	0	0	
合　计			¥	1	1	8	0	0	0	0	0		¥	1	1	8	0	0	0	0	0		

会计主管：　　　　　记账：　　　　　复核：　　　　　制单：

图 8-26　转账凭证

业务（22）如图8-27和图8-28所示。

主营业务收入的贷方发生额 = 160 000 + 105 000 = 265 000（元）

管理费用的借方发生额 = 13 500 + 2 500 + 1 500 + 6 000 + 840 + 10 000 = 34 340（元）

转 账 凭 证

20××年11月30日　　　　　　　　　　　转账第12号

摘要	总账科目	明细科目	借方金额									贷方金额									记账符号
			千	百	十	万	千	百	十	元	角	分	千	百	十	万	千	百	十	元	角	分	
结转收入类账户	主营业务收入				2	6	5	0	0	0	0	0											
	本年利润														2	6	5	0	0	0	0	0	
合　计			¥	2	6	5	0	0	0	0	0		¥	2	6	5	0	0	0	0	0		

会计主管：　　　　　记账：　　　　　复核：　　　　　制单：

图 8-27　转账凭证

转 账 凭 证

20××年11月30日　　　　　　　　　　转账第 13 号

摘要	总账科目	明细科目	借方金额									贷方金额									记账符号
			千	百	十	万	千	百	十	元	角	分	千	百	十	万	千	百	十	元	角	分	
结转费用类账户	本年利润				2	0	3	3	4	0	0	0											
	主营业务成本														1	1	8	0	0	0	0	0	
	管理费用																3	4	3	4	0	0	
	财务费用																2	1	0	0	0	0	
	销售费用																3	0	0	0	0	0	
	合　计		¥		2	0	3	3	4	0	0	0	¥		2	0	3	3	4	0	0	0	

会计主管：　　　　　记账：　　　　　复核：　　　　　制单：

图 8-28　转账凭证

根据图 8-27 和图 8-28 可以计算出该企业 11 月份的利润总额。

利润总额 = 265 000 - 203 340 = 61 660（元）

业务（23）如图 8-29 所示。

转 账 凭 证

20××年11月30日　　　　　　　　　　转账第 14 号

摘要	总账科目	明细科目	借方金额									贷方金额									记账符号
			千	百	十	万	千	百	十	元	角	分	千	百	十	万	千	百	十	元	角	分	
计算应交所得税	所得税费用					1	0	5	0	0	0	0											
	应交税费	应交所得税														1	0	5	0	0	0	0	
	合　计		¥			1	0	5	0	0	0	0	¥			1	0	5	0	0	0	0	

会计主管：　　　　　记账：　　　　　复核：　　　　　制单：

图 8-29　转账凭证

业务（24）如图 8-30 所示。

转 账 凭 证

20××年11月30日　　　　　　　　　　转账第 15 号

摘要	总账科目	明细科目	借方金额									贷方金额									记账符号
			千	百	十	万	千	百	十	元	角	分	千	百	十	万	千	百	十	元	角	分	
结转所得税费用	本年利润					1	0	5	0	0	0	0											
	所得税费用															1	0	5	0	0	0	0	
	合　计		¥			1	0	5	0	0	0	0	¥			1	0	5	0	0	0	0	

会计主管：　　　　　记账：　　　　　复核：　　　　　制单：

图 8-30　转账凭证

企业 11 月份净利润 = 利润总额 – 所得税费用 = 61 660 – 10 500 = 51 160（元）

业务（25）如图 8-31 所示。

转 账 凭 证

20××年 11 月 30 日　　　　　　　　　　　　转账第 16 号

摘要	总账科目	明细科目	借方金额 千 百 十 万 千 百 十 元 角 分	贷方金额 千 百 十 万 千 百 十 元 角 分	记账符号
结转本年利润至利润分配	本年利润		5 1 1 6 0 0 0		
	利润分配	未分配利润		5 1 1 6 0 0 0	
合　计			¥ 5 1 1 6 0 0 0	¥ 5 1 1 6 0 0 0	

会计主管：　　　　记账：　　　　复核：　　　　制单：

图 8-31　转账凭证

业务（26）如图 8-32 所示。

转 账 凭 证

20××年 11 月 30 日　　　　　　　　　　　　转账第 17 号

摘要	总账科目	明细科目	借方金额 千 百 十 万 千 百 十 元 角 分	贷方金额 千 百 十 万 千 百 十 元 角 分	记账符号
提盈余公积	利润分配	提取法定盈余公积	5 1 1 6 0 0		
	盈余公积	法定盈余公积		5 1 1 6 0 0	
合　计			¥ 5 1 1 6 0 0	¥ 5 1 1 6 0 0	

会计主管：　　　　记账：　　　　复核：　　　　制单：

图 8-32　转账凭证

业务（27）如图 8-33 所示。

转 账 凭 证

20××年 11 月 30 日　　　　　　　　　　　　转账第 18 号

摘要	总账科目	明细科目	借方金额 千 百 十 万 千 百 十 元 角 分	贷方金额 千 百 十 万 千 百 十 元 角 分	记账符号
结转投资者利润	利润分配	应付现金股利	4 8 0 0 0 0 0		
	应付股利			4 8 0 0 0 0 0	
合　计			¥ 4 8 0 0 0 0 0	¥ 4 8 0 0 0 0 0	

会计主管：　　　　记账：　　　　复核：　　　　制单：

图 8-33　转账凭证

业务（28）如图8-34所示。

转 账 凭 证

20××年11月30日   转账第19号

摘要	总账科目	明细科目	借方金额	贷方金额	记账符号
结转利润分配明细账	利润分配	未分配利润	531160 0		
	利润分配	提取法定盈余公积		51160 0	
		应付现金股利		480000 0	
合　　　计			¥531160 0	¥531160 0	

附单据　　张

会计主管：　　　记账：　　　复核：　　　制单：

图8-34　转账凭证

2. 登记会计账簿

（1）根据收款凭证、付款凭证登记库存现金日记账（见表8-10）和银行存款日记账（见表8-11）。

表8-10　库存现金日记账　　　　　　　　　　　　　　（单位：元）

20××年		凭证号数	摘　要	对方账户	收入	支出	结余
月	日						
11	1		期初余额				1 500
	9	银付02	提现	银行存款	2 000		3 500
	26	现付01	借出差旅费	其他应收款		2 000	1 500
	29	现收01	报差旅费退还现金	其他应收款	500		2 000
	30		本月合计		2 500	2 000	2 000

表8-11　银行存款日记账　　　　　　　　　　　　　　（单位：元）

20××年		凭证号数	摘　要	对方账户	收入	支出	结余
月	日						
11	1		期初余额				269 800
	1	银付01	支付购料款	在途物资		100 000	169 800
				在途物资		90 000	79 800
				应交税费		24 700	55 100
	6	银收01	收回前欠货款	应收账款	30 600		85 700
	8	银收02	销售产品收款	主营业务收入	160 000		245 700
				应交税费	20 800		266 500
	9	银付02	提现	库存现金		2 000	264 500
	13	银付03	偿还前欠购料款	应付账款		28 600	235 900

(续)

20××年		凭证号数	摘要	对方账户	收入	支出	结余
月	日						
	15	银付04	支付水电费	管理费用		2 500	233 400
	20	银付05	发工资	应付职工薪酬		30 000	203 400
	25	银付06	支付广告费	销售费用		30 000	173 400
	28	银收03	借入款项存银行	短期借款	150 000		323 400
	30		本月合计		361 400	307 800	323 400

(2) 根据收款凭证、付款凭证和转账凭证登记有关明细分类账。以原材料明细分类账为例，如表 8-12 和表 8-13 所示。

表 8-12　原材料明细分类账　　　　　金额单位：元

类别：甲材料　　　　　　　　　　　　计量单位：kg

20××年		凭证号数	摘要	收入			发出			结存		
月	日			数量	单价	金额	数量	单价	金额	数量	单价	金额
11	1		期初余额							400	50	20 000
	3	转01	购原材料	2 000	50	100 000				2 400	50	120 000
	5	转02	A产品领用				1 000	50	50 000	1 400	50	70 000
			B产品领用				800	50	40 000	600	50	30 000
			行政管理领用				150	50	7 500	450	50	22 500
	30		本月合计	2 000	50	100 000	1 950	50	97 500	450	50	22 500

表 8-13　原材料明细分类账　　　　　金额单位：元

类别：乙材料　　　　　　　　　　　　计量单位：kg

20××年		凭证号数	摘要	收入			发出			结存		
月	日			数量	单价	金额	数量	单价	金额	数量	单价	金额
11	1		期初余额							1 000	30	30 000
	3	转01	购原材料	3 000	30	90 000				4 000	30	120 000
	5	转02	A产品领用				1 500	30	45 000	2 500	30	75 000
			B产品领用				1 200	30	36 000	1 300	30	39 000
			车间管理领用				100	30	3 000	1 200	30	36 000
			行政管理领用				200	30	6 000	1 000	30	30 000
	30		本月合计	3 000	30	90 000	3 000	30	90 000	1 000	30	30 000

(3) 根据记账凭证逐笔登记总分类账。以银行存款总账为例，说明总分类账的登记方法。银行存款总账如表 8-14 所示。

表 8-14　银行存款总账　　　　　　　　（单位：元）

20××年		凭证号数	摘要	借方	贷方	借或贷	余额
月	日						
11	1		期初余额			借	269 800
	1	银付01	支付购料款		214 700	借	55 100
	6	银收01	收回前欠货款	30 600		借	85 700
	8	银收02	销售产品收款	180 800		借	266 500
	9	银付02	提现		2 000	借	264 500
	13	银付03	偿还前欠购料款		28 600	借	235 900
	15	银付04	支付水电费		2 500	借	233 400
	20	银付05	发工资		30 000	借	203 400
	25	银付06	支付广告费		30 000	借	173 400
	28	银收03	借入款项存银行	150 000		借	323 400
	30		本月合计	361 400	307 800	借	323 400

3. 核对账目

月末，进行总账与日记账核对，总账与所属明细账核对（略）。

4. 编制财务报表

根据有关总账和明细账编制财务报表（略）。

二、汇总记账凭证账务处理程序运用举例

（一）资料

仍以记账凭证账务处理程序运用举例中的资料，说明汇总记账凭证账务处理程序的运用（见本章第六节"一、记账凭证账务处理程序运用举例"）。

（二）用汇总记账凭证账务处理程序对本月经济业务进行核算

1. 填制记账凭证

根据资料按时间顺序填制记账凭证（见本章第六节"一、记账凭证账务处理程序运用举例"）。

2. 编制汇总记账凭证

由于汇总记账凭证账务处理程序的最大特点是根据记账凭证定期分类编制汇总记账凭证，再根据汇总记账凭证登记总分类账，所以，汇总记账凭证账务处理程序与记账凭证账务处理程序的主要不同，就在于增加了一项编制汇总记账凭证的工作。部分汇总记账凭证如表 8-15～表 8-26 所示。

表 8-15　汇总收款凭证

借方科目：库存现金　　　　20××年11月　　　　单位：元　　　　汇收01号

贷方科目	金额				总账页数		记账凭证起讫号
	1~10日	11~20日	21~30日	合计	借方	贷方	
其他应收款		500		500			
合计		500		500			

会计主管：　　　　记账：　　　　审核：　　　　制表：

表 8-16　汇总付款凭证

贷方科目：库存现金　　　　20××年11月　　　　单位：元　　　　汇付01号

借方科目	金　额				总账页数		记账凭证起讫号
	1~10日	11~20日	21~30日	合　计	借　方	贷　方	
其他应收款			2 000	2 000			
合计			2 000	2 000			

会计主管：　　　　记账：　　　　审核：　　　　制表：

表 8-17　汇总收款凭证

借方科目：银行存款　　　　20××年11月　　　　单位：元　　　　汇收02号

贷方科目	金　额				总账页数		记账凭证起讫号
	1~10日	11~20日	21~30日	合　计	借　方	贷　方	
应收账款	30 600			30 600			
主营业务收入	160 000			160 000			
应交税费	20 800			20 800			
短期借款			150 000	150 000			
合计	211 400		150 000	361 400			

会计主管：　　　　记账：　　　　审核：　　　　制表：

表 8-18　汇总付款凭证

贷方科目：银行存款　　　　20××年11月　　　　单位：元　　　　汇付02号

借方科目	金　额				总账页数		记账凭证起讫号
	1~10日	11~20日	21~30日	合　计	借　方	贷　方	
在途物资	190 000			190 000			
应交税费	24 700			24 700			
库存现金	2 000			2 000			
应付账款		28 600		28 600			
管理费用		2 500		2 500			
应付职工薪酬		30 000		30 000			
销售费用			30 000	30 000			
合计	216 700	61 100	30 000	307 800			

会计主管：　　　　记账：　　　　审核：　　　　制表：

表 8-19　汇总转账凭证

贷方科目：在途物资　　　　20××年11月　　　　单位：元　　　　汇转01号

借方科目	金　额				总账页数		记账凭证起讫号
	1~10日	11~20日	21~30日	合　计	借　方	贷　方	
原材料	190 000			190 000			
合计	190 000			190 000			

会计主管：　　　　记账：　　　　审核：　　　　制表：

表 8-20　汇总转账凭证

贷方科目：原材料　　　　　　20××年11月　　　　　　单位：元　　　　　　汇转02号

借方科目	金额				总账页数		记账凭证起讫号
	1~10日	11~20日	21~30日	合计	借方	贷方	
生产成本	171 000			171 000			
制造费用	3 000			3 000			
管理费用	13 500			13 500			
合计	187 500			187 500			

会计主管：　　　　　　记账：　　　　　　审核：　　　　　　制表：

表 8-21　汇总转账凭证

贷方科目：主营业务收入　　　　　　20××年11月　　　　　　单位：元　　　　　　汇转03号

借方科目	金额				总账页数		记账凭证起讫号
	1~10日	11~20日	21~30日	合计	借方	贷方	
应收账款		105 000		105 000			
合计		105 000		105 000			

会计主管：　　　　　　记账：　　　　　　审核：　　　　　　制表：

表 8-22　汇总转账凭证

贷方科目：应交税费　　　　　　20××年11月　　　　　　单位：元　　　　　　汇转04号

借方科目	金额				总账页数		记账凭证起讫号
	1~10日	11~20日	21~30日	合计	借方	贷方	
应收账款		13 650		13 650			
所得税费用			10 500	10 500			
合计		13 650	10 500	24 150			

会计主管：　　　　　　记账：　　　　　　审核：　　　　　　制表：

表 8-23　汇总转账凭证

贷方科目：其他应收款　　　　　　20××年11月　　　　　　单位：元　　　　　　汇转05号

借方科目	金额				总账页数		记账凭证起讫号
	1~10日	11~20日	21~30日	合计	借方	贷方	
管理费用			1 500	1 500			
合计			1 500	1 500			

会计主管：　　　　　　记账：　　　　　　审核：　　　　　　制表：

表 8-24　汇总转账凭证

贷方科目：应付职工薪酬　　　20××年11月　　　单位：元　　　汇转06号

借方科目	金额				总账页数		记账凭证起讫号
	1~10日	11~20日	21~30日	合计	借方	贷方	
生产成本			22 800	22 800			
制造费用			4 560	4 560			
管理费用			6 840	6 840			
合计			34 200	34 200			

会计主管：　　　　记账：　　　　审核：　　　　制表：

表 8-25　汇总转账凭证

贷方科目：应付利息　　　20××年11月　　　单位：元　　　汇转07号

借方科目	金额				总账页数		记账凭证起讫号
	1~10日	11~20日	21~30日	合计	借方	贷方	
财务费用			21 000	21 000			
合计			21 000	21 000			

会计主管：　　　　记账：　　　　审核：　　　　制表：

表 8-26　汇总转账凭证

贷方科目：累计折旧　　　20××年11月　　　单位：元　　　汇转08号

借方科目	金额				总账页数		记账凭证起讫号
	1~10日	11~20日	21~30日	合计	借方	贷方	
制造费用			20 000	20 000			
管理费用			10 000	10 000			
合计			30 000	30 000			

会计主管：　　　　记账：　　　　审核：　　　　制表：

3. 登记会计账簿

（1）根据收款凭证、付款凭证登记库存现金日记账和银行存款日记账（见本章第六节"一、记账凭证账务处理程序运用举例"中登记的账簿）。

（2）根据收款凭证、付款凭证和转账凭证登记有关明细分类账（见本章第六节"一、记账凭证账务处理程序运用举例"中登记的账簿）。

（3）根据汇总记账凭证登记总分类账。下面选择部分总账进行登记，说明汇总记账凭证账务处理程序下总分类账的登记方法，如表8-27~表8-31所示。

表 8-27　库存现金总账　　　　　　　　　　　　　　　　（单位：元）

20××年		凭证号数	摘要	借方	贷方	借或贷	余额
月	日						
11	1		期初余额			借	1 500
	30	汇收01	发生额	500		借	2 000
	30	汇付01	发生额		2 000	借	0
	30	汇付02	发生额	2 000		借	2 000
	30		本月合计	2 500	2 000	借	2 000

表 8-28　银行存款总账　　　　　　　　　　　　　　　　（单位：元）

20××年		凭证号数	摘要	借方	贷方	借或贷	余额
月	日						
11	1		期初余额			借	269 800
	30	汇收02	发生额	361 400		借	631 200
	30	汇付02	发生额		307 800	借	323 400
	30		本月合计	361 400	307 800	借	323 400

表 8-29　在途物资总账　　　　　　　　　　　　　　　　（单位：元）

20××年		凭证号数	摘要	借方	贷方	借或贷	余额
月	日						
11	1		期初余额			平	0
	30	汇付02	发生额	190 000			
	30	汇转01	发生额		190 000		
	30		本月合计	190 000	190 000	平	0

表 8-30　原材料总账　　　　　　　　　　　　　　　　（单位：元）

20××年		凭证号数	摘要	借方	贷方	借或贷	余额
月	日						
11	1		期初余额			借	50 000
	30	汇转01	发生额	190 000			
	30	汇转02	发生额		187 500		
	30		本月合计	190 000	187 500	借	52 500

表 8-31　应交税费总账　　　　　　　　　　　　　　　　（单位：元）

20××年		凭证号数	摘要	借方	贷方	借或贷	余额
月	日						
11	1		期初余额			贷	1 000
	30	汇收02	发生额		20 800		
	30	汇付02	发生额	24 700			
	30	汇转04	发生额		24 150		
	30		本月合计	24 700	44 950	贷	21 250

4. 核对账目

月末，进行总账与日记账核对，总账与所属明细账核对（略）。

5. 编制财务报表

根据有关总账和明细账编制财务报表（略）。

三、科目汇总表账务处理程序运用举例

（一）资料

仍以记账凭证账务处理程序运用举例中的资料，说明科目汇总表账务处理程序的运用（见本章第六节"一、记账凭证账务处理程序运用举例"）。

（二）用科目汇总表账务处理程序对本月经济业务进行核算

1. 填制记账凭证

根据资料按时间顺序填制记账凭证（见本章第六节"一、记账凭证账务处理程序运用举例"中填制的记账凭证）。

2. 编制科目汇总表

由于科目汇总表账务处理程序的最大特点是根据科目汇总表登记总分类账，所以，在登记总账前需要编制科目汇总表。在现实业务核算中，企业在编制科目汇总表之前，需要根据记账凭证登记T形账，在这里T形账相当于企业编制科目汇总表的工作底稿。甲企业11月份业务的T形账如下所示。

库存现金				其他应收款			
期初余额	1 500			期初余额	800		
(6)	2 000	(12)	2 000	(12)	2 000	(14)	500
(14)	500					(14)	1 500
本期发生额	2 500	本期发生额	2 000	本期发生额	2 000	本期发生额	2 000
期末余额	2 000			期末余额	800		

银行存款				在途物资			
期初余额	269 800			(1)	190 000	(2)	190 000
(4)	30 600	(1)	214 700	本期发生额	190 000	本期发生额	190 000
(5)	180 800	(6)	2 000	期末余额	0		
(13)	150 000	(7)	28 600	原材料			
		(8)	2 500	期初余额	50 000		
		(10)	30 000	(2)	190 000	(3)	187 500
		(11)	30 000	本期发生额	190 000	本期发生额	187 500
本期发生额	361 400	本期发生额	307 800	期末余额	52 500		
期末余额	323 400						

应收账款				生产成本			
期初余额	30 600			期初余额	8 700		
(9)	118 650	(4)	30 600	(3)	171 000		
本期发生额	118 650	本期发生额	30 600	(15)	20 000		
期末余额	118 650			(16)	2 800		
				(19)	27 560	(20)	230 060
				本期发生额	221 360	本期发生额	230 060
				期末余额	0		

制造费用			
(3)	3 000		
(15)	4 000		
(16)	560		
(18)	20 000	(19)	27 560
本期发生额	27 560	本期发生额	27 560

库存商品			
期初余额	132 000		
(20)	230 060	(21)	118 000
本期发生额	230 060	本期发生额	118 000
期末余额	244 060		

固定资产			
期初余额	355 000		
期末余额	355 000		

累计折旧			
		期初余额	37 000
		(18)	30 000
本期发生额	0	本期发生额	30 000
		期末余额	67 000

短期借款			
		期初余额	52 600
		(13)	150 000
本期发生额	0	本期发生额	150 000
		期末余额	202 600

应付账款			
		期初余额	52 000
(7)	28 600		
本期发生额	28 600	本期发生额	0
		期末余额	23 400

其他应付款			
		期初余额	5 800
		期末余额	5 800

应付职工薪酬			
		(15)	30 000
(10)	30 000	(16)	4 200
本期发生额	30 000	本期发生额	34 200
		期末余额	4 200

应交税费			
		期初余额	1 000
		(5)	20 800
(1)	24 700	(9)	13 650
		(23)	10 500
本期发生额	24 700	本期发生额	44 950
		期末余额	21 250

应付利息			
		(17)	21 000
本期发生额	0	本期发生额	21 000
		期末余额	21 000

应付股利			
		(27)	48 000
本期发生额	0	本期发生额	48 000
		期末余额	48 000

长期借款			
		期初余额	100 000
		期末余额	100 000

实收资本			
		期初余额	550 000
		期末余额	550 000

盈余公积			
		(26)	5 116
		期末余额	5 116

利润分配			
		期初余额	50 000
(26)	5 116	(25)	51 160
(27)	48 000	(28)	53 116
(28)	53 116		
本期发生额	106 232	本期发生额	104 276
		期末余额	48 044

主营业务收入			
		(5)	160 000
(22)	265 000	(9)	105 000
本期发生额	265 000	本期发生额	265 000

主营业务成本			
(21)	118 000	(21)	118 000
本期发生额	118 000	本期发生额	118 000

销售费用			
(11)	30 000	(22)	30 000
本期发生额	30 000	本期发生额	30 000

财务费用				所得税费用			
(17)	21 000	(22)	21 000	(23)	10 500	(24)	10 500
本期发生额	21 000	本期发生额	21 000	本期发生额	10 500	本期发生额	10 500

管理费用				本年利润			
(3)	13 500			(22)	203 340	(22)	265 000
(8)	2 500			(24)	10 500		
(14)	1 500			(25)	51 160		
(15)	6 000						
(16)	840						
(18)	10 000	(22)	34 340				
本期发生额	34 340	本期发生额	34 340	本期发生额	265 000	本期发生额	265 000

根据上述各账户的 T 形账中的本期发生额编制科目汇总表（见表 8-32）。

表 8-32 科目汇总表（格式一）

20××年 11 月 30 日　　　　　　　　　　　　　　　　　　科汇第 1 号

借方发生额	会 计 科 目	贷方发生额
2 500	库存现金	2 000
361 400	银行存款	307 800
190 000	原材料	187 500
230 060	库存商品	118 000
221 360	生产成本	230 060
27 560	制造费用	27 560
118 650	应收账款	30 600
	累计折旧	30 000
2 000	其他应收款	2 000
190 000	在途物资	190 000
	短期借款	150 000
28 600	应付账款	
30 000	应付职工薪酬	34 200
	盈余公积	5 116
106 232	利润分配	104 276
	应付股利	48 000
24 700	应交税费	44 950
34 340	管理费用	34 340
265 000	主营业务收入	265 000
30 000	销售费用	30 000
21 000	财务费用	21 000
	应付利息	21 000
118 000	主营业务成本	118 000
265 000	本年利润	265 000
10 500	所得税费用	10 500
2 276 902	合计	2 276 902

会计主管：　　　　记账：　　　　审核：　　　　制表：

3. 登记会计账簿

（1）根据收款凭证、付款凭证登记"库存现金日记账"和"银行存款日记账"（见本章第六节"一、记账凭证账务处理程序运用举例"中登记的账簿）。

（2）根据收款凭证、付款凭证和转账凭证登记有关明细分类账（见本章第六节"一、记账凭证账务处理程序运用举例"中登记的账簿）。

（3）根据科目汇总表登记总分类账。在科目汇总表账务处理程序下，总分类账的登记方法如表8-33～表8-57所示。

表8-33 库存现金总账 （单位：元）

20××年		凭证号数	摘要	借方	贷方	借或贷	余额
月	日						
11	1		期初余额			借	1 500
	30	科汇1	1～30日发生额	2 500	2 000		
	30		本月合计	2 500	2 000	借	2 000

表8-34 银行存款总账 （单位：元）

20××年		凭证号数	摘要	借方	贷方	借或贷	余额
月	日						
11	1		期初余额			借	269 800
	30	科汇1	1～30日发生额	361 400	307 800		
	30		本月合计	361 400	307 800	借	323 400

表8-35 原材料总账 （单位：元）

20××年		凭证号数	摘要	借方	贷方	借或贷	余额
月	日						
11	1		期初余额			借	50 000
	30	科汇1	1～30日发生额	190 000	187 500		
	30		本月合计	190 000	187 500	借	52 500

表8-36 库存商品总账 （单位：元）

20××年		凭证号数	摘要	借方	贷方	借或贷	余额
月	日						
11	1		期初余额			借	132 000
	30	科汇1	1～30日发生额	230 060	118 000		
	30		本月合计	230 060	118 000	借	244 060

表8-37 生产成本总账 （单位：元）

20××年		凭证号数	摘要	借方	贷方	借或贷	余额
月	日						
11	1		期初余额			借	8 700
	30	科汇1	1～30日发生额	221 360	230 060		
	30		本月合计	221 360	230 060	平	0

表 8-38　制造费用总账　　　　　　　　　　　　　　　（单位：元）

20××年		凭证号数	摘要	借方	贷方	借或贷	余额
月	日						
11	30	科汇1	1~30日发生额	27 560	27 560		
	30		本月合计	27 560	27 560	平	0

表 8-39　应收账款总账　　　　　　　　　　　　　　　（单位：元）

20××年		凭证号数	摘要	借方	贷方	借或贷	余额
月	日						
11	1		期初余额			借	30 600
	30	科汇1	1~30日发生额	118 650	30 600		
	30		本月合计	118 650	30 600	借	118 650

表 8-40　累计折旧总账　　　　　　　　　　　　　　　（单位：元）

20××年		凭证号数	摘要	借方	贷方	借或贷	余额
月	日						
11	1		期初余额			贷	37 000
	30	科汇1	1~30日发生额		30 000		
	30		本月合计		30 000	贷	67 000

表 8-41　其他应收款总账　　　　　　　　　　　　　　（单位：元）

20××年		凭证号数	摘要	借方	贷方	借或贷	余额
月	日						
11	1		期初余额			借	800
	30	科汇1	1~30日发生额	2 000	2 000		
	30		本月合计	2 000	2 000	借	800

表 8-42　在途物资总账　　　　　　　　　　　　　　　（单位：元）

20××年		凭证号数	摘要	借方	贷方	借或贷	余额
月	日						
11	1		期初余额			平	0
	30	科汇1	1~30日发生额	190 000	190 000		
	30		本月合计	190 000	190 000	平	0

表 8-43　短期借款总账　　　　　　　　　　　　　　　（单位：元）

20××年		凭证号数	摘要	借方	贷方	借或贷	余额
月	日						
11	1		期初余额			贷	52 600
	30	科汇1	1~30日发生额		150 000		
	30		本月合计		150 000	贷	202 600

表 8-44　应付账款总账　　　　　　　　　　　　　　　　（单位：元）

20××年		凭证号数	摘　要	借　方	贷　方	借或贷	余　额
月	日						
11	1		期初余额			贷	52 000
	30	科汇1	1~30日发生额	28 600			
	30		本月合计	28 600		贷	23 400

表 8-45　应付职工薪酬总账　　　　　　　　　　　　　　（单位：元）

20××年		凭证号数	摘　要	借　方	贷　方	借或贷	余　额
月	日						
11	1		期初余额			平	0
	30	科汇1	1~30日发生额	30 000	34 200		
	30		本月合计	30 000	34 200	贷	4 200

表 8-46　盈余公积总账　　　　　　　　　　　　　　　　（单位：元）

20××年		凭证号数	摘　要	借　方	贷　方	借或贷	余　额
月	日						
11	1		期初余额			平	0
	30	科汇1	1~30日发生额		5 116		
	30		本月合计		5 116	贷	5 116

表 8-47　利润分配总账　　　　　　　　　　　　　　　　（单位：元）

20××年		凭证号数	摘　要	借　方	贷　方	借或贷	余　额
月	日						
11	1		期初余额			贷	50 000
	30	科汇1	1~30日发生额	106 232	104 276		
	30		本月合计	106 232	104 276	贷	48 044

表 8-48　应付股利总账　　　　　　　　　　　　　　　　（单位：元）

20××年		凭证号数	摘　要	借　方	贷　方	借或贷	余　额
月	日						
11	1		期初余额			平	0
	30	科汇1	1~30日发生额		48 000		
	30		本月合计		48 000	贷	48 000

表 8-49　应交税费总账　　　　　　　　　　　　　　　　（单位：元）

20××年		凭证号数	摘　要	借　方	贷　方	借或贷	余　额
月	日						
11	1		期初余额			贷	1 000
	30	科汇1	1~30日发生额	24 700	44 950		
	30		本月合计	24 700	44 950	贷	21 250

表 8-50　管理费用总账　　　　　　　　　　　　　　　　　　（单位：元）

20××年		凭证号数	摘要	借方	贷方	借或贷	余额
月	日						
11	30	科汇1	1~30日发生额	34 340	34 340		
	30		本月合计	34 340	34 340		

表 8-51　主营业务收入总账　　　　　　　　　　　　　　　　（单位：元）

20××年		凭证号数	摘要	借方	贷方	借或贷	余额
月	日						
11	30	科汇1	1~30日发生额	265 000	265 000		
	30		本月合计	265 000	265 000		

表 8-52　销售费用总账　　　　　　　　　　　　　　　　　　（单位：元）

20××年		凭证号数	摘要	借方	贷方	借或贷	余额
月	日						
11	30	科汇1	1~30日发生额	30 000	30 000		
	30		本月合计	30 000	30 000		

表 8-53　财务费用总账　　　　　　　　　　　　　　　　　　（单位：元）

20××年		凭证号数	摘要	借方	贷方	借或贷	余额
月	日						
11	30	科汇1	1~30日发生额	21 000	21 000		
	30		本月合计	21 000	21 000		

表 8-54　应付利息总账　　　　　　　　　　　　　　　　　　（单位：元）

20××年		凭证号数	摘要	借方	贷方	借或贷	余额
月	日						
11	1		期初余额			平	0
	30	科汇1	1~30日发生额		21 000		
	30		本月合计		21 000	贷	21 000

表 8-55　主营业务成本总账　　　　　　　　　　　　　　　　（单位：元）

20××年		凭证号数	摘要	借方	贷方	借或贷	余额
月	日						
11	30	科汇1	1~30日发生额	118 000	118 000		
	30		本月合计	118 000	118 000		

表 8-56　本年利润总账　　　　　　　　　　　　　　　（单位：元）

20××年		凭证号数	摘　要	借　方	贷　方	借或贷	余　额
月	日						
11	1		期初余额			平	0
	30	科汇1	1~30日发生额	265 000	265 000		
	30		本月合计	265 000	265 000	平	0

表 8-57　所得税费用总账　　　　　　　　　　　　　　（单位：元）

20××年		凭证号数	摘　要	借　方	贷　方	借或贷	余　额
月	日						
11	30	科汇1	1~30日发生额	10 500	10 500		
	30		本月合计	10 500	10 500		

4. 核对账目

月末，进行总账与日记账核对，总账与所属明细账核对（略）。

5. 编制财务报表

根据有关总账和明细账编制财务报表（略）。

思 考 题

1. 什么是账务处理程序？账务处理程序主要有哪几种？
2. 记账凭证账务处理程序有何特点，其步骤如何？
3. 汇总记账凭证账务处理程序有何特点，其步骤如何？
4. 科目汇总表账务处理程序有何特点，其步骤如何？
5. 日记总账账务处理程序有何特点，其步骤如何？
6. 比较各种账务处理程序的优缺点，分别说明其适用范围。

练 习 题

一、单项选择题

1. 各种账务处理程序的主要区别在于（　　）。
   A. 总账的格式不同　　　　　　　　B. 登记明细账的依据不同
   C. 登记总账的依据不同　　　　　　D. 编制财务报表的依据不同
2. 下列属于最基本的账务处理程序的是（　　）。
   A. 记账凭证账务处理程序　　　　　B. 汇总记账凭证账务处理程序
   C. 科目汇总表账务处理程序　　　　D. 日记总账账务处理程序
3. 根据记账凭证逐笔登记总分类账是（　　）账务处理程序的主要特点。
   A. 汇总记账凭证　　　B. 科目汇总表　　　C. 日记总账　　　D. 记账凭证
4. 科目汇总表的汇总时间，最长不超过（　　）。
   A. 半个月　　　　　　B. 一个月　　　　　C. 一个季度　　　D. 一年
5. 汇总收款凭证是按（　　）设置的。
   A. 收款凭证上的借方科目　　　　　B. 收款凭证上的贷方科目
   C. 付款凭证上的借方科目　　　　　D. 付款凭证上的贷方科目

6. 汇总记账凭证账务处理程序适用于（　　）的单位。
A. 规模较小，业务量较少　　　　　　　　B. 规模较大，业务量较多
C. 规模较大，业务量较少　　　　　　　　D. 规模较小，业务量较多
7. 科目汇总表账务处理程序的缺点是（　　）。
A. 能清楚反映账户对应关系　　　　　　　B. 不能清楚反映账户对应关系
C. 便于分析经济业务　　　　　　　　　　D. 可以看清经济业务的来龙去脉
8. 汇总转账凭证的编制依据是（　　）。
A. 原始凭证　　　　B. 汇总原始凭证　　　C. 付款凭证　　　　D. 转账凭证
9. 下列凭证中，不能用来登记总分类账的是（　　）。
A. 原始凭证　　　　B. 记账凭证　　　　　C. 科目汇总表　　　D. 汇总记账凭证
10. 在记账凭证账务处理程序下，登记总分类账的依据是（　　）。
A. 原始凭证　　　　B. 记账凭证　　　　　C. 日记账　　　　　D. 报表

二、多项选择题

1. 在各种账务处理程序中，登记各种明细分类账的依据包括（　　）。
A. 原始凭证　　　B. 原始凭证汇总表　　C. 收款凭证　　　D. 付款凭证　　　E. 转账凭证
2. 在各种账务处理程序中，登记库存现金日记账和银行存款日记账的依据包括（　　）。
A. 原始凭证　　　B. 汇总原始凭证　　　C. 收款凭证　　　D. 付款凭证　　　E. 转账凭证
3. 在记账凭证账务处理程序中，登记总分类账的依据包括（　　）。
A. 原始凭证　　　B. 汇总原始凭证　　　C. 收款凭证　　　D. 付款凭证　　　E. 转账凭证
4. 在科目汇总表中，需要计算出每一个总账科目的（　　）。
A. 期初借方余额　B. 期初贷方余额　　　C. 本期借方发生额　D. 本期贷方发生额　E. 本期期末余额
5. 在科目汇总表账务处理程序下，应设置（　　）。
A. 库存现金日记账和银行存款日记账　　B. 科目汇总表　　　C. 总分类账
D. 汇总记账凭证　　　　　　　　　　　E. 日记总账
6. 在各种账务处理程序下，登记总分类账的依据分别是（　　）。
A. 记账凭证　　　B. 汇总记账凭证　　　C. 科目汇总表　　　D. 日记总账　　　E. 原始凭证
7. 所有账务处理程序在做法上的相同点有（　　）。
A. 根据原始凭证编制记账凭证　　　　　　B. 登记库存现金的记账和银行存款
C. 都编制科目汇总表　　　　　　　　　　D. 都登记日记总账
E. 编制财务报表的依据相同
8. 记账凭证账务处理程序的优点有（　　）。
A. 总分类账能详细地反映经济业务的发生情况
B. 账户的对应关系和经济业务的来龙去脉清晰明了
C. 总分类账登记方法简单，易于理解和掌握
D. 登记总账的工作量小
E. 适用于规模大、业务量多的企业
9. 科目汇总表账务处理程序的优点有（　　）。
A. 科目汇总表的编制起到了试算平衡的作用　　B. 简化了登记总账的工作量
C. 增加了登记总账的工作量　　　　　　　　　D. 账户的对应关系清晰
E. 适用于规模小、业务量少的企业
10. 汇总记账凭证账务处理程序的缺点有（　　）。
A. 需要填制大量的专用记账凭证　　　　　　　B. 编制汇总记账凭证的工作量较大
C. 不能够减少登记总账的工作量　　　　　　　D. 汇总过程中存在的错误不易被发现

E. 在汇总记账凭证上不能清晰地反映账户之间的对应关系

三、判断题

1. 日记总账兼有序时账簿和分类账簿的功能。（　）
2. 日记总账的账页格式为多栏式。（　）
3. 各种账务处理程序的主要区别，在于登记总账的依据和方法不同。（　）
4. 由于记账凭证账务处理程序简单明了，易于理解，所以普遍应用于各类企业。（　）
5. 记账凭证账务处理程序是其他账务处理程序的基础。（　）
6. 由于各单位的业务性质、规模大小、管理要求的不同，所以各单位所采用的账务处理程序也各不相同。（　）
7. 在科目汇总表账务处理程序中，每月可以编制多张科目汇总表。（　）
8. 科目汇总表账务处理程序和汇总记账凭证账务处理程序都是根据科目汇总表登记总账。（　）
9. 账务处理程序虽有不同，但财务报表的编制方法是相同的。（　）
10. 无论采用何种账务处理程序，明细账既可以根据记账凭证登记也可以根据部分原始凭证或原始凭证汇总表登记。（　）

四、业务题

1. 运用记账凭证账务处理程序进行核算。

甲企业是一家粉笔生产企业，产品有木材检尺粉笔（简称检尺粉笔）和教学粉笔两种，原材料核算采用实际成本法，增值税税率为13%，甲企业的银行存款账户在中国工商银行开设。20××年12月企业的总分类账和明细分类账户期初余额情况如表8-58和表8-59所示。

表8-58　总分类账户余额表　　　　　　　　　　　　　（单位：元）

账户名称	借方金额	账户名称	贷方余额
库存现金	2 600	短期借款	200 000
银行存款	850 000	应付账款	115 000
应收账款	75 000	长期借款	240 000
原材料	145 000	实收资本	1 000 000
库存商品	136 030	盈余公积	108 500
固定资产	1 434 000	利润分配	729 100
		累计折旧	250 030
合计	2 642 630	合计	2 642 630

表8-59　明细分类账户余额表

账户名称	明细账户	数量	单价	金额（元）借方	金额（元）贷方
应收账款	红光小学 育红中学			30 000 45 000	
应付账款	第一石灰厂 市石膏厂				90 000 25 000
原材料	石灰石 石膏 辅助材料	220t 220t 65t	240（元/t） 360（元/t） 200（元/t）	52 800 79 200 13 000	
库存商品	检尺粉笔 教学粉笔	1 055 箱 3 500 箱	46（元/箱） 25（元/箱）	48 530 87 500	

甲企业 20××年 12 月份发生下列经济业务。

(1) 12 月 1 日，收到投资者投入资金 50 000 元，存入银行。
(2) 12 月 2 日，从银行借入 120 000 元，期限为 5 个月，借入款项当即存入银行。
(3) 12 月 3 日，银行转来通知收到红光小学偿还欠款 30 000 元。
(4) 12 月 4 日，从第一石灰厂购入石灰石 400t，不含税单价 240 元/t，石灰石验收入库，货款未付。
(5) 12 月 5 日，从市石膏厂购入石膏 400t，不含税单价 360 元/t，石膏验收入库，款项以银行存款结算。
(6) 12 月 6 日，采购员张三预借差旅费 2 000 元。
(7) 12 月 8 日，以银行存款 3 500 元购买办公用品，其中：车间用 1 500 元；管理部门用 2 000 元。
(8) 12 月 9 日，委托银行代发本月工资 135 000 元。
(9) 12 月 10 日，采购员张三报销差旅费，实际报销差旅费 1 800 元，余款 200 元退回现金。
(10) 12 月 12 日，销售给红光小学教学粉笔 4 000 箱，不含税单价 35 元/箱，收到款项存入银行。
(11) 12 月 13 日，销售给育红中学教学粉笔 5 000 箱，不含税单价 35 元/箱，货款未收。
(12) 12 月 14 日，以银行存款支付排污罚款 3 500 元。
(13) 12 月 15 日，偿还市第一石灰厂欠款 90 000 元。
(14) 12 月 16 日，签发转账支票偿还短期借款 100 000 元。
(15) 12 月 20 日，以银行存款支付本月水电费 8 000 元，其中生产车间水电费为 6 000 元，行政管理部门的水电费为 2 000 元。
(16) 12 月 23 日，收到南阳林业局预付的购买检尺粉笔款 150 000 元，存入银行。
(17) 12 月 24 日，以银行存款支付广告费 12 000 元。
(18) 12 月 29 日，向预付货款的南阳林业局发出检尺粉笔 3 500 箱，不含税单价 68 元/箱。预付货款不足部分，南阳林业局已通过银行转账补付。
(19) 12 月 31 日，根据发出材料汇总表进行材料费用分配。当月发出材料的汇总情况如表 8-60 所示。

表 8-60　发出材料汇总表

用途	石灰石		石膏		辅助材料		金额合计（元）
	数量/t	金额（元）	数量/t	金额（元）	数量/t	金额（元）	
检尺粉笔	200	48 000	200	72 000	15	3 000	123 000
教学粉笔	300	72 000	300	108 000			180 000
车间管理领用	2	480	1	360			840
行政管理领用	1.5	360			2	400	760
合计	503.5	120 840	501	180 360	17	3 400	304 600

(20) 12 月 31 日，分配工资费用共计 135 000 元，其中生产检尺粉笔的生产工人工资 40 000 元，生产教学粉笔的生产工人工资 55 000 元。车间管理人员工资 10 000 元，行政管理部门人员工资 30 000 元。
(21) 12 月 31 日，实际发生的职工福利费共计 18 900 元，其中生产检尺粉笔的生产工人的福利费 5 600 元，生产教学粉笔的生产工人的福利费 7 700 元，车间管理人员的福利费 1 400 元，行政管理人员的福利费 4 200 元。
(22) 12 月 31 日，计提固定资产折旧 36 260 元，其中生产车间提 25 860 元，行政管理部门提 10 400 元。
(23) 12 月 31 日，计提本月负担的短期借款利息 12 000 元和长期借款利息 26 500 元（该企业的长期借款都是分期付息到期一次还本的）。
(24) 12 月 31 日，分配结转制造费用（按生产工人工资分配）。

(25) 12月31日，本月两种产品全部完工，结转完工产品成本。

(26) 12月31日，结转产品销售成本。其中检尺粉笔的每箱成本为46元，教学粉笔的每箱成本为25元。

(27) 12月31日，本期发生的增值税进项税额均予抵扣，计算本月实际应交增值税税额，并分别按增值税税额的7%和3%计提当月应交城市维护建设税和教育费附加。

(28) 12月31日，结转当月损益。

(29) 12月31日，计算当月应交所得税为23 200元。

(30) 12月31日，将所得税费用转入"本年利润"账户中。

(31) 计算并结转"本年利润"。

(32) 12月31日，按本月净利润的10%提取法定盈余公积。

(33) 12月31日，企业决定向投资者分配利润30 000元。

(34) 12月31日，结转利润分配明细账。

要求：(1) 根据资料开设总分类账户和有关明细分类账户，登记期初余额。

(2) 根据12月份发生的经济业务，填制收款凭证、付款凭证和转账凭证。

(3) 根据已填制的收款凭证、付款凭证和转账凭证逐笔登记各总账账户和有关明细账户。

(4) 月末，根据要求对账、结计各账户本期发生额及余额。

2. 运用汇总记账凭证账务处理程序进行核算。

仍用业务题第1题的资料。

要求：(1) 根据资料开设总分类账户和有关明细分类账户，登记期初余额。

(2) 根据业务题第1题编制的专用记账凭证编制汇总记账凭证。

(3) 根据汇总记账凭证登记总账。

(4) 月末，根据要求对账、结计各账户本期发生额及余额。

3. 运用科目汇总表账务处理程序进行核算。

仍用业务题第1题的资料。

要求：(1) 根据资料开设总分类账户和有关明细分类账户，登记期初余额。

(2) 根据业务题第1题编制的专用记账凭证编制科目汇总表。

(3) 根据科目汇总表登记总账。

(4) 月末，根据要求对账、结计各账户本期发生额及余额。

第九章 财务报告

【教学目的】

通过本章学习，学生应当了解并掌握：
1. 财务报告的意义和种类。
2. 财务报告的目标及编制要求。
3. 资产负债表的概念、作用、内容及结构。
4. 利润表的概念、作用、内容及结构。
5. 现金流量表的概念、作用、内容及结构。
6. 所有者权益变动表的构成内容。
7. 附注的含义及内容。

第一节　财务报告概述

一、财务报告的含义、作用及构成

1. 财务报告的含义

财务报告是指企业对外提供的反映企业某一特定日期财务状况和某一会计期间经营成果、现金流量等会计信息的文件。财务报告包括财务报表及其附注和其他应当在财务报告中披露的相关信息和资料。

编制财务报告，是会计工作的一个重要阶段，也是会计核算的一种重要方法。会计日常核算中，将企业发生的所有交易或者事项，均已按照一定的会计账务处理程序和会计专门的核算方法进行了凭证的填制和审核，并在相关的总账和明细账账簿中进行了全面系统的记录和核算。但在对外提供会计信息以满足投资者、债权人等有关各方信息使用者的需要，满足国家宏观经济管理部门进行宏观经济调控的需要，满足企业内部管理者了解情况、进行经济决策的需要方面还有欠缺，因为这些日常核算资料数量太多，且比较分散，不能集中、综合地反映企业财务状况和经营成果，不便于直接向外报送。因此，有必要定期将日常会计核算资料进行进一步加工、整理、归集、汇总，按照一定的形式编制财务报告，以综合反映企业的经济活动过程和结果，为有关各方进行管理和决策提供所需的会计信息。

2. 财务报告的作用

财务报告的的作用，主要表现在以下几个方面。

（1）满足投资者、债权人等有关各方信息使用者的需要。投资者、债权人等有关各方信息使用者通过财务报告可以了解企业的财务状况、经营成果和现金流量，为其确定投资风险和投资报酬，进行投资决策提供依据。

（2）满足国家宏观经济调控的需要。国家宏观经济管理部门将各单位提供的财务报告资料进行汇总后，通过对汇总财务报告的分析，可以了解和掌握各部门、各地区经济发展情况及有关财经政策、制度、法律的执行情况。如果发现有关政策、制度存在问题，可以及时进行调整，以实现国家宏观调控的目的，促进国家经济的快速发展。

(3) 满足企业内部管理者经营决策的需要。企业内部管理者通过对企业财务报告的全面、系统分析，可以了解企业的财务状况、经营成果和现金流量，掌握企业财务计划和有关方针政策的执行情况，及时发现企业经营管理中存在的问题和不足并采取措施进行调整，以便不断提高企业的经济效益，保障企业健康、有序、快速地发展。

3. 财务报告的构成

财务报告包括财务报表及其附注和其他应当在财务报告中披露的相关信息和资料。

财务报表是对企业财务状况、经营成果和现金流量的结构性表述，财务报表是企业财务报告的核心内容。为了达到决策有用和评价企业管理层受托责任的目标，一套完整的财务报表至少应当包括资产负债表、利润表、现金流量表、所有者权益（或股东权益）变动表等报表。

二、财务报表的分类

财务报表可以按照不同的标准（即标志）进行分类。选择的分类标准不同，分类结果也不同。

(1) 按其反映的经济内容分类，可分为四类。

1) 反映企业财务状况的财务报表，如资产负债表。

2) 反映企业经营成果的财务报表，如利润表。

3) 反映企业现金流量的财务报表，如现金流量表。

4) 反映所有者权益变动情况的财务报表，如所有者权益变动表。

(2) 按其反映资金运动状态分类，可分为两类。

1) 静态报表。静态报表由静态要素项目组成，是反映企业在某一特定日期资产、负债、所有者权益状况的财务报表。静态报表一般根据账户的余额填列，如资产负债表。

2) 动态报表。动态报表由动态要素项目组成，是反映企业在一定时期内收入、费用、利润形成情况的财务报表。动态报表一般根据账户的发生额填列，如利润表、现金流量表和所有者权益变动表。

(3) 按编制的时间划分，可分为两类。

1) 中期财务报表。中期财务报表是指以中期为基础编制的财务报表，包括资产负债表、利润表、现金流量表。

2) 年度财务报表。年度财务报表是指年度终了必须编报的财务报表，一般有资产负债表、利润表、现金流量表、所有者权益变动表。

(4) 按编报主体划分，可分为两类。

1) 个别财务报表（简称个别报表）。个别报表是由既是法律主体又是会计主体的单个企业自行编制的反映企业自身财务状况、经营成果和现金流量的财务报表。

2) 合并财务报表（简称合并报表）。合并报表是以母公司和子公司组成的企业集团为会计主体，以母公司和子公司单独编制的个别报表为基础，由母公司编制的综合反映企业集团整体财务状况、经营成果和现金流量的财务报表。

三、财务报表的编制要求

财务报表向报表的使用者提供有关财务状况、财务成果、现金流量等会计信息，便于会计信息使用者进行相关决策。因此,在编制财务报表时,应遵循以下基本要求。

1. 内容完整

企业在编制财务报表时,必须按照我国统一的会计制度规定的财务报表格式和内容进行编制。凡是财务报表上规定的应该填列的各项指标,不论是表内项目,还是表外的附注等,均应根据登记完整、核对无误的账簿记录和其他有关资料填列,不得漏报和任意取舍,保证所报出的财务报表内容全面、完整。

2. 数字真实

财务报表上的数字是否真实、可靠,是财务报表使用者进行投资决策正确与否的基础,因此,为不影响财务报表使用者进行正确决策,企业必须实事求是,对外提供客观真实、可靠有用的会计信息。企业在编制财务报表前,必须将本期发生的所有经济业务登记入账,按照规范的会计核算方法,对经济业务进行如实核算,切实做到账证相符、账账相符、账实相符,不得弄虚作假、隐瞒谎报、篡改数字、人为调整经营成果。

3. 计算准确

财务报表是以会计账簿为依据编制的。财务报表上的数据有些是用会计账簿上的数据直接填列,有些是对账簿数据进行分析、计算后填列。在报表项目的分析、计算填列过程中,不但要采用正确的计算方法保证每张报表本身数据的计算准确,还要保证报表与报表之间存在的数量勾稽关系正确,从而保证财务报表数字的准确性。

4. 编报及时

财务报表提供的信息资料具有很强的时效性。只有在规定的时间内及时编制和报送财务报表,才能满足投资者、债权人及其相关的报表使用者对会计信息的需求,这样也便于有关部门和地方财政部门及时进行会计资料的汇总和上报。因此,企业必须加强管理,建立和完善企业日常核算的规章制度,规范核算程序和核算方法,保证会计账簿记录的完整、真实、准确的同时,及时报送财务报表。财政部规定月度财务报告于月度终了后 6 天内报送;季度财务报告于季度终了后 15 天内报送;半年度财务报告于半年终了后 60 天内报送;年度财务报告于年度终了后 4 个月内报送。

第二节 资产负债表

一、资产负债表的概念和作用

1. 资产负债表的概念

资产负债表是反映企业在某一特定日期资产、负债及所有者权益状况的财务报表。这里的特定日期是指月末、季末、半年末和年末。资产负债表是一种静态报表。

资产负债表设计的理论依据是"资产 = 负债 + 所有者权益"这一会计基本等式。在此基础上,按照一定的分类标准和一定的顺序,将企业在某一特定日期的资产、负债和所有者权益项目进行排列,便形成了资产负债表。

2. 资产负债表的作用

资产负债表的作用,主要表现在以下几个方面。

(1) 可以提供某一特定日期资产的总额及其结构。资产负债表能够表明企业拥有或控制的资源及其分布情况,使用者可以一目了然地从资产负债表上了解企业在某一特定日期所拥有的资产总量及其结构。

(2) 可以提供某一特定日期负债的总额及其结构。资产负债表能够表明企业未来需要用多少资产或劳务清偿债务。

(3) 可以反映所有者拥有的权益总额及其结构。资产负债表表明的所有者权益总额及结构,是判断企业资本保值、增值情况及负债保障程度的依据。

(4) 可以为财务报表使用者进行财务分析提供基本资料。财务报表使用者如果将流动资产与流动负债进行比较,可以计算出流动比率;将速动资产与流动负债进行比较,可以计算出速动比率等,继而可以对该企业的变现能力、偿债能力和资金周转能力等进行科学判断,从而做出正确决策。

二、资产负债表的结构和内容

(一) 资产负债表的结构

资产负债表的结构包括表首和表体两部分。

表首部分包括编制单位的名称、编制资产负债表的日期、计量单位和报表编号。

表体部分是资产负债表的主体和核心,反映企业资产、负债和所有者权益的内容。

(二) 资产负债表的内容

资产负债表的内容分为资产、负债和所有者权益三大类。

(1) 资产类。资产类各项目在报表中一般按流动性强弱进行排列,流动性强的在前,流动性弱的在后。资产类分为流动资产和非流动资产两类。其中,流动资产包括货币资金、交易性金融资产、衍生金融资产、应收票据及应收账款、预付款项、其他应收款、存货、合同资产、持有待售资产、其他流动资产等;非流动资产包括债权投资、其他债权投资、长期应收款、长期股权投资、其他权益工具投资、其他非流动金融资产、投资性房地产、固定资产、在建工程、无形资产、研发支出、商誉、长期待摊费用、其他非流动资产等。

(2) 负债类。负债类各项目在报表中一般也按流动性强弱进行排列,流动性强的在前,流动性弱的在后。负债类分为流动负债和非流动负债两类。其中,流动负债包括短期借款、交易性金融负债、衍生金融负债、应付票据及应付账款、预收款项、合同负债、应付职工薪酬、应交税费、其他应付款、持有待售负债、其他流动负债等;非流动负债包括长期借款、应付债券、长期应付款、预计负债等。

(3) 所有者权益类。所有者权益类各项目一般按照净资产的不同来源和特定用途进行分类,按照实收资本(或股本)、其他权益工具、资本公积、其他综合收益、盈余公积、未分配利润等项目分项列示。

资产负债表中的资产类还应当列示流动资产和非流动资产的合计项目;负债类还应当列示流动负债、非流动负债以及负债的合计项目;所有者权益类还应当列示所有者权益的合计项目。

资产类项目金额合计数与负债和所有者权益类项目金额合计数必须相等。

(三) 资产负债表的格式

资产负债表的格式一般有两种:账户式资产负债表和报告式资产负债表。

1. 账户式资产负债表

账户式资产负债表是左右结构,左边列示资产,右边列示负债和所有者权益。根据现行准则的规定,资产负债表采用账户式的格式。账户式资产负债表可以反映资产、负债、所有者权益之间的内在关系，即"资产=负债+所有者权益"。账户式资产负债表是我国普遍采用的格式，其具体格式如表9-1所示。

表9-1 资产负债表

编制单位： 　　　　年　月　日 　　　　会企01表 （单位：元）

资产	期末余额	年初余额	负债和所有者权益（或股东权益）	期末余额	年初余额
流动资产			流动负债		
货币资金			短期借款		
交易性金融资产			交易性金融负债		
衍生金融资产			衍生金融负债		
应收票据及应收账款			应付票据及应付账款		
预付款项			预收款项		
其他应收款			合同负债		
存货			应付职工薪酬		
合同资产			应交税费		
持有待售资产			其他应付款		
一年内到期的非流动资产			持有待售负债		
其他流动资产			一年内到期的非流动负债		
流动资产合计			其他流动负债		
非流动资产			流动负债合计		
债权投资			非流动负债		
其他债权投资			长期借款		
长期应收款			应付债券		
长期股权投资			其中：优先股		
其他权益工具投资			永续债		
其他非流动金融资产			长期应付款		
投资性房地产			预计负债		
固定资产			递延收益		
在建工程			递延所得税负债		
生产性生物资产			其他非流动负债		
油气资产			非流动负债合计		
无形资产			负债合计		
开发支出			所有者权益（或股东权益）		
商誉			实收资本（或股本）		
长期待摊费用			其他权益工具		
递延所得税资产			其中：优先股		
其他非流动资产			永续债		
非流动资产合计			资本公积		
			减：库存股		
			其他综合收益		
			盈余公积		
			未分配利润		
			所有者权益（或股东权益）合计		
资产总计			负债和所有者权益（或股东权益）总计		

2. 报告式资产负债表

报告式资产负债表是上下结构，上半部分列示资产，下半部分列示负债和所有者权益。具体排列形式又有两种：一是按"资产＝负债＋所有者权益"的原理排列，其简化形式如表9-2所示；二是按"资产－负债＝所有者权益"的原理排列，其简化形式如表9-3所示。

表9-2　资产负债表

编制单位　　　　　　　　　　　年　月　日　　　　　　　　　　　（单位：元）

项　目	期末金额	年初金额
资产：		
⋮		
资产总计		
负债和所有者权益（或股东权益）：		
⋮		
负债和所有者权益（或股东权益）总计		

表9-3　资产负债表

编制单位　　　　　　　　　　　年　月　日　　　　　　　　　　　（单位：元）

项　目	期末金额	年初金额
资产与负债：		
⋮		
资产合计		
⋮		
负债合计		
净资产总计		
所有者权益（或股东权益）：		
所有者权益（或股东权益）总计		

三、资产负债表的编制方法

（一）资产负债表各项目的填列方法

1. 年初余额栏的填列方法

资产负债表"年初余额"栏内各项数字，应根据上年年末资产负债表"期末余额"栏内所列数字填列。如果上年度资产负债表规定的各个项目名称和内容同本年度不相一致，则应对上年年末资产负债表中的各项目名称和数字按照本年度的规定进行调整，填入表中"年初余额"栏内。

2. 期末余额栏的填列方法

资产负债表"期末余额"栏内各项数字，一般应根据资产、负债和所有者权益类账户的期末余额填列。主要包括以下方式。

（1）根据总账账户的余额填列。资产负债表中的有些项目，可直接根据有关总账账户的余额填列，如"交易性金融资产""短期借款""应付票据及应付账款""应付职工薪酬"等项目；有些项目则需根据几个总账账户的余额计算填列。例如，"货币资金"项目，需根据"库存现金""银行存款""其他货币资金"三个总账账户余额的合计数填列。

（2）根据有关明细账账户的余额计算填列。例如，"应付票据及应付账款"项目，需要根据"应付账款""应付票据""预付账款"所属的相关明细账户的期末贷方余额计算填列；"应收票据及应收账款"项目，需要根据"应收账款""应收票据""预收账款"三个账户所属的相关明细账户的期末借方余额计算填列。

（3）根据总账账户和明细账账户的余额分析计算填列。例如，"长期借款"项目，需根据"长期借款"总账账户余额扣除"长期借款"所属的明细账户中将在资产负债表日起一年内到期，且企业不能自主地将清偿义务展期的长期借款后的金额计算填列。

（4）根据有关账户余额减去其备抵账户余额后的净额填列。例如，资产负债表中的"应收票据及应收账款""长期股权投资"等项目，应根据"应收票据""应收账款""长期股权投资"等账户的期末余额减去"坏账准备""长期股权投资减值准备"等账户余额后的净额填列；"固定资产"项目，应根据"固定资产"账户的期末余额减去"累计折旧""固定资产减值准备""固定资产清理"账户余额后的净额填列；"无形资产"项目，应根据"无形资产"账户的期末余额，减去"累计摊销""无形资产减值准备"账户余额后的净额填列。

（5）综合运用上述填列方法分析填列。例如，资产负债表中的"存货"项目，需根据"原材料""库存商品""委托加工物资""周转材料""材料采购""在途物资""发出商品""材料成本差异"等总账账户期末余额的分析汇总数，再减去"存货跌价准备"账户余额后的金额填列。

（二）资产负债表各项目的内容和具体填列方法

1. 流动资产项目

（1）"货币资金"项目。本项目反映企业库存现金、银行结算户存款、外埠存款、银行汇票存款、银行本票存款、信用卡存款、信用证保证金存款等的合计数，应根据"库存现金""银行存款""其他货币资金"账户期末余额的合计数填列。

（2）"交易性金融资产"项目。本项目反映资产负债表日企业分类为以公允价值计量且其变动计入当期损益的金融资产，以及企业持有的直接指定为以公允价值计量且其变动计入当期损益的金融资产的期末账面价值，应根据"交易性金融资产"相关明细账户期末余额分析填列。自资产负债表日起超过一年到期且预期持有超过一年的以公允价值且其变动计入当期损益的非流动金融资产的期末账面价值，在"其他非流动金融资产"项目反映。

（3）"衍生金融资产"项目。本项目反映企业期末持有的衍生工具、套期工具、被套期项目中属于衍生金融资产的金额，应根据"衍生工具""套期工具""被套期项目"等账户的期末借方余额分析计算填列。

（4）"应收票据及应收账款"项目。本项目反映资产负债表日以摊余成本计量的、企业因销售商品、提供服务等经营活动应收取的款项，以及收到的商业汇票（包括银行承兑汇票和商业承兑汇票），应根据"应收票据""应收账款""预收账款"账户的期末余额，减去"坏账准备"账户中有关坏账准备期末余额后的金额填列。如果"应收账款"账户所属明细账户期末有贷方余额，则应在资产负债表"预收款项"项目内填列。

（5）"预付款项"项目。本项目反映企业按照购货合同规定预付给供应单位的款项等。本项目应根据"预付账款"和"应付账款"账户所属各明细账户的期末借方余额合计数，减去"坏账准备"账户中有关预付款项计提的坏账准备期末余额后的金额填列。如果"预付账款"账户所属各明细账户期末有贷方余额，则应在资产负债表"应付账款"项目内填列。

（6）"其他应收款"项目。本项目反映企业除应收票据、应收账款、预付账款等经营活动以外的其他各种应收、暂付的款项，应根据"应收利息""应收股利""其他应收款"账户的期末余额合计数，减去"坏账准备"账户中有关坏账准备期末余额后的金额填列。

（7）"存货"项目。本项目反映企业期末在库、在途和在加工中的各种存货的可变现净值。本项目应根据"材料采购""原材料""库存商品""周转材料""委托加工物资""发出商品""生产成本"等账户的期末余额合计，减去"受托代销商品款""存货跌价准备"账户期末余额后的金额填列。材料采用计划成本核算，以及库存商品采用计划成本核算或售价核算的企业，还应按加或减材料成本差异、商品进销差价后的金额填列。

（8）"合同资产"项目。企业应根据本企业履行履约义务与客户付款之间的关系在资产负债表中列示合同资产。本项目应根据"合同资产"账户的相关明细账户期末余额分析填列，同一合同下的合同资产应当以净额列示；其中净额为借方余额的，应当根据其流动性在"合同资产"或"其他非流动资产"项目中填列；已计提减值准备的，还应减去"合同资产减值准备"账户中相关的期末余额后的金额填列。

（9）"持有待售资产"项目。本项目反映资产负债表日划分为持有待售类别的非流动资产及划分为持有待售类别的处置组中的流动资产和非流动资产的期末账面价值，应根据"持有待售资产"账户的期末余额，减去"持有待售资产减值准备"账户的期末余额后的金额填列。

（10）"一年内到期的非流动资产"项目。本项目反映企业将于一年内到期的非流动资产项目金额，应根据有关账户的期末余额填列。

（11）"其他流动资产"项目。本项目反映企业除货币资金、交易性金融资产、衍生金融资产、应收票据及应收账款、存货、合同资产、持有待售资产等流动资产以外的其他流动资产，应根据有关账户的期末余额填列。

2. 非流动资产项目

（1）"债权投资"项目。本项目反映资产负债表日企业以摊余成本计量的长期债权投资的期末账面价值。该项目应根据"债权投资"账户的相关明细账户期末余额，减去"债权投资减值准备"账户中相关减值准备的期末余额后的金额分析填列。自资产负债表日起一年内到期的长期债权投资的期末账面价值，在"一年内到期的非流动资产"项目反映。企业购入的以摊余成本计量的一年内到期的债权投资的期末账面价值，在"其他流动资产"项目反映。

（2）"其他债权投资"项目。本项目反映资产负债表日企业分类为以公允价值计量且其变动计入其他综合收益的长期债权投资的期末账面价值。该项目应根据"其他债权投资"账户的相关明细账户期末余额分析填列。自资产负债表日起一年内到期的长期债权投资的期末账面价值，在"一年内到期的非流动资产"项目反映。企业购入的以公允价值计量且其变动计入其他综合收益的一年内到期的债权投资的期末账面价值，在"其他流动资产"项目反映。

（3）"长期应收款"项目。本项目反映企业融资租赁产生的应收款项、采用递延方式具有融资性质的销售商品和提供劳务等产生的长期应收款项等。本项目应根据"长期应收款"

账户的期末余额,减去相应的"未实现融资收益"账户和"坏账准备"账户所属相关明细账户期末余额后的金额填列。

(4)"长期股权投资"项目。本项目反映企业持有的对子公司、联营企业和合营企业的长期股权投资。本项目应根据"长期股权投资"账户的期末余额,减去"长期股权投资减值准备"账户期末余额后的金额填列。

(5)"其他权益工具投资"项目。本项目反映资产负债表日企业指定为以公允价值计量且其变动计入其他综合收益的非交易性权益工具投资的期末账面价值。该项目应根据"其他权益工具投资"账户的期末余额填列。

(6)"其他非流动金融资产"项目。本项目反映企业除债权资产、其他债权资产、长期股权投资、其他权益工具投资等以外的其他非流动金融资产。本项目应根据"交易性金融资产"账户的相关明细账户期末余额分析填列。

(7)"投资性房地产"项目。本项目反映企业持有的投资性房地产。企业采用成本模式计量投资性房地产的,本项目应根据"投资性房地产"账户的期末余额,减去"投资性房地产累计折旧(摊销)"和"投资性房地产减值准备"账户期末余额后的金额填列;企业采用公允价值模式计量投资性房地产的,本项目应根据"投资性房地产"账户的期末余额填列。

(8)"固定资产"项目。本项目反映资产负债表日企业固定资产的期末账面价值和企业尚未清理完毕的固定资产清理净损益。该项目应根据"固定资产"账户的期末余额减去"累计折旧"和"固定资产减值准备"账户的期末余额后的金额,以及"固定资产清理"账户的期末余额填列。

(9)"在建工程"项目。本项目反映资产负债表日企业尚未达到预定可使用状态的在建工程的期末账面价值和企业为在建工程准备的各种物资的期末账面价值。该项目应根据"在建工程"账户的期末余额减去"在建工程减值准备"账户的期末余额后的金额,以及"工程物资"账户的期末余额减去"工程物资减值准备"账户的期末余额后的金额填列。

(10)"生产性生物资产"(农业专用)项目。本项目反映企业持有的生产性生物资产。本项目应根据"生产性生物资产"账户的期末余额,减去"生产性生物资产累计折旧"和"生产性生物资产减值准备"账户期末余额后的金额填列。

(11)"油气资产"(石油天然气开采专用)项目。本项目反映企业持有的矿区权益和油气井及相关设施的原价减去累计折耗和累计减值准备后的净额。本项目应根据"油气资产"账户的期末余额,减去"累计折耗"账户期末余额和相应减值准备后的金额填列。

(12)"无形资产"项目。本项目反映企业持有的无形资产,包括专利权、非专利技术、商标权、著作权、土地使用权等。本项目应根据"无形资产"账户的期末余额,减去"累计摊销"和"无形资产减值准备"账户期末余额后的金额填列。

(13)"开发支出"项目。本项目反映企业开发无形资产过程中能够资本化形成无形资产成本的支出部分。本项目应根据"研发支出"账户中所属的"资本化支出"明细账户期末余额填列。

(14)"商誉"项目。本项目反映企业合并中形成的商誉的价值。本项目应根据"商誉"账户的期末余额减去相应减值准备后的金额填列。

(15)"长期待摊费用"项目。本项目反映企业已经发生但应由本期和以后各期负担的分摊期限在一年以上的各项费用。长期待摊费用中在一年内(含一年)摊销的部分,应在资产负债表"一年内到期的非流动资产"项目填列。本项目应根据"长期待摊费用"账户的期末余额减去将于一年内(含一年)摊销的数额后的金额填列。

(16)"递延所得税资产"项目。本项目反映企业确认的可抵扣暂时性差异产生的递延所得税资产。本项目应根据"递延所得税资产"账户的期末余额填列。

(17)"其他非流动资产"项目。本项目反映企业除债权投资、其他债权投资、长期应收款、长期股权投资、投资性房地产、固定资产、在建工程、无形资产等资产以外的其他非流动资产。本项目应根据有关账户的期末余额填列。

3. 流动负债项目

(1)"短期借款"项目。本项目反映企业向银行或其他金融机构等借入的期限在一年以下(含一年)的各种借款。本项目应根据"短期借款"账户的期末余额填列。

(2)"交易性金融负债"项目。本项目反映资产负债表日企业承担的交易性金融负债,以及企业持有的直接指定为以公允价值计量且其变动计入当期损益的金融负债的期末账面价值。该项目应根据"交易性金融负债"账户的相关明细账户期末余额填列。

(3)"衍生金融负债"项目。本项目反映衍生工具、套期项目、被套期项目中属于衍生金融负债的金额,应根据"衍生工具""套期项目""被套期项目"等账户的期末贷方余额分析计算填列。

(4)"应付票据及应付账款"项目。本项目反映资产负债表日企业因购买材料、商品和接受服务等经营活动应支付的款项,以及开出、承兑的商业汇票,包括银行承兑汇票和商业承兑汇票。该项目应根据"应付票据"账户的期末余额,以及"应付账款"和"预付账款"账户所属的相关明细账户的期末贷方余额合计数填列。

(5)"预收款项"项目。本项目反映企业按照购货合同规定预收购买单位的款项。本项目应根据"预收账款"和"应收账款"账户所属各明细账户的期末贷方余额合计数填列。如果"预收账款"账户所属各明细账户期末有借方余额,则应在资产负债表"应收账款"项目内填列。

(6)"合同负债"项目。企业应根据本企业履行履约义务与客户付款之间的关系在资产负债表中列示合同负债。本项目应根据"合同负债"账户的相关明细账户期末余额分析填列,同一合同下的合同负债应当以净额列示;其中,净额为贷方余额的,应当根据其流动性在"合同负债"或"其他非流动负债"项目中填列。

(7)"应付职工薪酬"项目。本项目反映企业根据有关规定应付给职工的工资、职工福利、社会保险费、住房公积金、工会经费、职工教育经费、非货币性福利、辞退福利等各种薪酬。外商投资企业按规定从净利润中提取的职工奖励及福利基金,也在本项目中列示。本项目应根据"应付职工薪酬"账户的期末余额填列。

(8)"应交税费"项目。本项目反映企业按照税法规定应交纳的各种税费,包括增值税、消费税、所得税、资源税、土地增值税、城市维护建设税、房产税、土地使用税、车船税、教育费附加、矿产资源补偿费等。企业代扣代交账户的个人所得税,也通过本项目列示。本项目应根据"应交税费"账户的期末贷方余额填列;如"应交税费"账户期末为借方余额,应以"—"号填列。

(9)"其他应付款"项目。本项目应根据"应付利息""应付股利""其他应付款"账户的期末余额合计数填列。

(10)"持有待售负债"项目。本项目反映资产负债表日处置组中与划分为持有待售类别的资产直接相关的负债的期末账面价值。该项目应根据"持有待售负债"账户的期末余额填列。

(11)"一年内到期的非流动负债"项目。本项目反映企业非流动负债中将于资产负债表日后一年内到期部分的金额,如将于一年内偿还的长期借款。本项目应根据有关账户的期末余额填列。

(12)"其他流动负债"项目。本项目反映企业除短期借款、交易性金融负债、其他权益工具投资、应付票据及应付账款、预收款项、合同负债、应付职工薪酬、应交税费、持有待售负债等流动负债以外的其他流动负债。本项目应根据有关账户的期末余额填列。

4. 非流动负债项目

(1)"长期借款"项目。本项目反映企业向银行或其他金融机构借入的期限在一年以上(不含一年)的各项借款。本项目应根据"长期借款"账户的期末余额填列。

(2)"应付债券"项目。本项目反映企业为筹集长期资金而发行的债券本金和利息。本项目应根据"应付债券"账户的期末余额填列。在"应付债券"项目下设有"优先股"和"永续债"两个项目,分别反映企业发行的分类为金融负债的优先股和永续债的账面价值。

(3)"长期应付款"项目。本项目反映资产负债表日企业除长期借款和应付债券以外的其他各种长期应付款项的期末账面价值。该项目应根据"长期应付款"账户的期末余额,减去相关的"未确认融资费用"账户的期末余额后的金额,以及"专项应付款"账户的期末余额填列。

(4)"预计负债"项目。本项目反映企业确认的对外提供担保、未决诉讼、产品质量保证、重组义务、亏损性合同等预计负债。本项目应根据"预计负债"账户的期末余额填列。

(5)"递延收益"项目。本项目反映企业尚待确认的收入或者收益。本项目应根据"递延收益"账户的期末余额填列。

(6)"递延所得税负债"项目。本项目反映企业确认的应纳税暂时性差异产生的所得税负债。本项目应根据"递延所得税负债"账户的期末余额填列。

(7)"其他非流动负债"项目。本项目反映企业除长期借款、应付债券等负债以外的其他非流动负债。本项目应根据有关账户的期末余额减去将于一年内(含一年)到期偿还数后的余额填列。非流动负债各项目中将于一年内(含一年)到期的非流动负债,应在"一年内到期的非流动负债"项目内单独反映。

5. 所有者权益(或股东权益)项目

(1)"实收资本(或股本)"项目。本项目反映企业各投资者实际投入的资本(或股本)总额。本项目应根据"实收资本"(或"股本")账户的期末余额填列。

(2)"其他权益工具"项目。本项目反映企业优先股和永续债的期末余额。本项目应根据"其他权益工具"账户的期末余额分析填列。"其他权益工具"项目下设有"优先股"和"永续债"两个项目,分别反映企业发行的分类为权益工具的优先股和永续债的账面价值。

(3)"资本公积"项目。本项目反映企业资本公积的期末余额,应根据"资本公积"账户的期末余额填列。

(4)"库存股"项目。本项目反映企业持有尚未转让或注销的本公司股份金额,应根据"库存股"账户的期末余额填列。

(5) "其他综合收益"项目。本项目反映企业其他综合收益情况。企业应当按照其他综合收益项目的具体内容设置明细账户。企业在对其综合收益进行会计处理时,应当通过"其他综合收益"账户处理,并与"资本公积"账户相区分。

(6) "盈余公积"项目。本项目反映企业盈余公积的期末余额,应根据"盈余公积"账户的期末余额填列。

(7) "未分配利润"项目。本项目反映企业尚未分配的利润,应根据"本年利润"账户和"利润分配"账户的余额计算填列。未弥补的亏损在本项目内以"-"号填列。

四、资产负债表的编制举例

【例9-1】 甲企业20××年12月31日各账户期末余额如表9-4所示,根据各账户期末余额编制的该企业的资产负债表如表9-5所示。

表9-4 甲企业各账户期末余额表

20××年12月31日 (单位:元)

科目名称	借方余额	贷方余额
库存现金	3 500	
银行存款	110 000	
其他货币资金	10 000	
应收票据	25 000	
应收账款	80 000	
坏账准备		10 000
预付账款	16 000	
其他应收款	3 000	
在途物资	105 000	
原材料	100 000	
库存商品	335 000	
长期股权投资	120 000	
固定资产	700 000	
累计折旧		45 000
无形资产	150 000	
短期借款		130 000
应付票据		35 000
应付账款		78 000
其他应付款		7 000
应付职工薪酬		11 400
应交税费		56 000
应付利息		53 000
长期借款		110 000
其中:一年内到期的长期负债		
实收资本		800 000
资本公积		34 000
盈余公积		30 000
利润分配(未分配利润)		358 100
合计	1 757 500	1 757 500

表 9-5 资产负债表   会企 01 表

编制单位：甲企业　　　20××年12月31日　　　（单位：元）

资产	期末余额	年初余额	负债和所有者权益（或股东权益）	期末余额	年初余额
流动资产			流动负债		
货币资金	123 500		短期借款	130 000	
交易性金融资产			交易性金融负债		
衍生金融资产			衍生金融负债		
应收票据及应收账款	95 000		应付票据及应付账款	113 000	
预付款项	16 000		预收款项		
其他应收款	3 000		合同负债		
存货	540 000		应付职工薪酬	11 400	
合同资产			应交税费	56 000	
持有待售资产			其他应付款	60 000	
一年内到期的非流动资产			持有待售负债		
其他流动资产			一年内到期的非流动负债		
流动资产合计	777 500		其他流动负债		
非流动资产			流动负债合计	370 400	
债权投资			非流动负债		
其他债权投资			长期借款	110 000	
长期应收款			应付债券		
长期股权投资	120 000		其中：优先股		
其他权益工具投资			永续债		
其他非流动金融资产			长期应付款		
投资性房地产			预计负债		
固定资产	655 000		递延收益		
在建工程			递延所得税负债		
生产性生物资产			其他非流动负债		
油气资产			非流动负债合计	110 000	
无形资产	150 000		负债合计	480 400	
开发支出			所有者权益（或股东权益）		
商誉			实收资本（或股本）	800 000	
长期待摊费用			其他权益工具		
递延所得税资产			其中：优先股		
其他非流动资产			永续债		
非流动资产合计	925 000		资本公积	34 000	
			减：库存股		
			其他综合收益		
			盈余公积	30 000	
			未分配利润	358 100	
			所有者权益（或股东权益）合计	1 222 100	
资产总计	1 702 500		负债和所有者权益（或股东权益）总计	1 702 500	

第三节 利 润 表

一、利润表的概念和作用

1. 利润表的概念

利润表是反映企业在一定会计期间经营成果的财务报表。

利润表设计的理论依据是"收入－费用＝利润"这一会计等式。利润表中的项目体现出一定期间的收入与同一会计期间相关费用的配比关系，在报表中可以计算出企业一定期间的营业利润、利润总额和净利润（或净亏损）。利润表是一种动态报表。

2. 利润表的作用

利润表的作用，主要表现在以下几个方面。

（1）利润表可以反映企业一定会计期间收入的实现情况。利润表可以反映企业实现的营业收入、投资收益、营业外收入有多少等。

（2）利润表可以反映企业一定会计期间费用的耗费情况。利润表可以反映企业耗费的营业成本、税金及附加、销售费用、管理费用、财务费用、营业外支出有多少等。

（3）利润表可以反映企业在一定时期内实现的利润或发生的亏损情况。企业一定时期利润的大小或亏损的多少，是评价企业在该时期经营业绩好坏的关键指标。

（4）企业通过利润表可以检查影响企业利润（或亏损）的因素，进而通过对有关影响因素的分析来调整或降低不利因素、强化有利因素，以不断提高企业经济效益、增强企业获利能力。

二、利润表的结构和内容

（一）利润表的结构

利润表的结构与资产负债表一样，也包括表首和表体两部分。

表首部分包括编制单位的名称、编制利润表的日期、计量单位和报表编号。

表体部分是利润表的主体和核心，反映企业收入、费用和利润的内容。

（二）利润表的内容

利润表的内容分为反映企业营业利润及其构成、反映企业利润总额及其构成、企业净利润、综合收益总额四部分。

（1）营业利润。营业利润是营业收入减去为取得营业收入而发生的营业成本、税金及附加、销售费用、管理费用、财务费用、研发费用、资产减值损失、信用减值损失，加其他收益、投资收益、净敞口套期收益、公允价值变动收益和资产处置收益后的余额。营业利润的计算过程可用以下公式表示。

$$营业利润 = 营业收入 - 营业成本 - 税金及附加 - 销售费用 - 管理费用 - 财务费用 -$$
$$研发费用 - 资产减值损失 - 信用减值损失 + 其他收益 + 投资收益 +$$
$$净敞口套期收益 + 公允价值变动收益 + 资产处置收益$$

其中，

$$营业收入 = 主营业务收入 + 其他业务收入$$
$$营业成本 = 主营业务成本 + 其他业务成本$$

（2）利润总额（亏损总额）。利润总额也称会计利润、税前利润，是指一定会计期间企业在缴纳所得税之前实现的利润。利润总额（亏损总额）是企业的经营成果，等于营业利润加上营业外收入，减去营业外支出后的余额。利润总额的计算过程可用以下公式表示。

$$利润总额 = 营业利润 + 营业外收入 - 营业外支出$$

（3）净利润（或净亏损）。净利润（或净亏损）是企业当期利润总额减去所得税费用后的余额，即企业的税后利润。净利润的计算过程可用以下公式表示。

$$净利润 = 利润总额 - 所得税费用$$

（4）综合收益总额。综合收益总额是企业当期的净利润与其他综合收益的税后净额之和。综合收益总额的计算过程可用以下公式表示。

$$综合收益总额 = 净利润 + 其他综合收益的税后净额$$

其中，其他综合收益的税后净额由两部分构成，一是不能重分类进损益的其他综合收益，二是将重分类进损益的其他综合收益。

利润表除上述四部分内容外，普通股或潜在普通股已公开交易的企业，以及正处于公开发行普通股或潜在普通股过程中的企业，还应当在利润表中列示每股收益信息。

（三）利润表的格式

利润表的格式一般有两种：单步式利润表和多步式利润表。我国一般采用多步式利润表。

1. 单步式利润表

单步式利润表的各项目是完全按照"收入－费用＝利润"这一会计等式的计算顺序进行排列的，它将企业当期所有的收入和收益列在前，将全部费用和损失列在后，两部分金额相减，一步计算出当期净损益，因而称其为单步式。简化的单步式利润表格式如表9-6所示。

表 9-6　利润表

编制单位：　　　　　　　　　　　年　月　　　　　　　　　　　（单位：元）

项　目	本期金额	上期金额
一、收入		
营业收入		
投资收益		
净敞口套期收益		
公允价值变动收益		
资产处置收益		
营业外收入		
收入合计		
二、费用		
营业成本		
税金及附加		
销售费用		
管理费用		
研发费用		
财务费用		
资产减值损失		
营业外支出		
所得税费用		
费用合计		
三、净利润		

单步式利润表编制简单，易于理解，但不能反映利润的形成情况，提供的信息较少，不利于报表分析。

2. 多步式利润表

多步式利润表是通过对当期的收入、费用、支出项目按性质加以归类，按利润形成的主要环节列示一些中间环节的利润指标，分步计算当期净损益及综合收益总额。

现行会计准则规定，企业应当采用多步式列报利润表，将不同性质的收入和费用类别进行对比，从而得出一些中间环节的利润数据，以便于使用者理解企业经营成果的不同来源。多步式利润表格式如表 9-7 所示。

表 9-7 利润表　　　　　　　　　会企 02 表

编制单位：　　　　　　年　月　　　　　　　　（单位：元）

项　目	本 期 金 额	上 期 金 额
一、营业收入		
减：营业成本		
税金及附加		
销售费用		
管理费用		
研发费用		
财务费用		
其中：利息费用		
利息收入		
资产减值损失		
信用减值损失		
加：其他收益		
投资收益（损失以"－"号填列）		
其中：对联营企业和合营企业的投资收益		
净敞口套期收益（损失以"－"号填列）		
公允价值变动收益（损失以"－"号填列）		
资产处置收益（损失以"－"号填列）		
二、营业利润（亏损以"－"号填列）		
加：营业外收入		
减：营业外支出		
三、利润总额（亏损总额以"－"号填列）		
减：所得税费用		
四、净利润（净亏损以"－"号填列）		
（一）持续经营净利润（净亏损以"－"号填列）		
（二）终止经营净利润（净亏损以"－"号填列）		
五、其他综合收益的税后净额		
（一）不能重分类进损益的其他综合收益		
1. 重新计量设定受益计划变动额		
2. 权益法下不能转损益的其他综合收益		
3. 其他权益工具投资公允价值变动		

(续)

项目	本期金额	上期金额
4. 企业自身信用风险公允价值变动		
……		
（二）将重分类进损益的其他综合收益		
1. 权益法下可转损益的其他综合收益		
2. 其他债权投资公允价值变动		
3. 金融资产重分类计入其他综合收益的金额		
4. 其他债权投资信用减值准备		
5. 现金流量套期储备		
6. 外币财务报表折算差额		
……		
六、综合收益总额		
七、每股收益		
（一）基本每股收益		
（二）稀释每股收益		

多步式利润表比单步式利润表提供了更为丰富的有关企业盈利能力方面的信息，便于对企业的生产经营情况进行分析。

三、利润表的编制方法

1. 利润表栏目的填列方法

（1）上期金额栏的列报方法。利润表"上期金额"栏内各项数字，应根据上年该期利润表"本期金额"栏内所列数字填列。如果上年该期利润表规定的各个项目的名称和内容与本期不相一致，则应对上年该期利润表各项目的名称和数字按本期的规定进行调整，填入利润表"上期金额"栏内。

（2）本期金额栏的列报方法。利润表"本期金额"栏内各项数字一般应根据损益类科目的发生额分析填列。

2. 利润表各项目的内容及其填列方法

（1）"营业收入"项目。本项目反映企业经营主要业务和其他业务所确认的收入总额，应根据"主营业务收入"和"其他业务收入"账户的发生额分析填列。

（2）"营业成本"项目。本项目反映企业经营主要业务和其他业务所发生的成本总额，应根据"主营业务成本"和"其他业务成本"账户的发生额分析填列。

（3）"税金及附加"项目。本项目反映企业经营业务应负担的消费税、城市建设维护税、资源税、土地增值税和教育费附加等，应根据"税金及附加"账户的发生额分析填列。

（4）"销售费用"项目。本项目反映企业在销售商品过程中发生的包装费、广告费等费用和为销售本企业商品而专设的销售机构的职工薪酬、业务等经营费用，应根据"销售费用"账户的发生额分析填列。

（5）"管理费用"项目。本项目反映企业为组织和管理生产经营而发生的管理费用，应根据"管理费用"的发生额减去"管理费用"账户下的"研发费用"明细账户的发生额后分析填列。

(6)"研发费用"项目。该项目反映企业在研究与开发过程中发生的费用化支出,应根据"管理费用"账户下的"研发费用"明细账户的发生额分析填列。

(7)"财务费用"项目。本项目反映企业筹集生产经营所需资金等而发生的筹资费用,应根据"财务费用"账户的发生额分析填列。

其中,"利息费用"项目,反映企业为筹集生产经营所需资金等而发生的应予费用化的利息支出,应根据"财务费用"账户的相关明细账户的发生额分析填列;"利息收入"项目,反映企业确认的利息收入,应根据"财务费用"账户的相关明细账户的发生额分析填列。

(8)"资产减值损失"项目。本项目反映企业各项资产发生的减值损失,应根据"资产减值损失"账户的发生额分析填列。

(9)"信用减值损失"项目。本项目反映企业按照《企业会计准则第22号——金融工具确认和计量》(2017年修订)的要求计提的各项金融工具减值准备所形成的预期信用损失,应根据"信用减值损失"账户的发生额分析填列。

(10)"其他收益"项目。该项目反映计入其他收益的政府补助等,应根据"其他收益"账户的发生额分析填列。

(11)"投资收益"项目。本项目反映企业以各种方式对外投资所取得的收益,应根据"投资收益"账户的发生额分析填列。如为投资损失,本项目以"-"号填列。

(12)"净敞口套期收益"行项目。本项目反映净敞口套期下被套期项目累计公允价值变动转入当期损益的金额或现金流量套期储备转入当期损益的金额,应根据"净敞口套期损益"账户的发生额分析填列。如为套期损失,以"-"号填列。

(13)"公允价值变动收益"项目。本项目反映企业应当计入当期损益的资产或负债公允价值变动收益,应根据"公允价值变动损益"账户的发生额分析填列。如为净损失,本项目以"-"号填列。

(14)"资产处置收益"项目。本项目反映企业出售划分为持有待售的非流动资产(金融工具、长期股权投资和投资性房地产除外)或处置组(子公司和业务除外)时确认的处置利得或损失,以及处置未划分为持有待售的固定资产、在建工程、生产性生物资产及无形资产而产生的处置利得或损失。债务重组中因处置非流动资产产生的利得或损失和非货币性资产交换中换出非流动资产产生的利得或损失也包括在本项目内。该项目应根据"资产处置损益"账户的发生额分析填列。如为处置损失,以"-"号填列。

(15)"营业利润"项目。本项目反映企业实现的营业利润。如为亏损,本项目以"-"号填列。

(16)"营业外收入"项目。本项目反映企业发生的除营业利润以外的收益,主要包括债务重组利得、与企业日常活动无关的政府补助、盘盈利得、捐赠利得(企业接受股东或股东的子公司直接或间接的捐赠,经济实质属于股东对企业的资本性投入的除外)等。该项目应根据"营业外收入"账户的发生额分析填列。

(17)"营业外支出"项目。本项目反映企业发生的除营业利润以外的支出,主要包括债务重组损失、公益性捐赠支出、非常损失、盘亏损失、非流动资产毁损报废损失等。该项目应根据"营业外支出"账户的发生额分析填列。

(18)"利润总额"项目。本项目反映企业实现的利润。如为亏损,本项目以"-"号填列。

（19）"所得税费用"项目。本项目反映企业应从当期利润总额中扣除的所得税费用，应根据"所得税费用"账户的发生额分析填列。

（20）"净利润"项目。本项目反映企业实现的净利润。如为亏损，本项目以"－"号填列。

（21）"（一）持续经营净利润"和"（二）终止经营净利润"项目，分别反映净利润中与持续经营相关的净利润和与终止经营相关的净利润；如为净亏损，以"－"号填列。该两个项目应按照《企业会计准则第 42 号——持有待售的非流动资产、处置组和终止经营》的相关规定分别列报。

（22）"其他综合收益的税后净额"项目。本项目反映企业根据其他会计准则规定未在当期损益中确认的各项利得和损失，应当根据该账户及其所属明细账户的本期发生额分析填列。

（23）"综合收益总额"项目。本项目反映企业净利润与其他综合收益的合计金额。

（24）"基本每股收益"和"稀释每股收益"项目。本项目反映普通股和稀释潜在股所取得的每股收益，应根据基本每股收益和稀释每股收益两指标填列。

四、利润表编制举例

【例 9-2】 甲企业 20××年 12 月各损益类账户本期发生额如表 9-8 所示，根据各账户本期发生额编制的该企业的利润表如表 9-9 所示。

表 9-8　甲企业各账户本期发生额

20××年 12 月　　　　　　　　　　　　　　　（单位：元）

科目名称	借方发生额	贷方发生额
主营业务收入		450 000
主营业务成本	200 000	
税金及附加	4 000	
其他业务收入		28 000
其他业务成本	15 000	
管理费用	44 000	
销售费用	38 000	
财务费用	41 000	
营业外收入		12 500
营业外支出	8 500	
投资收益		3 000
所得税费用	13 000	

表 9-9　利润表　　　　　　　会企 02 表

编制单位：　　　　　　20××年 12 月　　　　　　　　（单位：元）

项　目	本期金额	上期金额
一、营业收入	478 000	
减：营业成本	215 000	
税金及附加	4 000	

(续)

项　　目	本 期 金 额	上 期 金 额
销售费用	38 000	
管理费用	44 000	
研发费用		
财务费用	41 000	
其中：利息费用		
利息收入		
资产减值损失		
信用减值损失		
加：其他收益		
投资收益（损失以"－"号填列）	3 000	
其中：对联营企业和合营企业的投资收益		
净敞口套期收益（损失以"－"号填列）		
公允价值变动收益（损失以"－"号填列）		
资产处置收益（损失以"－"号填列）		
二、营业利润（亏损以"－"号填列）	139 000	
加：营业外收入	12 500	
减：营业外支出	8 500	
三、利润总额（亏损总额以"－"号填列）	143 000	
减：所得税费用	13 000	
四、净利润（净亏损以"－"号填列）	130 000	
（一）持续经营净利润（净亏损以"－"号填列）		
（二）终止经营净利润（净亏损以"－"号填列）		
五、其他综合收益的税后净额		
（一）不能重分类进损益的其他综合收益		
1. 重新计量设定受益计划变动额		
2. 权益法下不能转损益的其他综合收益		
3. 其他权益工具投资公允价值变动		
4. 企业自身信用风险公允价值变动		
（二）将重分类进损益的其他综合收益		
1. 权益法下可转损益的其他综合收益		
2. 其他债权投资公允价值变动		
3. 金融资产重分类计入其他综合收益的金额		
4. 其他债权投资信用减值准备		
5. 现金流量套期储备		
6. 外币财务报表折算差额		
……		
六、综合收益总额	130 000	
七、每股收益		
（一）基本每股收益		
（二）稀释每股收益		

第四节 现金流量表

一、现金流量表的概念和作用

1. 现金流量表的概念

现金流量表是反映企业一定会计期间现金和现金等价物流入和流出的报表，即反映企业一定会计期间内经营活动、投资活动、筹资活动等对现金及现金等价物产生的影响及其程度的报表。

现金流量表是以现金收支为基础编制的，是对资产负债表和利润表的重要补充。编制现金流量表的主要目的，是为财务报表使用者提供企业一定会计期间内现金和现金等价物流入和流出的信息，为财务报表使用者了解和评价企业获取现金和现金等价物的能力、预测企业未来现金流量提供依据。

2. 现金流量表的作用

现金流量表的作用，主要表现在以下几个方面。

（1）帮助报表使用者了解和评价企业获取现金流量的能力。
（2）帮助报表使用者了解企业偿还债务、支付股利及对外筹资的能力。
（3）帮助报表使用者了解企业净利润与经营活动现金流量之间差异产生的原因。
（4）帮助报表使用者了解企业当期有关现金、非现金投资和筹资等事项对其财务状况的影响。
（5）帮助报表使用者了解企业资产获利能力。
（6）帮助报表使用者了解企业的发展能力。

二、现金流量的分类

《企业会计准则第 31 号——现金流量表》将现金流量分为经营活动产生的现金流量、投资活动产生的现金流量、筹资活动产生的现金流量三大类。

1. 经营活动产生的现金流量

经营活动是指企业投资活动和筹资活动以外的所有交易和事项。经营活动主要包括：销售商品、提供劳务、购买商品、接受劳务、支付税费等。

经营活动产生的现金流入主要包括：销售商品、提供劳务所收到的现金；收到的税费返还；收到其他与经营活动有关的现金。

经营活动产生的现金流出主要包括：购买商品、接受劳务所支付的现金；支付给职工以及为职工支付的现金；支付的各项税费；支付其他与经营活动有关的现金。

2. 投资活动产生的现金流量

投资活动是指企业长期资产的购建和不包括在现金等价物范围内的投资及处置活动。投资活动既包括实物资产投资，也包括金融资产投资。之所以将"包括在现金等价物范围内的投资"排除在外，是因为已将其视同现金。

投资活动产生的现金流入主要包括：收回投资所收到的现金；取得投资收益所收到的现金；处置固定资产、无形资产和其他长期资产所收到的现金净额；处置子公司及其他营业单位所收到的现金净额；收到其他与投资活动有关的现金。

投资活动产生的现金流出主要包括：购建固定资产、无形资产和其他长期资产所支付的现金；投资所支付的现金；取得子公司及其他营业单位所支付的现金净额；支付其他与投资活动有关的现金。

3. 筹资活动产生的现金流量

筹资活动是指导致企业资本及债务规模和构成发生变化的活动。这里所说的资本，既包括实收资本（股本），也包括资本溢价（股本溢价）；这里所说的债务，是指对外举债，包括向银行借款、发行债券以及偿还债务等。

筹资活动产生的现金流入主要包括：吸收投资所收到的现金；取得借款所收到的现金；收到其他与筹资活动有关的现金。

筹资活动产生的现金流出主要包括：偿还债务所支付的现金；分配股利、利润或偿付利息所支付的现金；支付其他与筹资活动有关的现金。

除上述三类外，对于企业日常活动之外特殊的、不经常发生的项目，如自然灾害损失、保险赔款、捐赠等，应当归并到相关类别中，并单独反映。

三、现金流量表的结构和内容

1. 现金流量表的结构

现金流量表的结构包括正表和附注两个部分。

现金流量表的正表包括表首和表体两部分。表首部分包括编制单位的名称、编制时间、计量单位和报表编号。表体部分是现金流量表的主体和核心，反映企业经营活动、投资活动和筹资活动的现金流入和流出内容。

2. 现金流量表的内容

现金流量表正表的主要内容包括以下六个部分。

（1）经营活动产生的现金流量。

（2）投资活动产生的现金流量。

（3）筹资活动产生的现金流量。

（4）汇率变动对现金的影响。

（5）现金及现金等价物的净增加额。

（6）期末现金及现金等价物余额。

上述各项目之间关系可用以下公式表示。

现金及现金等价物净增加额=经营活动产生的现金流量净额+投资活动产生的现金流量净额+筹资活动产生的现金流量净额+汇率变动对现金及现金等价物的影响

期末现金及现金等价物余额=期初现金及现金等价物余额+现金及现金等价物净增加额

现金流量表附注包括现金流量表补充资料、当期取得或处置子公司及其他营业单位的有关信息、现金及现金等价物的详细信息。

其中现金流量表补充资料包括将净利润调节为经营活动现金流量、不涉及现金收支的重大投资和筹资活动、现金及现金等价物净变动情况三项内容。

四、现金流量表的编制基础及格式

（一）现金流量表的编制基础

现金流量表以现金及现金等价物为基础编制。现金流量表所指的现金是广义的现金，包括现金和现金等价物。

现金是指企业库存现金以及可以随时用于支付的存款。现金主要包括以下几项内容。

1. 库存现金

库存现金是指企业持有并可随时用于支付的现金，与"库存现金"账户的核算内容一致。

2. 银行存款

银行存款是指企业存入金融机构、可以随时用于支取的存款，与"银行存款"账户的核算内容基本一致，但不包括不能随时用于支付的存款。例如，不能随时支取的定期存款等不应作为现金；提前通知金融机构便可支取的定期存款则应包括在现金范围内。

3. 其他货币资金

其他货币资金是指存放在金融机构的外埠存款、银行汇票存款、银行本票存款、信用卡存款、信用证保证金存款和存出投资款等，与"其他货币资金"账户的核算内容一致。

4. 现金等价物

现金等价物是指企业持有的期限短、流动性强、易于转换为已知金额现金、价值变动风险很小的投资。其中，"期限短"一般是指从购买日起 3 个月内到期。现金等价物虽然不是现金，但其支付能力与现金的差别不大，可视为现金。

（二）现金流量表的格式

我国企业的现金流量表包括正表和附注两部分。现金流量表附注是现金流量表的补充资料。其基本格式如表 9-10 和表 9-11 所示。

表 9-10　现金流量表　　　　　　　　　　　　　　　　　　　　会企 03 表

编制单位：　　　　　　　　　　××年度　　　　　　　　　　　（单位：元）

项　目	本期金额	上期金额
一、经营活动产生的现金流量		
销售商品、提供劳务收到的现金		
收到的税费返还		
收到其他与经营活动有关的现金		
经营活动现金流入小计		
购买商品、接受劳务支付的现金		
支付给职工以及为职工支付的现金		
支付的各项税费		
支付其他与经营活动有关的现金		
经营活动现金流出小计		
经营活动产生的现金流量净额		
二、投资活动产生的现金流量		
收回投资收到的现金		
取得投资收益收到的现金		
处置固定资产、无形资产和其他长期资产收回的现金净额		
处置子公司及其他营业单位收到的现金净额		
收到其他与投资活动有关的现金		
投资活动现金流入小计		
购建固定资产、无形资产和其他长期资产支付的现金		

(续)

项　　目	本期金额	上期金额
投资支付的现金		
取得子公司及其他营业单位支付的现金净额		
支付其他与投资活动有关的现金		
投资活动现金流出小计		
投资活动产生的现金流量净额		
三、筹资活动产生的现金流量		
吸收投资收到的现金		
取得借款收到的现金		
收到其他与筹资活动有关的现金		
筹资活动现金流入小计		
偿还债务支付的现金		
分配股利、利润或偿付利息支付的现金		
支付其他与筹资活动有关的现金		
筹资活动现金流出小计		
筹资活动产生的现金流量净额		
四、汇率变动对现金及现金等价物的影响		
五、现金及现金等价物净增加额		
加：期初现金及现金等价物余额		
六、期末现金及现金等价物余额		

表 9-11　现金流量表附注　　　　　　　　　　（单位：元）

补　充　资　料	本期金额	上期金额
1. 将净利润调节为经营活动现金流量		
净利润		
加：资产减值准备		
固定资产折旧、油气资产折耗、生产性生物资产折旧		
无形资产摊销		
长期待摊费用摊销		
处置固定资产、无形资产和其他长期资产的损失（收益以"-"号填列）		
固定资产报废损失（收益以"-"号填列）		
公允价值变动损失（收益以"-"号填列）		
财务费用（收益以"-"号填列）		
投资损失（收益以"-"号填列）		
递延所得税资产减少（增加以"-"号填列）		
递延所得税负债增加（减少以"-"号填列）		
存货的减少（增加以"-"号填列）		
经营性应收项目的减少（增加以"-"号填列）		
经营性应付项目的增加（减少以"-"号填列）		
其他		
经营活动产生的现金流量净额		

(续)

补充资料	本期金额	上期金额
2. 不涉及现金收支的重大投资和筹资活动		
债务转为资本		
一年内到期的可转换公司债券		
融资租入固定资产		
3. 现金及现金等价物净变动情况		
现金的期末余额		
减：现金的期初余额		
加：现金等价物的期末余额		
减：现金等价物的期初余额		
现金及现金等价物净增加额		

五、现金流量表的编制方法

（一）直接法和间接法

编制现金流量表时，列报经营活动现金流量的方法有两种：一是直接法；二是间接法。这两种方法通常也被称为编制现金流量表的方法。

直接法是指按现金收入和现金支出的主要类别直接反映企业经营活动产生的现金流量的方法，如销售商品、提供劳务收到的现金，购买商品、接受劳务支付的现金等就是按现金收入和支出的类别直接反映的。在直接法下，一般是以利润表中的营业收入为起算点，调节与经营活动有关项目的增减变动，然后计算出经营活动产生的现金流量。

间接法是指以净利润为起算点，调整不涉及现金的收入、费用、营业外收支等有关项目，剔除投资活动、筹资活动对现金流量的影响，进而据此计算出经营活动产生的现金流量的方法。由于净利润是按照权责发生制原则确定的，且包括了与投资活动和筹资活动相关的收益和费用，所以，将净利润调节为经营活动现金流量，实际上就是将按权责发生制原则确定的净利润调整为现金净流入，并剔除投资活动和筹资活动对现金流量的影响。

采用直接法编报的现金流量表，便于分析企业经营活动产生的现金流量的来源和用途，预测企业现金流量的未来前景；采用间接法编报现金流量表，便于将净利润与经营活动产生的现金流量净额进行比较，了解净利润与经营活动产生的现金流量差异的原因，从现金流量的角度分析净利润的质量。

《企业会计准则第31号——现金流量表》规定企业应当采用直接法编报现金流量表，同时要求企业采用间接法在现金流量表附注中披露将净利润调节为经营活动现金流量的信息。

（二）工作底稿法或T形账户法

在具体编制现金流量表时，可以采用工作底稿法或T形账户法，也可以根据有关账户记录分析填列。

1. 工作底稿法

采用工作底稿法编制现金流量表，即是以工作底稿为手段，以资产负债表和利润表数据为基础，对每一项目进行分析并编制调整分录，从而编制现金流量表。工作底稿法的程序如下所示。

第一步,将资产负债表的期初数和期末数过入工作底稿的期初数栏和期末数栏。

第二步,对当期业务进行分析并编制调整分录。在编制调整分录时,要以利润表项目为基础,从"营业收入"开始,结合资产负债表项目逐一进行分析。在调整分录中,有关现金和现金等价物的事项,并不直接借记或贷记现金,而是分别记入"经营活动产生的现金流量""投资活动产生的现金流量""筹资活动产生的现金流量"有关项目。借记表示现金流入,贷记表示现金流出。

第三步,将调整分录过入工作底稿中的相应部分。

第四步,核对调整分录,借方、贷方合计数均已经相等,资产负债表项目期初数加减调整分录中的借贷金额以后也等于期末数。

第五步,根据工作底稿中的现金流量表项目部分编制正式的现金流量表。

2. T形账户法

采用T形账户法编制现金流量表,即是以T形账户为手段,以资产负债表和利润表数据为基础,对每一项目进行分析并编制调整分录,从而编制现金流量表。T形账户法的程序如下所示。

第一步,为所有的非现金项目(包括资产负债表项目和利润表项目)分别开设T形账户,并将各自的期末期初变动数过入各相关账户。如果项目的期末数大于期初数,则将差额过入与项目余额相同的方向;反之,则过入相反的方向。

第二步,开设一个大的"现金及现金等价物"T形账户,每边分为经营活动、投资活动和筹资活动三个部分,左边记现金流入,右边记现金流出。与其他账户一样,过入期末期初变动数。

第三步,以利润表项目为基础,结合资产负债表分析每一个非现金项目的增减变动,并据此编制调整分录。

第四步,将调整分录过入各T形账户,并进行核对,该账户借贷相抵后的余额与原先过入的期末期初变动数应当一致。

第五步,根据大的"现金及现金等价物"T形账户编制正式的现金流量表。

第五节　所有者权益变动表

一、所有者权益变动表的含义

所有者权益变动表是反映所有者权益的各组成部分增减变动情况的报表。所有者权益变动表不仅包括所有者权益总量的增减变动,还包括所有者权益增减变动的重要结构性信息,此外,还包括直接计入所有者权益的利得和损失,有利于报表使用者了解所有者权益增减变动的根源。

二、所有者权益变动表的结构

为了表明所有者权益的各组成部分当期的增减变动情况,所有者权益变动表以矩阵形式列示。一方面,按所有者权益变动的来源对一定时期所有者权益变动情况进行全面反映;另一方面,按照所有者权益各组成部分(包括实收资本、资本公积、盈余公积、未分配利润和库存股)及其总额列示交易或者事项对所有者权益的影响。所有者权益变动表各项目分为"本年金额"和"上年金额"两栏分别填列。所有者权益变动表的具体格式如表9-12所示。

表 9-12 所有者权益变动表

编制单位： ×× 年度 会企 04 表（单位：元）

项目	本年金额									上年金额								
	实收资本（或股本）	其他权益工具			资本公积	减：库存股	其他综合收益	盈余公积	未分配利润	所有者权益合计	实收资本（或股本）	其他权益工具			资本公积	减：库存股	其他综合收益	盈余公积	未分配利润	所有者权益合计
		优先股	永续债	其他								优先股	永续债	其他						
一、上年末余额																			
加：会计政策变更																			
前期差错更正																			
其他																			
二、本年初余额																			
三、本年增减变动金额（减少以"-"号填列）																			
（一）综合收益总额																			
（二）所有者投入和减少资本																			
1. 所有者投入的普通股																			
2. 其他权益工具持有者投入资本																			
3. 股份支付计入所有者权益的金额																			
4. 其他																			
（三）利润分配																			
1. 提取盈余公积																			
2. 对所有者（或股东）的分配																			
3. 其他																			
（四）所有者权益内部结转																			
1. 资本公积转增资本（或股本）																			
2. 盈余公积转增资本（或股本）																			
3. 盈余公积弥补亏损																			
4. 设定受益计划变动额结转留存收益																			
5. 其他综合收益结转留存收益																			
6. 其他																			
四、本年末余额																			

三、所有者权益变动表的填列方法

（一）所有者权益变动表各项目的填列方法

1. "上年年末余额"项目

该项目反映企业上年资产负债表中实收资本（或股本）、其他权益工具、资本公积、其他综合收益、盈余公积、未分配利润的年末余额。

2. "会计政策变更"和"前期差错更正"项目

这两个项目分别反映企业采用追溯调整法处理的会计政策变更的累积影响金额和采用追溯重述法处理的会计差错更正的累积影响金额。

为体现会计政策变更和前期差错更正的影响，企业应当在上期期末所有者权益余额的基础上进行调整，得出本期期初所有者权益，根据"盈余公积""利润分配""以前年度损益调整"等账户的发生额分析填列。

3. "本年增减变动金额（减少以"－"号填列）"项目

（1）"综合收益总额"项目，反映企业净利润与其他综合收益的合计金额。

（2）"所有者投入和减少资本"项目，反映反映企业当年所有者投入的资本和减少的资本。

"所有者投入的普通股"项目，反映企业接受普通股投资者投入所形成的实收资本（或股本）和资本公积，应根据"实收资本""资本公积"等账户发生额分析填列。

"其他权益工具持有者投入资本"项目，反映企业接受其他权益工具持有者投入所形成的实收资本（或股本）和资本公积，应根据"实收资本""资本公积"等账户发生额分析填列。

"股份支付计入所有者权益的金额"项目，反映企业处于等待期中的权益结算的股份支付当年计入资本公积的金额，应根据"资本公积"所属的"其他资本公积"账户的发生额分析填列。

（3）"利润分配"项目，反映企业当年对所有者（或股东）分配的利润（或股利）金额和按照规定提取的盈余公积金额，并对应列在"未分配利润"和"盈余公积"栏中。

"提取盈余公积"项目，反映企业按照规定提取的盈余公积。

"对所有者（或股东）的分配"项目，反映对所有者（或股东）分配的利润（或股利）金额。

（4）"所有者权益内部结转"项目，反映不影响当年所有者权益总额的所有者权益各组成部分之间当年的增减变动，包括资本公积转增资本（或股本）、盈余公积转增资本（或股本）、盈余公积弥补亏损等项目。

"资本公积转增资本（或股本）"项目，反映企业以资本公积转增资本或股本的金额。

"盈余公积转增资本（或股本）"项目，反映企业以盈余公积转增资本或股本的金额。

"盈余公积弥补亏损"项目，反映企业以盈余公积弥补亏损的金额。

（二）所有者权益变动表栏目的填列方法

1. 上年金额栏的列报方法

所有者权益变动表"上年金额"栏内的各项数字，应根据上年度所有者权益变动表"本年金额"栏内所列数字填列。如果上年度所有者权益变动表规定的各个项目的名称和内容与本年度的不一致,则应对上年度所有者权益变动表各项目的名称和数字按本年度的规定进行调整,然后将其填入所有者权益变动表"上年金额"栏。

2. 本年金额栏的列报方法

所有者权益变动表"本年金额"栏内的各项数字一般应根据"实收资本(或股本)""资本公积""盈余公积""利润分配""库存股""以前年度损益调整"等账户的发生额分析填列。

第六节 报表附注

一、报表附注的含义及作用

报表附注是对在资产负债表、利润表、现金流量表和所有者权益变动表等报表中列示项目的文字描述或明细资料,以及对未能在这些报表中列示项目的说明等。

财务报表中的数字是经过分类、汇总后的结果,是对企业发生的经济业务的高度简化和浓缩的数字,如果没有会计政策的解读和相关信息的披露,财务报表将不能充分发挥效用。因此,报表附注与资产负债表、利润表、现金流量表、所有者权益变动表等报表一样重要。财务报表使用者应当细致、全面地阅读附注。

二、报表附注披露的内容

根据我国企业会计准则的规定,报表附注应当按照如下顺序披露有关内容。

(1) 企业的基本情况。
(2) 财务报表的编制基础。
(3) 遵循企业会计准则的声明。
(4) 重要会计政策的说明。
(5) 重要会计估计的说明。
(6) 会计政策和会计估计变更以及差错更正的说明。
(7) 重要报表项目的说明。
(8) 或有事项的说明。
(9) 资产负债表日后事项的说明。
(10) 关联方关系及其交易的说明。

思 考 题

1. 简述财务报告的含义、作用及构成。
2. 简述财务报表的种类。
3. 简述财务报表的编制要求。
4. 说明资产负债表的概念和作用。
5. 资产负债表的结构和内容是什么?
6. 说明利润表的概念和作用。
7. 利润表的结构和内容是什么?
8. 说明现金流量表的概念、作用、结构和内容。
9. 简述所有者权益变动表的结构。
10. 报表附注有何作用?报表附注披露的内容主要有哪些?

练 习 题

一、单项选择题

1. 企业以（　　）形式对外提供会计信息。
   A. 原始凭证　　　　B. 记账凭证　　　　C. 会计账簿　　　　D. 财务报告
2. 资产负债表反映企业在某一特定日期的（　　）。
   A. 经营成果　　　　B. 现金流量　　　　C. 财务状况　　　　D. 经营活动
3. 编制资产负债表所依据的会计等式是（　　）。
   A. 收入 – 费用 = 利润
   B. 资产 = 负债 + 所有者权益
   C. 借方发生额 = 贷方发生额
   D. 期初余额 + 本期借方发生额 – 本期贷方发生额 = 期末余额
4. 我国利润表的格式为（　　）。
   A. 单步式　　　　　B. 多步式　　　　　C. 报告式　　　　　D. 账户式
5. 利润表"本期金额"栏的数据是根据有关科目的（　　）填列的。
   A. 期初余额　　　　B. 期末余额　　　　C. 本年累计数　　　D. 本期净发生额
6. 资产负债表是（　　）报表。
   A. 动态　　　　　　B. 静态　　　　　　C. 动静结合　　　　D. 非静非动
7. 资产负债表中的"未分配利润"项目，应根据（　　）填列。
   A. "利润分配"账户余额
   B. "本年利润"账户余额
   C. "本年利润"和"利润分配"账户的余额计算后
   D. "盈余公积"账户余额
8. "预付账款"账户明细账中若有贷方余额，应将其计入资产负债表中的（　　）项目。
   A. 应收账款　　　　B. 预收账款　　　　C. 应付账款　　　　D. 其他应付款
9. 资产负债表中资产和负债项目按资产负债的（　　）顺序排列。
   A. 流动性　　　　　B. 重要性　　　　　C. 金额大小　　　　D. 程度高低
10. 下列不影响营业利润的项目是（　　）。
    A. 财务费用　　　　B. 投资收益　　　　C. 资产减值损失　　D. 营业外支出

二、多项选择题

1. 下列项目中，属于财务报表的有（　　）。
   A. 资产负债表　　　　　　　　B. 应交增值税明细表　　　　C. 利润表
   D. 现金流量表　　　　　　　　E. 所有者权益（股东权益）变动表
2. 财务报表编制的基本要求包括（　　）。
   A. 内容完整　　B. 数字真实　　C. 计算准确　　D. 编报及时　　E. 披露充分
3. 资产负债表中的"货币资金"项目是依据（　　）项目之和填列的。
   A. 库存现金　　B. 银行存款　　C. 其他货币资金　　D. 应收账款　　E. 应收票据
4. 现金流量表中的现金流量包括（　　）。
   A. 筹资活动的现金流量　　　　B. 经济活动的现金流量　　　C. 经营活动的现金流量
   D. 分配活动的现金流量　　　　E. 投资活动的现金流量
5. 财务报告可以提供企业（　　）的信息。
   A. 财务状况　　B. 经营成果　　C. 劳动状况　　D. 现金流量　　E. 市场关系
6. 在下列项目中，应计入利润表中"营业外收入"项目的有（　　）。
   A. 非流动资产处置利得　　　　B. 先征后返收到的增值税　　C. 无法支付的应付账款
   D. 接受现金捐赠　　　　　　　E. 存款利息收入

7. 企业对外报送的财务报表主要包括（　　）。
A. 资产负债表　　　　　　B. 利润表　　　　　　C. 现金流量表
D. 所有者权益变动表　　　E. 成本费用计算表
8. 利润表中的"营业收入"项目，包含下列（　　）账户的金额。
A. 营业外收入　B. 投资收益　C. 主营业务收入　D. 其他业务收入　E. 营业外支出
9. 在利润表中，"营业利润"项目的填列涉及（　　）。
A. 主营业务收入　B. 营业外收入　C. 其他业务收入　D. 其他业务成本　E. 营业外支出
10. 在报表附注中，应当披露（　　）。
A. 企业的基本情况　　　　　　B. 重要报表项目的说明
C. 资产负债表日后事项的说明　D. 重要会计政策的说明
E. 企业所有事项的说明

三、判断题
1. 财务报告是企业会计核算的最终成果。（　　）
2. 财务报告只对外提供，企业内部的管理者和职工不得使用。（　　）
3. 财务报告是企业根据现实需要不定期编制并对外报送的。（　　）
4. 利润表是根据"资产＝负债＋所有者权益"等式设计并编制的。（　　）
5. 我国会计制度规定，企业的资产负债表采用账户式结构。（　　）
6. 营业利润＝主营业务利润＋其他业务利润＋营业外收入－营业外支出。（　　）
7. 资产负债表属于动态报表。（　　）
8. 现金流量表只能反映企业与现金有关的经营活动、投资活动和筹资活动。（　　）
9. 利润表中"本期金额"栏的各项目，是根据有关账户的期末余额填列的。（　　）
10. 资产负债表中的"期末余额"栏应根据有关账户的本期发生额编制。（　　）
11. 企业必须对外提供资产负债表、利润表和现金流量表，报表附注不属于企业必须对外提供的资料。（　　）
12. 资产负债表中的资产类应分为流动资产和非流动资产项目列示，非流动资产在前，流动资产在后。（　　）

四、业务题
1. 资产负债表编制练习。

根据第八章练习题中的业务题第3题的资料得知，甲粉笔生产企业20××年12月31日各账户期末余额如表9-13所示。

表9-13　甲企业各账户期末余额表
20××年12月31日　　　　　　　　　　　　（单位：元）

科目名称	借方余额	贷方余额
库存现金	800	
银行存款	962 420	
应收账款	242 750	
原材料	80 400	
库存商品	206 930	
固定资产	1 434 000	
累计折旧		286 290
短期借款		220 000
应付账款		133 480

(续)

科目名称	借方余额	贷方余额
应付职工薪酬		18 900
应交税费		67 959
应付股利		30 000
应付利息		38 500
长期借款		240 000
实收资本		1 050 000
盈余公积		111 957.10
利润分配（未分配利润）		730 213.90
合计	2 927 300	2 927 300

要求：根据各账户期末余额编制资产负债表。

2. 利润表编制练习。

根据第八章练习题中的业务题第3题的资料得知，甲粉笔生产企业20××年12月31日损益类账户本期发生额如表9-14所示。

表9-14 甲企业损益类账户本期发生额

20××年12月 （单位：元）

科目名称	借方发生额	贷方发生额
主营业务收入		553 000
主营业务成本	386 000	
税金及附加	4 069	
管理费用	51 160	
销售费用	12 000	
财务费用（利息费用）	38 500	
营业外支出	3 500	
所得税费用	23 200	

要求：根据各账户本期发生额编制利润表。

附录 练习题参考答案

第一章 总 论

一、单项选择题

1. A 2. D 3. B 4. B 5. C 6. B 7. B 8. A 9. C 10. B 11. C 12. D
13. C 14. D

二、多项选择题

1. ACDE 2. ABCD 3. BCD 4. ABDE 5. AB 6. CDE 7. ABD 8. ABD 9. ADE
10. BC 11. ABE 12. ABCD 13. ACD 14. BCDE 15. AC

三、判断题

1. √ 2. × 3. × 4. × 5. √ 6. × 7. √ 8. × 9. × 10. × 11. √ 12. √
13. √ 14. × 15. × 16. √ 17. √ 18. × 19. × 20. √

第二章 会计科目与会计账户

一、单项选择题

1. A 2. D 3. B 4. B 5. B 6. B 7. A 8. C 9. A 10. C 11. A 12. C 13. C
14. A 15. D 16. A

二、多项选择题

1. ACD 2. ABCD 3. ABCE 4. ABCDE 5. AB 6. BDE 7. ACDE 8. ABCDE 9. AB
10. ACE 11. ABD 12. ABCE 13. ABE 14. BCE 15. AB 16. ABCDE
17. ABCD 18. CD

三、判断题

1. × 2. √ 3. √ 4. × 5. × 6. √ 7. × 8. × 9. × 10. × 11. ×

第三章 复式记账

一、单项选择题

1. C 2. C 3. B 4. B 5. C 6. A 7. A 8. A 9. C 10. B 11. C

二、多项选择题

1. BD 2. BC 3. ACD 4. BDE 5. ABCD 6. ABCE 7. ABCDE 8. ACD
9. ABCD 10. ACD 11. BE

三、判断题

1. √ 2. × 3. × 4. × 5. × 6. √ 7. √ 8. √ 9. √ 10. × 11. × 12. ×

四、业务题

(1) 编制会计分录。

1) 借:银行存款		80 000
贷:应收账款		80 000
2) 借:原材料		40 000
贷:银行存款		40 000
3) 借:短期借款		60 000
贷:银行存款		60 000
4) 借:应付账款		20 000
贷:短期借款		20 000
5) 借:银行存款		100 000
贷:实收资本		100 000
6) 借:原材料		60 000
贷:应付账款		60 00

(2) 登记 T 形账户。

银行存款

期初余额	60 000		
(1)	80 000	(2)	40 000
(5)	100 000	(3)	60 000
本期发生额	180 000	本期发生额	100 000
期末余额	140 000		

应付账款

		期初余额	60 000
(4)	20 000	(6)	60 000
本期发生额	20 000	本期发生额	60 000
		期末余额	100 000

应收账款

期初余额	100 000		
		(1)	80 000
本期发生额		本期发生额	80 000
期末余额	20 000		

短期借款

		期初余额	80 000
(3)	60 000	(4)	20 000
本期发生额	60 000	本期发生额	20 000
		期末余额	40 000

原材料

期初余额	80 000		
(2)	40 000		
(6)	60 000		
本期发生额	100 000	本期发生额	
期末余额	180 000		

实收资本

		期初余额	100 000
		(5)	100 000
本期发生额	0	本期发生额	100 000
		期末余额	200 000

(3) 旅永公司 3 月 31 日的试算平衡表如附表 3-1 所示。

附表 3-1　试算平衡表

20××年3月31日　　　　　　　　　　　　　　　　　　　　　　（单位：元）

账户名称	期初余额		本期发生额		期末余额	
	借方余额	贷方余额	借方发生额	贷方发生额	借方余额	贷方余额
银行存款	60 000		180 000	100 000	140 000	
应收账款	100 000		0	80 000	20 000	
原材料	80 000		100 000	0	180 000	
短期借款		80 000	60 000	20 000		40 000
应付账款		60 000	20 000	60 000		100 000
实收资本		100 000	0	100 000		200 000
合计	240 000	240 000	360 000	360 000	340 000	340 000

第四章　借贷记账法的运用

一、单项选择题

1. C　2. D　3. D　4. A　5. D　6. C　7. B　8. B　9. C　10. D　11. B　12. B　13. C　14. B　15. A　16. A　17. C　18. D

二、多项选择题

1. ABD　2. ABCDE　3. ACDE　4. ABCD　5. ACDE　6. ABC　7. ACDE　8. ABCD　9. ABDE　10. ABD　11. BCE　12. ABCDE　13. BC　14. CDE　15. BCE　16. ACDE　17. ACE　18. BCDE　19. ABCD　20. ACDE

三、判断题

1. √　2. ×　3. ×　4. ×　5. ×　6. ×　7. √　8. √　9. √　10. ×　11. √　12. ×　13. ×　14. ×　15. √　16. ×　17. ×

四、业务题

1. 资金筹集业务的核算。

(1) 借：银行存款　　　　　　　　　　　　　　　　　　　　　　800 000
　　　贷：实收资本　　　　　　　　　　　　　　　　　　　　　　800 000

(2) 借：固定资产　　　　　　　　　　　　　　　　　　　　　　50 000
　　　贷：实收资本　　　　　　　　　　　　　　　　　　　　　　50 000

(3) 借：原材料　　　　　　　　　　　　　　　　　　　　　　　40 000
　　　应交税费——应交增值税（进项税额）　　　　　　　　　　6 400
　　　贷：实收资本　　　　　　　　　　　　　　　　　　　　　　46 400

(4) 借：无形资产　　　　　　　　　　　　　　　　　　　　　　60 000
　　　贷：实收资本　　　　　　　　　　　　　　　　　　　　　　60 000

(5) 借：银行存款　　　　　　　　　　　　　　　　　　　　　　450 000
　　　贷：短期借款　　　　　　　　　　　　　　　　　　　　　　450 000

(6) 借：银行存款　　　　　　　　　　　　　　　　　　　　　　3 800 000

	贷：长期借款	3 800 000
（7）借：资本公积		250 000
	贷：实收资本	250 000

2. 供应业务的核算。

（1）借：固定资产		80 000
	应交税费——应交增值税（进项税额）	10 400
	贷：银行存款	90 400
（2）借：在途物资——甲材料		34 200
	应交税费——应交增值税（进项税额）	4 420
	贷：应付账款	38 420
	库存现金	200
（3）借：在途物资——乙材料		26 150
	应交税费——应交增值税（进项税额）	3 380
	贷：银行存款	29 530
（4）借：原材料——甲材料		34 200
	——乙材料	26 150
	贷：在途物资——甲材料	34 200
	——乙材料	26 150
（5）借：应付账款		38 420
	贷：银行存款	38 420
（6）借：在途物资——丙材料		18 000
	应交税费——应交增值税（进项税额）	2 340
	贷：应付票据	20 340
（7）借：原材料——丙材料		18 300
	贷：在途物资——丙材料	18 000
	库存现金	300

3. 生产业务的核算。

（1）借：生产成本——A产品		500 000
	——B产品	31 500
	制造费用	4 000
	管理费用	2 500
	贷：原材料——甲材料	377 500
	——乙材料	160 500
（2）借：应付职工薪酬——工资		264 000
	贷：银行存款	264 000
（3）借：制造费用		300
	管理费用	600
	贷：库存现金	900
（4）借：制造费用		3 000

	贷：银行存款	3 000
（5）	借：其他应收款——李四	3 500
	贷：库存现金	3 500
（6）	借：银行存款	500
	贷：财务费用	500
（7）	借：制造费用	3 200
	库存现金	300
	贷：其他应收款——李四	3 500
（8）	借：生产成本——A产品	65 000
	——B产品	28 000
	制造费用	6 500
	管理费用	53 200
	贷：应付职工薪酬——工资	152 700
（9）	借：生产成本——A产品	9 100
	——B产品	3 920
	制造费用	910
	管理费用	7 448
	贷：应付职工薪酬——职工福利	21 378
（10）	借：制造费用	12 780
	管理费用	6 800
	贷：累计折旧	19 580
（11）	借：财务费用	1 800
	贷：应付利息	1 800
（12）	借：应付利息	1 800
	贷：银行存款	1 800

（13）制造费用明细账，如附图4-1所示。

借方	制造费用	贷方
（1）	4 000	
（3）	300	
（4）	3 000	
（7）	3 200	
（8）	6 500	
（9）	910	
（10）	12 780	
	30 690	

附图4-1　制造费用明细账

制造费用分配率 = 30 690 ÷（65 000 + 28 000）= 30 690 ÷ 93 000 = 0.33
A产品负担的制造费用 = 65 000 × 0.33 = 21 450（元）
B产品负担的制造费用 = 28 000 × 0.33 = 9 240（元）

借：生产成本——A产品		21 450
——B产品		9 240
贷：制造费用		30 690

(14) A、B 两产品生产成本明细账如附图 4-2 和附图 4-3 所示。

借方	A产品生产成本明细账	贷方
(8)	500 000	
(8)	65 000	
(9)	9 100	
(13)	21 450	
	595 550	

附图 4-2　A 产品生产成本明细账

借方	B产品生产成本明细账	贷方
(1)	31 500	
(8)	28 000	
(9)	3 920	
(13)	9 240	
	72 660	

附图 4-3　B 产品生产成本明细账

借：库存商品——A产品		595 550
——B产品		72 660
贷：生产成本——A产品		595 550
——B产品		72 660

4. 销售及利润分配业务的核算。

(1) 借：银行存款		565 000
贷：主营业务收入		500 000
应交税费——应交增值税（销项税额）		65 000
(2) 借：应收账款		316 400
贷：主营业务收入		280 000
应交税费——应交增值税（销项税额）		36 400
(3) 借：销售费用		6 500
贷：银行存款		6 500
(4) 借：财务费用		1 200
贷：应付利息		1 200
(5) 借：应收票据		678 000
贷：主营业务收入		600 000
应交税费——应交增值税（销项税额）		78 000
(6) 借：销售费用		2 200
贷：银行存款		2 200
(7) 借：银行存款		316 400

                贷：应收账款   316 400
（8）借：银行存款   39 780
            贷：应收票据   39 780
（9）本月销售 A 产品的数量 = 1 000 + 1 200 = 2 200（件）
本月销售 B 产品的数量 = 800（件）
销售 A 产品的成本 = 2 200 × 280 = 616 000（元）
销售 B 产品的成本 = 800 × 200 = 160 000（元）
借：主营业务成本   776 000
        贷：库存商品——A 产品   616 000
                        ——B 产品   160 000
（10）借：银行存款   12 430
            贷：其他业务收入   11 000
                    应交税费——应交增值税（销项税额）   1 430
（11）借：其他业务成本   9 000
            贷：原材料   9 000
（12）借：银行存款   30 000
            贷：营业外收入   30 000
（13）借：营业外支出   4 500
            贷：银行存款   4 500
（14）本月发生的应交增值税的销项税额如附图 4-4 所示。

借方	应交税费——应交增值税	贷方
	（1）	65 000
	（2）	36 400
	（5）	78 000
	（10）	1 430
		180 830

附图 4-4 应交税费——应交增值税明细账

由于本月准予抵扣的进项税额是 138 270 元，所以，本月实际应交增值税等有关税费情况如下。

应交增值税税额 = 销项税额 - 进项税额 = 180 830 - 138 270 = 42 560（元）
应交城市维护建设税 = 42 560 × 7% = 2 979.20（元）
应交教育费附加 = 42 560 × 3% = 1 276.80（元）
借：税金及附加   4 256
        贷：应交税费——应交城市维护建设税   2 979.20
                        ——应交教育费附加   1 276.80
（15）借：所得税费用   143 000
            贷：应交税费——应交所得税   143 000
（16）借：主营业务收入（500 000 + 280 000 + 600 000）   1 380 000
            其他业务收入   11 000

	营业外收入	30 000
	贷：本年利润	1 421 000
借：	本年利润	963 156
	贷：主营业务成本	776 000
	其他业务成本	9 000
	税金及附加	4 256
	管理费用	21 000
	财务费用	1 200
	销售费用（6 500 + 2 200）	8 700
	所得税费用	143 000

（17）本月企业净利润 = 1 421 000 – 963 156 = 457 844(元)

借：利润分配——提取法定盈余公积　　　　　　　45 784.40
　　贷：盈余公积——法定盈余公积　　　　　　　45 784.40
（18）借：利润分配——应付现金股利　　　　　　　8 000
　　　贷：应付股利　　　　　　　　　　　　　　　8 000
（19）将利润分配各明细科目结转至未分配利润
借：利润分配——未分配利润　　　　　　　　　　53 784.40
　　贷：利润分配——提取法定盈余公积　　　　　　45 784.40
　　　　　　　　——应付现金股利　　　　　　　　8 000

第五章　会计凭证

一、单项选择题
1. C　2. C　3. B　4. D　5. B　6. C　7. A　8. B　9. C　10. A　11. A　12. C　13. D
14. C　15. C　16. A　17. A　18. A
二、多项选择题
1. BC　2. BD　3. ABCDE　4. ABCDE　5. ACD　6. ABDE　7. ABC　8. ABCDE　9. ACDE
10. BCDE　11. BCE　12. ABDE
三、判断题
1. √　2. ×　3. √　4. √　5. ×　6. ×　7. √　8. √　9. ×　10. ×　11. ×　12. ×

第六章　会计账簿

一、单项选择题
1. D　2. B　3. C　4. D　5. A　6. D　7. A　8. C　9. B　10. D　11. D　12. B　13. C
14. A　15. C　16. B　17. D　18. D　19. C　20. C　21. A　22. B　23. A　24. D　25. B
26. D　27. A　28. B　29. B　30. B　31. B　32. C
二、多项选择题
1. CDE　2. ABC　3. BC　4. ABCD　5. ABD　6. ABDE　7. ABC　8. ABC　9. ABCD

10. ABCD　11. ABCDE　12. ABCE

三、判断题

1. ×　2. √　3. √　4. ×　5. ×　6. ×　7. √　8. √　9. √　10. √　11. √　12. ×
13. √　14. √　15. ×　16. √　17. √　18. √　19. ×　20. ×　21. √　22. ×　23. ×
24. ×

四、业务题

1. 练习错账的更正方法。

（1）借：管理费用　　　　　　　　　　　　　　　　　　　4 000
　　　　　贷：库存现金　　　　　　　　　　　　　　　　　4 000
　　　借：管理费用　　　　　　　　　　　　　　　　　　　4 000
　　　　　贷：银行存款　　　　　　　　　　　　　　　　　4 000

（2）借：预付账款　　　　　　　　　　　　　　　　　　　4 500
　　　　　贷：银行存款　　　　　　　　　　　　　　　　　4 500

（3）借：预付账款　　　　　　　　　　　　　　　　　　　9 000
　　　　　贷：银行存款　　　　　　　　　　　　　　　　　9 000

（4）在会计账簿里用划线更正法，用红笔将870划去，在其上方用黑笔写上780。

2. 练习错账的更正方法。

（1）直接将该记账凭证作废，重新填写一张正确的记账凭证。

借：应付账款　　　　　　　　　　　　　　　　　　　　　7 000
　　贷：银行存款　　　　　　　　　　　　　　　　　　　7 000

（2）红字更正法。

借：管理费用　　　　　　　　　　　　　　　　　　　　　2 000
　　贷：库存现金　　　　　　　　　　　　　　　　　　　2 000
借：预付账款　　　　　　　　　　　　　　　　　　　　　2 000
　　贷：库存现金　　　　　　　　　　　　　　　　　　　2 000

（3）红字更正法。

借：管理费用　　　　　　　　　　　　　　　　　　　　　4 500
　　贷：银行存款　　　　　　　　　　　　　　　　　　　4 500

（4）补充登记法。

借：银行存款　　　　　　　　　　　　　　　　　　　　　40 500
　　贷：应收账款　　　　　　　　　　　　　　　　　　　40 500

3. 练习总账与明细账的平行登记。

（1）编制会计分录。

1）借：原材料——甲材料　　　　　　　　　　　　　　　48 000
　　　　　　　——乙材料　　　　　　　　　　　　　　　36 000
　　　贷：应付账款——明器公司　　　　　　　　　　　　84 000

2）借：生产成本　　　　　　　　　　　　　　　　　　　　　116 000
　　　　贷：原材料——甲材料　　　　　　　　　　　　　　　　56 000
　　　　　　　　　——乙材料　　　　　　　　　　　　　　　　60 000
3）借：原材料——甲材料　　　　　　　　　　　　　　　　　　16 000
　　　　　　——乙材料　　　　　　　　　　　　　　　　　　　48 000
　　　　贷：应付账款——梁洪公司　　　　　　　　　　　　　　64 000
4）借：应付账款——明器公司　　　　　　　　　　　　　　　 100 000
　　　　　　　　　——梁洪公司　　　　　　　　　　　　　　 140 000
　　　　贷：银行存款　　　　　　　　　　　　　　　　　　　 240 000
5）借：管理费用　　　　　　　　　　　　　　　　　　　　　　16 000
　　　　贷：原材料——甲材料　　　　　　　　　　　　　　　　16 000

（2）登记有关总账和明细账，如附表 6-1～附表 6-6 所示。

附表 6-1　总分类账

会计科目：原材料　　　　　　　　　　　　　　　　　　　　　　　　　　　　（单位：元）

| 20××年 | | 凭证号数 | 摘要 | 对方科目 | 借方 | 贷方 | 借或贷 | 余额 |
月	日							
3	1		期初余额				借	124 000
	2	(1)	购入	应付账款	84 000		借	208 000
	8	(2)	领料	生产成本		116 000	借	92 000
	13	(3)	购入	应付账款	64 000		借	156 000
	25	(5)	领料	管理费用		16 000	借	140 000
	31		本月合计		148 000	132 000	借	140 000

附表 6-2　原材料明细分类账

明细科目：甲材料　　　　　　　　　　　　　　　　　　　　　　　　　　　　（单位：元）

| 20××年 | | 凭证号数 | 摘要 | 收入 | | | 发出 | | | 结存 | | |
月	日			数量/kg	单价(元/kg)	金额	数量/kg	单价(元/kg)	金额	数量/kg	单价(元/kg)	金额
3	1		期初余额							1 000	40	40 000
	2	(1)	购入	1 200	40	48 000				2 200	40	88 000
	8	(2)	领料				1 400	40	56 000	800	40	32 000
	13	(3)	购入	400	40	16 000				1 200	40	48 000
	25	(5)	领料				400	40	16 000	800	40	32 000
	31		本月合计	1 600	40	64 000	1 800	40	72 000	800	40	32 000

附表 6-3　原材料明细分类账

明细科目：乙材料　　　　　　　　　　　　　　　　　　　　　　　　　　　　（单位：元）

| 20××年 | | 凭证号数 | 摘要 | 收入 | | | 发出 | | | 结存 | | |
月	日			数量/kg	单价(元/kg)	金额	数量/kg	单价(元/kg)	金额	数量/kg	单价(元/kg)	金额
3	1		期初余额							1 400	60	84 000
	2	(1)	购入	600	60	36 000				2 000	60	120 000
	8	(2)	领料				1 000	60	60 000	1 000	60	60 000
	13	(3)	购入	800	60	48 000				1 800	60	108 000
3	31		本月合计	1 400	60	84 000	1 000	60	60 000	1 800	60	108 000

附表 6-4　总分类账

会计科目：应付账款　　　　　　　　　　　　　　　　　　　　　　　（单位：元）

20××年		凭证号数	摘　要	对方科目	借　方	贷　方	借或贷	余　额
月	日							
3	1		期初余额				贷	112 000
	2	(1)	购入材料	原材料		84 000	贷	196 000
	13	(3)	购入材料	原材料		64 000	贷	260 000
	22	(4)	偿还货款	银行存款	240 000		贷	20 000
3	31		本月合计		240 000	148 000	贷	20 000

附表 6-5　应付账款明细分类账

明细科目：明器公司　　　　　　　　　　　　　　　　　　　　　　　（单位：元）

20××年		凭证号数	摘　要	对方科目	借　方	贷　方	借或贷	余　额
月	日							
3	1		期初余额				贷	60 000
	2	(1)	购入材料	原材料		84 000	贷	144 000
	22	(4)	偿还货款	银行存款	100 000		贷	44 000
3	31		本月合计		100 000	84 000	贷	44 000

附表 6-6　应付账款明细分类账

明细科目：梁洪公司　　　　　　　　　　　　　　　　　　　　　　　（单位：元）

20××年		凭证号数	摘　要	对方科目	借　方	贷　方	借或贷	余　额
月	日							
3	1		期初余额				贷	52 000
	13	(3)	购入材料	原材料		64 000	贷	116 000
	22	(4)	偿还货款	银行存款	140 000		借	24 000
3	31		本月合计		140 000	64 000	借	24 000

(3) 编制总分类账户与明细分类账户发生额及余额对照表，如附表 6-7 所示。

附表 6-7　总分类账户与明细分类账户发生额及余额对照表　　（单位：元）

会计科目	期初余额		本期发生额		期末余额	
	借　方	贷　方	借　方	贷　方	借　方	贷　方
原材料	124 000		148 000	132 000	140 000	
——甲材料	84 000		64 000	72 000	76 000	
——乙材料	40 000		84 000	60 000	64 000	
应付账款		112 000	240 000	148 000		20 000
——明器公司		60 000	100 000	84 000		44 000
——梁洪公司		52 000	140 000	64 000	24 000	

第七章 财产清查

一、单项选择题
1. B 2. A 3. C 4. C 5. B 6. D 7. C 8. B 9. B 10. C 11. D 12. B 13. B

二、多项选择题
1. ABCD 2. BD 3. ACDE 4. ABD 5. ABC 6. ACD 7. ABE 8. BCDE 9. DE
10. BC 11. BD 12. AB

三、判断题
1. × 2. × 3. √ 4. × 5. √ 6. × 7. √ 8. √ 9. √ 10. √ 11. ×

四、业务题

1. 银行存款清查业务核算。

银行存款余额调节表如附表7-1所示。

附表7-1 银行存款余额调节表

单位名称：甲企业　　　　　20××年11月30日　　　　　　　　（单位：元）

项目	金额	项目	金额
银行存款日记账余额	64 000	银行对账单余额	68 500
加：银行已收，企业未收	3 800	加：企业已收，银行未收	6 500
减：银行已付，企业未付	3 500	减：企业已付，银行未付	10 700
调节后余额	64 300	调节后余额	64 300

2. 财产清查结果的业务核算。

（1）批准前：

借：待处理财产损溢——待处理流动资产损溢　　　　　　　　　　　12 000
　　贷：原材料——甲材料[(800－560)×50]　　　　　　　　　　　　　12 000
借：待处理财产损溢——待处理流动资产损溢　　　　　　　　　　　　800
　　贷：原材料——乙材料[(570－550)×40]　　　　　　　　　　　　　　800

批准后：

借：管理费用（40×50）　　　　　　　　　　　　　　　　　　　　　2 000
　　其他应收款——保管人员（200×50）　　　　　　　　　　　　　　10 000
　　贷：待处理财产损溢——待处理流动资产损溢　　　　　　　　　　12 000
借：管理费用　　　　　　　　　　　　　　　　　　　　　　　　　　800
　　贷：待处理财产损溢——待处理流动资产损溢　　　　　　　　　　　800

（2）批准前：

借：待处理财产损溢——待处理流动资产损溢　　　　　　　　　　　　50
　　贷：库存现金　　　　　　　　　　　　　　　　　　　　　　　　50

批准后：

借：其他应收款——出纳员　　　　　　　　　　　　　　　　　　　　50
　　贷：待处理财产损溢——待处理流动资产损溢　　　　　　　　　　50

（3）批准前：

借：待处理财产损溢——待处理流动资产损溢　　　　　　　　　　　10 500
　　　　贷：原材料——丙材料（300×35）　　　　　　　　　　　　10 500

批准后：

借：营业外支出　　　　　　　　　　　　　　　　　　　　　　　　10 500
　　　　贷：待处理财产损溢——待处理流动资产损溢　　　　　　　10 500

（4）批准前：

借：待处理财产损溢——待处理固定资产损溢　　　　　　　　　　　4 500
　　　累计折旧　　　　　　　　　　　　　　　　　　　　　　　　3 500
　　　　贷：固定资产　　　　　　　　　　　　　　　　　　　　　8 000

批准后：

借：营业外支出　　　　　　　　　　　　　　　　　　　　　　　　4 500
　　　　贷：待处理财产损溢——待处理固定资产损溢　　　　　　　4 500

（5）批准前：

借：待处理财产损溢——待处理流动资产损溢　　　　　　　　　　　40 000
　　　　贷：库存商品　　　　　　　　　　　　　　　　　　　　　40 000

批准后：

借：管理费用　　　　　　　　　　　　　　　　　　　　　　　　　2 000
　　　其他应收款——保管人员　　　　　　　　　　　　　　　　　1 500
　　　营业外支出　　　　　　　　　　　　　　　　　　　　　　　36 500
　　　　贷：待处理财产损溢——待处理流动资产损溢　　　　　　　40 000

（6）借：坏账准备　　　　　　　　　　　　　　　　　　　　　　13 000
　　　　　贷：应收账款　　　　　　　　　　　　　　　　　　　　13 000

（7）借：其他应付款　　　　　　　　　　　　　　　　　　　　　5 000
　　　　　贷：营业外收入　　　　　　　　　　　　　　　　　　　5 000

第八章　账务处理程序

一、单项选择题

1. C　2. A　3. D　4. B　5. A　6. B　7. B　8. D　9. A　10. B

二、多项选择题

1. ABCDE　2. CDE　3. CDE　4. CD　5. ABC　6. ABCD　7. ABE　8. ABC　9. AB
10. BD

三、判断题

1. √　2. √　3. √　4. ×　5. √　6. √　7. √　8. ×　9. √　10. √

四、业务题

1. 运用记账凭证账务处理程序进行核算。

（1）根据资料开设总分类账户和有关明细分类账户，登记期初余额（略）。

（2）根据12月份发生的经济业务，填制收款凭证、付款凭证和转账凭证。

业务（1）如附图 8-1 所示（以下记账凭证填制过程中，附单据张数省略）。

收 款 凭 证

借方科目：银行存款　　　　　　20××年12月1日　　　　　　银收第01号

对方单位	摘要	贷方科目		金　额									记账
（或交款人）		总账科目	明细科目	千	百	十	万	千	百	十	元	角	分	符号
略	接受投资	实收资本				5	0	0	0	0	0	0	0	
	合　　计				¥	5	0	0	0	0	0	0	0	

会计主管：　　　记账：　　　复核：　　　出纳：　　　制单：

附单据　　张

附图 8-1　收款凭证

业务（2）如附图 8-2 所示。

收 款 凭 证

借方科目：银行存款　　　　　　20××年12月2日　　　　　　银收第02号

对方单位	摘要	贷方科目		金　额									记账
（或交款人）		总账科目	明细科目	千	百	十	万	千	百	十	元	角	分	符号
中国工商银行	借入款项存银行	短期借款	中国工商银行			1	2	0	0	0	0	0	0	
	合　　计				¥	1	2	0	0	0	0	0	0	

会计主管：　　　记账：　　　复核：　　　出纳：　　　制单：

附单据　　张

附图 8-2　收款凭证

业务（3）如附图 8-3 所示。

收 款 凭 证

借方科目：银行存款　　　　　　20××年12月3日　　　　　　银收第03号

对方单位	摘要	贷方科目		金　额									记账
（或交款人）		总账科目	明细科目	千	百	十	万	千	百	十	元	角	分	符号
中国工商银行	收回销货款	应收账款	红光小学				3	0	0	0	0	0	0	
	合　　计				¥		3	0	0	0	0	0	0	

会计主管：　　　记账：　　　复核：　　　出纳：　　　制单：

附单据　　张

附图 8-3　收款凭证

业务（4）如附图8-4所示。

转 账 凭 证

20××年12月4日　　　　　　　转账第01号

摘　要	总账科目	明细科目	借方金额 千百十万千百十元角分	贷方金额 千百十万千百十元角分	记账符号
购材料已入库	原材料	石灰石	9 6 0 0 0 0 0		
	应交税费	应交增值税（进项税额）	1 2 4 8 0 0 0		
	应付账款	第一石灰厂		1 0 8 4 8 0 0 0	
合　　计			￥1 0 8 4 8 0 0 0	￥1 0 8 4 8 0 0 0	

会计主管：　　　记账：　　　复核：　　　制单：

附图8-4　转账凭证

业务（5）如附图8-5所示。

付 款 凭 证

贷方科目：银行存款　　　20××年12月5日　　　　　　银付第01号

对方单位（或领款人）	摘　要	借方科目		金　额 千百十万千百十元角分	记账符号
		总账科目	明细科目		
市石膏厂	购原材料	原材料	石膏	1 4 4 0 0 0 0 0	
		应交税费	应交增值税(进项税额)	1 8 7 2 0 0 0	
合　　计				￥1 6 2 7 2 0 0 0	

会计主管：　　　记账：　　　复核：　　　出纳：　　　制单：

附图8-5　付款凭证

业务（6）如附图8-6所示。

付 款 凭 证

贷方科目：库存现金　　　20××年12月6日　　　　　　现付第01号

对方单位（或领款人）	摘　要	借方科目		金　额 千百十万千百十元角分	记账符号
		总账科目	明细科目		
张三	借出差旅费	其他应收款	张三	2 0 0 0 0 0	
合　　计				￥2 0 0 0 0 0	

会计主管：　　　记账：　　　复核：　　　出纳：　　　制单：

附图8-6　付款凭证

业务（7）如附图8-7所示。

付 款 凭 证

贷方科目：银行存款　　　　　　20××年12月8日　　　　　　　银付第02号

对方单位	摘　要	借方科目		金　额									记账
（或领款人）		总账科目	明细科目	千	百	十	万	千	百	十	元	角	分	符号
略	买办公用品	制造费用	办公用品				1	5	0	0	0	0	
		管理费用	办公用品				2	0	0	0	0	0	
	合　　计						¥	3	5	0	0	0	0	

会计主管：　　　　记账：　　　　复核：　　　　出纳：　　　　制单：

附图8-7　付款凭证

业务（8）如附图8-8所示。

付 款 凭 证

贷方科目：银行存款　　　　　　20××年12月9日　　　　　　　银付第03号

对方单位	摘　要	借方科目		金　额									记账
（或领款人）		总账科目	明细科目	千	百	十	万	千	百	十	元	角	分	符号
单位职工	发工资	应付职工薪酬	工资		1	3	5	0	0	0	0	0	
	合　　计				¥	1	3	5	0	0	0	0	0	

会计主管：　　　　记账：　　　　复核：　　　　出纳：　　　　制单：

附图8-8　付款凭证

业务（9）如附图8-9和附图8-10所示。

收 款 凭 证

借方科目：库存现金　　　　　　20××年12月10日　　　　　　现收第01号

对方单位	摘　要	贷方科目		金　额									记账
（或交款人）		总账科目	明细科目	千	百	十	万	千	百	十	元	角	分	符号
张三	退回借款	其他应收款	张三					2	0	0	0	0	
	合　　计						¥	2	0	0	0	0	

会计主管：　　　　记账：　　　　复核：　　　　出纳：　　　　制单：

附图8-9　收款凭证

转 账 凭 证

20××年12月10日　　　　　　　　　　　　　转账第02号

摘要	总账科目	明细科目	借方金额 千百十万千百十元角分	贷方金额 千百十万千百十元角分	记账符号
报差旅费	管理费用	差旅费	1 8 0 0 0 0		
	其他应收款	张三		1 8 0 0 0 0	
合 计			¥ 1 8 0 0 0 0	¥ 1 8 0 0 0 0	

会计主管：　　　　记账：　　　　复核：　　　　制单：

附图8-10　转账凭证

业务（10）如附图8-11所示。

收 款 凭 证

借方科目：银行存款　　　　20××年12月12日　　　　银收第04号

对方单位（或交款人）	摘要	贷方科目		金 额	记账符号
		总账科目	明细科目	千百十万千百十元角分	
红光小学	销售教学粉笔	主营业务收入		1 4 0 0 0 0 0 0	
		应交税费	应交增值税（销项税额）	1 8 2 0 0 0 0	
	合 计			¥ 1 5 8 2 0 0 0 0	

会计主管：　　　记账：　　　复核：　　　出纳：　　　制单：

附图8-11　收款凭证

业务（11）如附图8-12所示。

转 账 凭 证

20××年12月13日　　　　　　　　　　　　　转账第03号

摘要	总账科目	明细科目	借方金额 千百十万千百十元角分	贷方金额 千百十万千百十元角分	记账符号
销售教学粉笔	应收账款	育红中学	1 9 7 7 5 0 0 0		
	主营业务收入			1 7 5 0 0 0 0 0	
	应交税费	应交增值税（销项税额）		2 2 7 5 0 0 0	
合 计			¥ 1 9 7 7 5 0 0 0	¥ 1 9 7 7 5 0 0 0	

会计主管：　　　　记账：　　　　复核：　　　　制单：

附图8-12　转账凭证

业务（12）如附图 8-13 所示。

付 款 凭 证

贷方科目：银行存款　　　　　20××年12月14日　　　　　　　　银付第 04 号

对方单位 (或领款人)	摘 要	借方科目		金 额										记账 符号
		总账科目	明细科目	千	百	十	万	千	百	十	元	角	分	
略	支付排污罚款	营业外支出					3	5	0	0	0	0	0	
	合　　计			¥	3	5	0	0	0	0	0			

会计主管：　　　　　记账：　　　　　复核：　　　　　出纳：　　　　　制单：

附图 8-13　付款凭证

业务（13）如附图 8-14 所示。

付 款 凭 证

贷方科目：银行存款　　　　　20××年12月15日　　　　　　　　银付第 05 号

对方单位 (或领款人)	摘 要	借方科目		金 额										记账 符号
		总账科目	明细科目	千	百	十	万	千	百	十	元	角	分	
第一石灰厂	还欠款	应付账款	第一石灰厂				9	0	0	0	0	0	0	
	合　　计				¥	9	0	0	0	0	0	0		

会计主管：　　　　　记账：　　　　　复核：　　　　　出纳：　　　　　制单：

附图 8-14　付款凭证

业务（14）如附图 8-15 所示。

付 款 凭 证

贷方科目：银行存款　　　　　20××年12月16日　　　　　　　　银付第 06 号

对方单位 (或领款人)	摘 要	借方科目		金 额										记账 符号
		总账科目	明细科目	千	百	十	万	千	百	十	元	角	分	
略	还贷款	短期借款				1	0	0	0	0	0	0	0		
	合　　计				¥	1	0	0	0	0	0	0	0	

会计主管：　　　　　记账：　　　　　复核：　　　　　出纳：　　　　　制单：

附图 8-15　付款凭证

业务（15）如附图8-16所示。

付 款 凭 证

贷方科目：银行存款　　　　　20××年12月20日　　　　　　　银付第07号

对方单位（或领款人）	摘 要	借 方 科 目		金　　额									记账符号
		总账科目	明细科目	千	百	十	万	千	百	十	元	角	分	
略	付水电费	制造费用	水电费					6	0	0	0	0	0	
		管理费用	水电费					2	0	0	0	0	0	
	合　　计						¥	8	0	0	0	0	0	

附单据　张

会计主管：　　　记账：　　　复核：　　　出纳：　　　制单：

附图8-16　付款凭证

业务（16）如附图8-17所示。

收 款 凭 证

借方科目：银行存款　　　　　20××年12月23日　　　　　　　银收第05号

对方单位（或交款人）	摘 要	贷 方 科 目		金　　额									记账符号
		总账科目	明细科目	千	百	十	万	千	百	十	元	角	分	
南阳林业局	预收购贷款	预收账款	南阳林业局			1	5	0	0	0	0	0	0	
	合　　计				¥	1	5	0	0	0	0	0	0	

附单据　张

会计主管：　　　记账：　　　复核：　　　出纳：　　　制单：

附图8-17　收款凭证

业务（17）如附图8-18所示。

付 款 凭 证

贷方科目：银行存款　　　　　20××年12月24日　　　　　　　银付第08号

对方单位（或领款人）	摘 要	借 方 科 目		金　　额									记账符号
		总账科目	明细科目	千	百	十	万	千	百	十	元	角	分	
略	付广告费	销售费用	广告费				1	2	0	0	0	0	0	
	合　　计					¥	1	2	0	0	0	0	0	

附单据　张

会计主管：　　　记账：　　　复核：　　　出纳：　　　制单：

附图8-18　付款凭证

业务（18）如附图 8-19 和附图 8-20 所示。

转 账 凭 证

20××年12月29日　　　　　　　　　　　　转账第04号

摘要	总账科目	明细科目	借方金额 千百十万千百十元角分	贷方金额 千百十万千百十元角分	记账符号
销售检尺粉笔	预收账款	南阳林业局	2 6 8 9 4 0 0 0		
	主营业务收入			2 3 8 0 0 0 0 0	
	应交税费	应交增值税（销项税额）		3 0 9 4 0 0 0	
	合　　计		¥2 6 8 9 4 0 0 0	¥2 6 8 9 4 0 0 0	

会计主管：　　　　记账：　　　　复核：　　　　制单：

附图 8-19　转账凭证

收 款 凭 证

借方科目：银行存款　　　20××年12月29日　　　　　银收第06号

对方单位（或交款人）	摘要	贷方科目 总账科目	贷方科目 明细科目	金额 千百十万千百十元角分	记账符号
南阳林业局	补付预收贷款	预收账款	南阳林业局	1 1 8 9 4 0 0 0	
	合　　计			¥1 1 8 9 4 0 0 0	

会计主管：　　记账：　　复核：　　出纳：　　制单：

附图 8-20　收款凭证

业务（19）如附图 8-21 所示。

转 账 凭 证

20××年12月31日　　　　　　　　　　　　转账第05号

摘要	总账科目	明细科目	借方金额 千百十万千百十元角分	贷方金额 千百十万千百十元角分	记账符号
发出材料	生产成本	检尺粉笔	1 2 3 0 0 0 0 0		
		教学粉笔	1 8 0 0 0 0 0		
	制造费用		8 4 0 0 0		
	管理费用		7 6 0 0 0		
	原材料	石灰石		1 2 0 8 4 0 0 0	
		石膏		1 8 0 3 6 0 0	
		辅助材料		3 4 0 0 0 0	
	合　　计		¥3 0 4 6 0 0 0 0	¥3 0 4 6 0 0 0 0	

会计主管：　　　　记账：　　　　复核：　　　　制单：

附图 8-21　转账凭证

业务（20）如附图 8-22 所示。

转 账 凭 证

20××年 12 月 31 日　　　　　　　　　　　　　　转账第 06 号

摘要	总账科目	明细科目	借方金额 千百十万千百十元角分	贷方金额 千百十万千百十元角分	记账符号
结转工资	生产成本	检尺粉笔	4 0 0 0 0 0 0		
		教学粉笔	5 5 0 0 0 0 0		
	制造费用		1 0 0 0 0 0 0		
	管理费用		3 0 0 0 0 0 0		
	应付职工薪酬	工资		1 3 5 0 0 0 0 0	
	合　计		¥ 1 3 5 0 0 0 0 0	¥ 1 3 5 0 0 0 0 0	

会计主管：　　　　记账：　　　　复核：　　　　制单：

附图 8-22　转账凭证

业务（21）如附图 8-23 所示。

转 账 凭 证

20××年 12 月 31 日　　　　　　　　　　　　　　转账第 07 号

摘要	总账科目	明细科目	借方金额 千百十万千百十元角分	贷方金额 千百十万千百十元角分	记账符号
发生职工福利费	生产成本	检尺粉笔	5 6 0 0 0 0		
		教学粉笔	7 7 0 0 0 0		
	制造费用		1 4 0 0 0 0		
	管理费用		4 2 0 0 0 0		
	应付职工薪酬	职工福利		1 8 9 0 0 0 0	
	合　计		¥ 1 8 9 0 0 0 0	¥ 1 8 9 0 0 0 0	

会计主管：　　　　记账：　　　　复核：　　　　制单：

附图 8-23　转账凭证

业务（22）如附图 8-24 所示。

转 账 凭 证

20××年 12 月 31 日　　　　　　　　　　　　　　转账第 08 号

摘要	总账科目	明细科目	借方金额 千百十万千百十元角分	贷方金额 千百十万千百十元角分	记账符号
提折旧	制造费用		2 5 8 6 0 0		
	管理费用		1 0 4 0 0 0		
	累计折旧			3 6 2 6 0 0 0	
	合　计		¥ 3 6 2 6 0 0 0	¥ 3 6 2 6 0 0 0	

会计主管：　　　　记账：　　　　复核：　　　　制单：

附图 8-24　转账凭证

业务（23）如附图 8-25 所示。

转 账 凭 证

20××年12月31日　　　　　　　　　　　　转账第 09 号

摘　要	总账科目	明细科目	借方金额 千百十万千百十元角分	贷方金额 千百十万千百十元角分	记账符号
计提利息	财务费用		3 8 5 0 0 0 0		
		应付利息		3 8 5 0 0 0 0	
	合　计		￥3 8 5 0 0 0 0	￥3 8 5 0 0 0 0	

会计主管：　　　　记账：　　　　复核：　　　　制单：

附图 8-25　转账凭证

业务（24）如附图 8-26 所示。
本月发生的制造费用合计 = 1 500 + 6 000 + 840 + 10 000 + 1 400 + 25 860 = 45 600（元）
制造费用分配率 = 45 600 ÷（40 000 + 55 000）= 0.48
检尺粉笔应负担的制造费用 = 40 000 × 0.48 = 19 200（元）
教学粉笔应负担的制造费用 = 55 000 × 0.48 = 26 400（元）

转 账 凭 证

20××年12月31日　　　　　　　　　　　　转账第 10 号

摘　要	总账科目	明细科目	借方金额 千百十万千百十元角分	贷方金额 千百十万千百十元角分	记账符号
结转制造费用	生产成本	检尺粉笔	1 9 2 0 0 0 0		
		教学粉笔	2 6 4 0 0 0 0		
		制造费用		4 5 6 0 0 0 0	
	合　计		￥4 5 6 0 0 0 0	￥4 5 6 0 0 0 0	

会计主管：　　　　记账：　　　　复核：　　　　制单：

附图 8-26　转账凭证

业务（25）如附图 8-27 所示。
检尺粉笔的生产成本 = 123 000 + 40 000 + 5 600 + 19 200 = 187 800（元）
教学粉笔的生产成本 = 180 000 + 55 000 + 7 700 + 26 400 = 269 100（元）

转 账 凭 证

20××年12月31日　　　　　　　　　　　　转账第 11 号

摘　要	总账科目	明细科目	借方金额 千百十万千百十元角分	贷方金额 千百十万千百十元角分	记账符号
结转完工产品成本	库存商品	检尺粉笔	1 8 7 8 0 0 0 0		
		教学粉笔	2 6 9 1 0 0 0 0		
	生产成本	检尺粉笔		1 8 7 8 0 0 0 0	
		教学粉笔		2 6 9 1 0 0 0 0	
	合　计		￥4 5 6 9 0 0 0 0	￥4 5 6 9 0 0 0 0	

会计主管：　　　　记账：　　　　复核：　　　　制单：

附图 8-27　转账凭证

业务（26）如附图 8-28 所示。

检尺粉笔的已销产品成本 = 46 × 3 500 = 161 000（元）

教学粉笔的已销产品成本 = 25 × (4 000 + 5 000) = 225 000（元）

转 账 凭 证

20××年12月31日　　　　　　　　　　　　　　转账第12号

摘　要	总账科目	明细科目	借方金额 千百十万千百十元角分	贷方金额 千百十万千百十元角分	记账符号
结转销售成本	主营业务成本		3 8 6 0 0 0 0 0		
	库存商品	检尺粉笔		1 6 1 0 0 0 0 0	
		教学粉笔		2 2 5 0 0 0 0 0	
合　计			¥3 8 6 0 0 0 0 0	¥3 8 6 0 0 0 0 0	

会计主管：　　　　记账：　　　　复核：　　　　制单：

附图 8-28　转账凭证

业务（27）如附图 8-29 所示。

本月应交增值税明细账户贷方发生额（销项税额） = 18 200 + 22 750 + 30 940 = 71 890（元）

本月应交增值税明细账户借方发生额（进项税额） = 12 480 + 18 720 = 31 200（元）

本月实际应交增值税税额 = 销项税额 − 进项税额 = 71 890 − 31 200 = 40 690（元）

应交城市维护建设税税额 = 40 690 × 7% = 2 848.30（元）

应交教育费附加 = 40 690 × 3% = 1 220.70（元）

转 账 凭 证

20××年12月31日　　　　　　　　　　　　　　转账第13号

摘　要	总账科目	明细科目	借方金额 千百十万千百十元角分	贷方金额 千百十万千百十元角分	记账符号
计算城建税及教育费附加	税金及附加		4 0 6 9 0 0		
	应交税费	应交城建税		2 8 4 8 3 0	
		应交教育附加		1 2 2 0 7 0	
合　计			¥4 0 6 9 0 0	¥4 0 6 9 0 0	

会计主管：　　　　记账：　　　　复核：　　　　制单：

附图 8-29　转账凭证

业务（28）如附图 8-30 和附图 8-31 所示。

本月主营业务收入 = 140 000 + 175 000 + 238 000 = 553 000（元）

转 账 凭 证

20××年12月31日　　　　　　　　转账第14号

摘要	总账科目	明细科目	借方金额 千百十万千百十元角分	贷方金额 千百十万千百十元角分	记账符号
结转收入类账户	主营业务收入		5 5 3 0 0 0 0 0		
	本年利润			5 5 3 0 0 0 0 0	
合　计			¥ 5 5 3 0 0 0 0 0	¥ 5 5 3 0 0 0 0 0	

会计主管：　　　　记账：　　　　复核：　　　　制单：

附图8-30　转账凭证

转 账 凭 证

20××年12月31日　　　　　　　　转账第15号

摘要	总账科目	明细科目	借方金额 千百十万千百十元角分	贷方金额 千百十万千百十元角分	记账符号
结转费用类账户	本年利润		4 9 5 2 2 9 0 0		
	主营业务成本			3 8 6 0 0 0 0 0	
	税金及附加			4 0 6 9 0 0	
	管理费用			5 1 1 6 0 0 0	
	财务费用			3 8 5 0 0 0	
	销售费用			1 2 0 0 0 0	
	营业外支出			3 5 0 0 0	
合　计			¥ 4 9 5 2 2 9 0 0	¥ 4 9 5 2 2 9 0 0	

会计主管：　　　　记账：　　　　复核：　　　　制单：

附图8-31　转账凭证

根据附图8-30和附图8-31可以计算出该企业12月份的利润总额。

利润总额 = 553 000 − 495 229 = 57 771(元)

业务（29）如附图8-32所示。

转 账 凭 证

20××年12月31日　　　　　　　　转账第16号

摘要	总账科目	明细科目	借方金额 千百十万千百十元角分	贷方金额 千百十万千百十元角分	记账符号
计算应交所得税	所得税费用		2 3 2 0 0 0 0		
	应交税费	应交所得税		2 3 2 0 0 0 0	
合　计			¥ 2 3 2 0 0 0 0	¥ 2 3 2 0 0 0 0	

会计主管：　　　　记账：　　　　复核：　　　　制单：

附图8-32　转账凭证

业务（30）如附图 8-33 所示。

转 账 凭 证
20××年12月31日　　　　　　　　　　转账第17号

摘　要	总账科目	明细科目	借方金额 千百十万千百十元角分	贷方金额 千百十万千百十元角分	记账符号
结转所得税费用	本年利润		2 3 2 0 0 0 0		
	所得税费用			2 3 2 0 0 0 0	
合　计			¥ 2 3 2 0 0 0 0	¥ 2 3 2 0 0 0 0	

会计主管：　　　　　记账：　　　　　复核：　　　　　制单：

附图 8-33　转账凭证

企业 12 月份净利润（"本年利润"账户贷方余额）= 利润总额 − 所得税费用 = 57 771 − 23 200 = 34 571（元）

业务（31）如附图 8-34 所示。

转 账 凭 证
20××年12月31日　　　　　　　　　　转账第18号

摘　要	总账科目	明细科目	借方金额 千百十万千百十元角分	贷方金额 千百十万千百十元角分	记账符号
结转本年利润至利润分配	本年利润		3 4 5 7 1 0 0		
	利润分配	未分配利润		3 4 5 7 1 0 0	
合　计			¥ 3 4 5 7 1 0 0	¥ 3 4 5 7 1 0 0	

会计主管：　　　　　记账：　　　　　复核：　　　　　制单：

附图 8-34　转账凭证

业务（32）如附图 8-35 所示。

转 账 凭 证
20××年12月31日　　　　　　　　　　转账第19号

摘　要	总账科目	明细科目	借方金额 千百十万千百十元角分	贷方金额 千百十万千百十元角分	记账符号
提盈余公积	利润分配	提取法定盈余公积	3 4 5 7 1 0		
	盈余公积	法定盈余公积		3 4 5 7 1 0	
合　计			¥ 3 4 5 7 1 0	¥ 3 4 5 7 1 0	

会计主管：　　　　　记账：　　　　　复核：　　　　　制单：

附图 8-35　转账凭证

业务（33）如附图 8-36 所示。

转 账 凭 证
20××年12月31日　　　　　　　　　转账第 20 号

摘　要	总账科目	明细科目	借方金额 千百十万千百十元角分	贷方金额 千百十万千百十元角分	记账符号
结转投资者利润	利润分配	应付现金股利	3 0 0 0 0 0 0		
		应付股利		3 0 0 0 0 0 0	
	合　　计		¥ 3 0 0 0 0 0 0	¥ 3 0 0 0 0 0 0	

会计主管：　　　　　　记账：　　　　　　复核：　　　　　　制单：

附图 8-36　转账凭证

业务（34）如附图 8-37 所示。

转 账 凭 证
20××年12月31日　　　　　　　　　转账第 21 号

摘　要	总账科目	明细科目	借方金额 千百十万千百十元角分	贷方金额 千百十万千百十元角分	记账符号
结转利润分配明细账	利润分配	未分配利润	3 4 5 7 1 0		
	利润分配	提取法定盈余公积		3 4 5 7 1 0	
		应付现金股利		3 0 0 0 0 0 0	
	合　　计		¥ 　3 3 4 5 7 1 0	¥ 　3 3 4 5 7 1 0	

会计主管：　　　　　　记账：　　　　　　复核：　　　　　　制单：

附图 8-37　转账凭证

（3）根据已填制的收款凭证、付款凭证和转账凭证逐笔登记总账账户和有关明细分类账户，如附表 8-1 ~ 附表 8-5 所示。

1）根据收款凭证、付款凭证登记"库存现金日记账"（见附表 8-1）和"银行存款日记账"（见附表 8-2）。

附表 8-1　库存现金日记账　　　　　　　　　　　　（单位：元）

20××年		凭证号数	摘　要	对方账户	收　入	支　出	结　余
月	日						
12	1		期初余额				2 600
	6	现付1	张三借差旅费	其他应收款		2 000	600
	10	现收1	张三报差旅费退还现金	其他应收款	200		800
	31		本月合计		200	2 000	800

附表 8-2　银行存款日记账　　　　　　　　　　　　　　　（单位：元）

20××年		凭证号数	摘　要	对方账户	收　入	支　出	结　余
月	日						
12	1		期初余额				850 000
	1	银收 1	投资者投入	实收资本	50 000		900 000
	2	银收 2	借入 5 个月的款项	短期借款	120 000		1 020 000
	3	银收 3	收回红光小学欠的货款	应收账款	30 000		1 050 000
	5	银付 1	支付购石膏款	原材料		144 000	906 000
				应交税费		18 720	887 280
	8	银付 2	购买办公用品	制造费用		1 500	885 780
				管理费用		2 000	883 780
	9	银付 3	发工资	应付职工薪酬		135 000	748 780
	12	银收 4	销售商品收款	主营业务收入	140 000		888 780
				应交税费	18 200		906 980
	14	银付 4	支付排污罚款	营业外支出		3 500	903 480
	15	银付 5	支付给第一石灰厂前欠货款	应付账款		90 000	813 480
	16	银付 6	偿还短期借款	短期借款		100 000	713 480
	20	银付 7	支付水电费	制造费用		6 000	707 480
				管理费用		2 000	705 480
	23	银收 5	预收南阳林业局购货款	预收账款	150 000		855 480
	24	银付 8	支付广告费	销售费用		12 000	843 480
	29	银收 6	收到南阳林业局补付购货款	预收账款	118 940		962 420
	30		本月合计		627 140	514 720	962 420

2）根据收款凭证、付款凭证和转账凭证登记有关明细分类账。在此仅登记原材料的明细分类账，其他明细分类账省略。原材料明细分类账如附表 8-3 和附表 8-4 所示。

附表 8-3　原材料明细分类账　　　　　　　　　　　　　　金额单位：元

类别：石灰石　　　　　　　　　　　　　　　　　　　　　计量单位：t

20××年		凭证号数	摘　要	收　入			发　出			结　存		
月	日			数量	单价	金额	数量	单价	金额	数量	单价	金额
12	1		期初余额							220	240	52 800
	4	转 1	购入	400	240	96 000				620	240	148 800
	31	转 5	检尺粉笔领用				200	240	48 000	420	240	100 800
			教学粉笔领用				300	240	72 000	120	240	28 800
			车间管理领用				2	240	480	118	240	28 320
			行政管理领用				1.5	240	360	116.5	240	27 960
	31		本月合计	400		96 000	503.5		120 840	116.5	240	27 960

附表 8-4　原材料明细分类账　　　　　　　　　　　　　　金额单位：元

类别：石膏　　　　　　　　　　　　　　　　　　　　　　计量单位：t

20××年		凭证号数	摘　要	收　入			发　出			结　存		
月	日			数量	单价	金额	数量	单价	金额	数量	单价	金额
12	1		期初余额							220	360	79 200
	5	转 1	购入	400	360	144 000				620	360	223 200
	31	转 2	检尺粉笔领用				200	360	72 000	420	360	151 200
			教学粉笔领用				300	360	108 000	120	360	43 200
			车间管理领用				1	360	360	119	360	42 840
	31		本月合计	400		144 000	501		180 360	119	360	42 840

辅助材料明细分类账略。

3）根据记账凭证逐笔登记总分类账。在此仅登记银行存款总账，其他总分类账的登记省略。银行存款总账如附表8-5所示。

附表8-5　银行存款总账　　　　　　　　（单位：元）

20××年		凭证号数	摘要	借方	贷方	借或贷	余额
月	日						
12	1		期初余额			借	850 000
	1	银收1	投资者投入	50 000		借	900 000
	2	银收2	借入5个月的款项	120 000		借	1 020 000
	3	银收3	收回红光小学欠的货款	30 000		借	1 050 000
	5	银付1	支付购石膏款		162 720	借	887 280
	8	银付2	购买办公用品		3 500	借	883 780
	9	银付3	发工资		135 000	借	748 780
	12	银收4	销售商品收款	158 200		借	906 980
	14	银付4			3 500	借	903 480
	15	银付5			90 000	借	813 480
	16	银付6			100 000	借	713 480
	20	银付7			8 000	借	705 480
	23	银收5	预收南阳林业局购货款	150 000		借	855 480
	24	银付8	支付广告费		12 000	借	843 480
	29	银收6	收到南阳林业局补付购货款	118 940		借	962 420
	31		本月合计	627 140	514 720	借	962 420

（4）月末，根据要求对账、结计各账户本期发生额及余额（略）。

2. 运用汇总记账凭证账务处理程序进行核算。

（1）根据资料开设总分类账户和有关明细分类账户，登记期初余额（略）。

（2）根据业务题第1题编制的专用记账凭证编制汇总记账凭证。

部分汇总记账凭证如附表8-6～附表8-19所示。

附表8-6　汇总收款凭证

借方科目：库存现金　　　　20××年12月　　　　单位：元　　　　汇收01号

贷方科目	金额				总账页数		记账凭证起讫号
	1～10日	11～20日	21～31日	合计	借方	贷方	
其他应收款	200			200			
合计	200			200			

会计主管：　　　　　　记账：　　　　　　审核：　　　　　　制表：

附表 8-7　汇总付款凭证

贷方科目：库存现金　　　20××年12月　　　单位：元　　　汇付 01 号

借方科目	金额				总账页数		记账凭证起讫号
	1~10日	11~20日	21~31日	合计	借方	贷方	
其他应收款	2 000			2 000			
合计	2 000			2 000			

会计主管：　　　记账：　　　审核：　　　制表：

附表 8-8　汇总收款凭证

借方科目：银行存款　　　20××年12月　　　单位：元　　　汇收 02 号

贷方科目	金额				总账页数		记账凭证起讫号
	1~10日	11~20日	21~31日	合计	借方	贷方	
实收资本	50 000			50 000			
短期借款	120 000			120 000			
应收账款	30 000			30 000			
主营业务收入		140 000		140 000			
应交税费		18 200		18 200			
预收账款			268 940	268 940			
合计	200 000	158 200	268 940	627 140			

会计主管：　　　记账：　　　审核：　　　制表：

附表 8-9　汇总付款凭证

贷方科目：银行存款　　　20××年12月　　　单位：元　　　汇付 02 号

借方科目	金额				总账页数		记账凭证起讫号
	1~10日	11~20日	21~31日	合计	借方	贷方	
原材料	144 000			144 000			
应交税费	18 720			18 720			
制造费用	1 500	6 000		7 500			
管理费用	2 000	2 000		4 000			
应付职工薪酬	135 000			135 000			
营业外支出		3 500		3 500			
应付账款		90 000		90 000			
短期借款		100 000		100 000			
销售费用			12 000	12 000			
合计	301 220	201 500	12 000	514 720			

会计主管：　　　记账：　　　审核：　　　制表：

附表 8-10　汇总转账凭证

贷方科目：应付账款　　　20××年12月　　　单位：元　　　汇转 01 号

借方科目	金额				总账页数		记账凭证起讫号
	1~10日	11~20日	21~31日	合计	借方	贷方	
原材料	96 000			96 000			
应交税费	12 480			12 480			
合计	108 480			108 480			

会计主管：　　　　记账：　　　　审核：　　　　制表：

附表 8-11　汇总转账凭证

贷方科目：其他应收款　　　20××年12月　　　单位：元　　　汇转 02 号

借方科目	金额				总账页数		记账凭证起讫号
	1~10日	11~20日	21~31日	合计	借方	贷方	
管理费用	1 800			1 800			
合计	1 800			1 800			

会计主管：　　　　记账：　　　　审核：　　　　制表：

附表 8-12　汇总转账凭证

贷方科目：主营业务收入　　　20××年12月　　　单位：元　　　汇转 03 号

借方科目	金额				总账页数		记账凭证起讫号
	1~10日	11~20日	21~31日	合计	借方	贷方	
应收账款		175 000		175 000			
预收账款			238 000	238 000			
合计		175 000	238 000	413 000			

会计主管：　　　　记账：　　　　审核：　　　　制表：

附表 8-13　汇总转账凭证

贷方科目：应交税费　　　20××年12月　　　单位：元　　　汇转 04 号

借方科目	金额				总账页数		记账凭证起讫号
	1~10日	11~20日	21~31日	合计	借方	贷方	
应收账款		22 750		22 750			
预收账款			30 940	30 940			
税金及附加			4 069	4 069			
所得税费用			23 200	23 200			
合计		22 750	58 209	80 959			

会计主管：　　　　记账：　　　　审核：　　　　制表：

附表 8-14　汇总转账凭证

贷方科目：原材料　　　　20××年12月　　　　单位：元　　　　汇转 05 号

借方科目	金额				总账页数		记账凭证起讫号
	1~10日	11~20日	21~31日	合计	借方	贷方	
生产成本			303 000	303 000			
制造费用			840	840			
管理费用			760	760			
合计			304 600	304 600			

会计主管：　　　　记账：　　　　审核：　　　　制表：

附表 8-15　汇总转账凭证

贷方科目：应付职工薪酬　　　　20××年12月　　　　单位：元　　　　汇转 06 号

借方科目	金额				总账页数		记账凭证起讫号
	1~10日	11~20日	21~31日	合计	借方	贷方	
生产成本			108 300	108 300			
制造费用			11 400	11 400			
管理费用			34 200	34 200			
合计			153 900	153 900			

会计主管：　　　　记账：　　　　审核：　　　　制表：

附表 8-16　汇总转账凭证

贷方科目：累计折旧　　　　20××年12月　　　　单位：元　　　　汇转 07 号

借方科目	金额				总账页数		记账凭证起讫号
	1~10日	11~20日	21~31日	合计	借方	贷方	
制造费用			25 860	25 860			
管理费用			10 400	10 400			
合计			36 260	36 260			

会计主管：　　　　记账：　　　　审核：　　　　制表：

附表 8-17　汇总转账凭证

贷方科目：应付利息　　　　20××年12月　　　　单位：元　　　　汇转 08 号

借方科目	金额				总账页数		记账凭证起讫号
	1~10日	11~20日	21~31日	合计	借方	贷方	
财务费用			38 500	38 500			
合计			38 500	38 500			

会计主管：　　　　记账：　　　　审核：　　　　制表：

附表 8-18 汇总转账凭证

贷方科目：制造费用　　　20××年12月　　　单位：元　　　汇转 09 号

借方科目	金额				总账页数		记账凭证起讫号
	1~10日	11~20日	21~31日	合计	借方	贷方	
生产成本			45 600	45 600			
合计			45 600	45 600			

会计主管：　　　　　记账：　　　　　审核：　　　　　制表：

附表 8-19 汇总转账凭证

贷方科目：生产成本　　　20××年12月　　　单位：元　　　汇转 10 号

借方科目	金额				总账页数		记账凭证起讫号
	1~10日	11~20日	21~31日	合计	借方	贷方	
库存商品			456 900	456 900			
合计			456 900	456 900			

会计主管：　　　　　记账：　　　　　审核：　　　　　制表：

（3）登记总分类账户和有关明细分类账户。

1）根据收款凭证、付款凭证登记"库存现金日记账"和"银行存款日记账"（略）。

2）根据收款凭证、付款凭证和转账凭证登记有关明细分类账（略）。

3）根据汇总记账凭证登记部分总分类账，如附表 8-20～附表 8-22 所示。

附表 8-20 库存现金总账　　　　（单位：元）

20××年		凭证号数	摘要	借方	贷方	借或贷	余额
月	日						
12	1		期初余额			借	2 600
	31	汇收1	发生额	200		借	2 800
	31	汇付1	发生额		2 000	借	800
	31		本月合计	200	2 000	借	800

附表 8-21 银行存款总账　　　　（单位：元）

20××年		凭证号数	摘要	借方	贷方	借或贷	余额
月	日						
12	1		期初余额			借	850 000
	31	汇收2	发生额	627 140		借	1 477 140
	31	汇付2	发生额		514 720	借	962 420
	31		本月合计	627 140	514 720	借	962 420

附表 8-22　原材料总账　　　　　　　　　（单位：元）

20××年		凭证号数	摘　要	借　方	贷　方	借或贷	余　额
月	日						
12	1		期初余额			借	145 000
	31	汇转1	发生额	96 000			
	31	汇转5	发生额		304 600		
	31	汇付2	发生额	144 000			
	31		本月合计	240 000	304 600	借	80 400

（4）月末，根据要求对账、结计各账户本期发生额及余额（略）。

3. 运用科目汇总表账务处理程序进行核算。

（1）根据资料开设总分类账户及相关明细分类账户，登记期初余额（略）。

（2）根据业务题第 1 题编制的专用记账凭证登记 T 形账。

库存现金			
期初余额	2 600		
(9)	200	(6)	2 000
本期发生额	200	本期发生额	2 000
期末余额	800		

银行存款			
期初余额	850 000	(5)	162 720
(1)	50 000	(7)	3 500
(2)	120 000	(8)	135 000
(3)	30 000	(12)	3 500
(10)	158 200	(13)	90 000
(16)	150 000	(14)	100 000
(18)	118 940	(15)	8 000
		(17)	12 000
本期发生额	627 140	本期发生额	514 720
期末余额	962 420		

应收账款			
期初余额	75 000		
(11)	197 750	(3)	30 000
本期发生额	197 750	本期发生额	30 000
期末余额	242 750		

其他应收款			
(6)	2 000	(9)	2 000
本期发生额	2 000	本期发生额	2 000
期末余额	0		

原材料			
期初余额	145 000		
(4)	96 000	(19)	304 600
(5)	144 000		
本期发生额	240 000	本期发生额	304 600
期末余额	80 400		

生产成本			
(19)	303 000		
(20)	95 000		
(21)	13 300	(25)	456 900
(24)	45 600		
本期发生额	456 900	本期发生额	456 900

制造费用			
(7)	1 500	(24)	45 600
(15)	6 000		
(19)	840		
(20)	10 000		
(21)	1 400		
(22)	25 860		
本期发生额	45 600	本期发生额	45 600

库存商品			
期初余额	136 030		
(25)	456 900	(26)	386 000
本期发生额	456 900	本期发生额	386 000
期末余额	206 930		

固定资产				应付股利			
期初余额	1 434 000					(33)	30 000
期末余额	1 434 000			本期发生额	0	本期发生额	30 000
		累计折旧				期末余额	30 000
		期初余额	250 030			长期借款	
		(22)	36 260			期初余额	240 000
本期发生额	0	本期发生额	36 260			期末余额	240 000
		期末余额	286 290			预收账款	
		短期借款		(18)	268 940	(16)	150 000
		期初余额	200 000			(18)	118 940
(14)	100 000	(2)	120 000	本期发生额	268 940	本期发生额	268 940
本期发生额	100 000	本期发生额	120 000			期末余额	0
		期末余额	220 000			税金及附加	
		应付账款		(27)	4 069	(28)	4 069
		期初余额	115 000	本期发生额	4 069	本期发生额	4 069
(13)	90 000	(4)	108 480			实收资本	
本期发生额	90 000	本期发生额	108 480			期初余额	1 000 000
		期末余额	133 480			(1)	50 000
		应付职工薪酬		本期发生额	0	本期发生额	50 000
(8)	135 000	(20)	135 000			期末余额	1 050 000
		(21)	18 900			盈余公积	
本期发生额	135 000	本期发生额	153 900			期初余额	108 500
		期末余额	18 900			(32)	3 457.10
		应交税费		本期发生额	0	本期发生额	3 457.10
		(10)	18 200			期末余额	111 957.10
		(11)	22 750				
(4)	12 480	(18)	30 940			营业外支出	
(5)	18 720	(27)	4 069	(12)	3 500	(28)	3 500
		(29)	23 200	本期发生额	3 500	本期发生额	3 500
本期发生额	31 200	本期发生额	99 159			利润分配	
		期末余额	67 959			期初余额	729 100
		应付利息		(32)	3 457.10	(31)	34 571
		(23)	38 500	(33)	30 000	(34)	33 457.10
本期发生额	0	本期发生额	38 500	(34)	33 457.10		
		期末余额	38 500	本期发生额	66 914.20	本期发生额	68 028.10
						期末余额	730 213.90

主营业务收入

(28)	553 000	(10)	140 000
		(11)	175 000
		(18)	238 000
本期发生额	553 000	本期发生额	553 000

主营业务成本

(26)	386 000	(28)	386 000
本期发生额	386 000	本期发生额	386 000

销售费用

(17)	12 000	(28)	12 000
本期发生额	12 000	本期发生额	12 000

财务费用

(23)	38 500	(28)	38 500
本期发生额	38 500	本期发生额	38 500

管理费用

(7)	2 000		
(9)	1 800		
(15)	2 000		
(19)	760		
(20)	30 000		
(21)	4 200		
(22)	10 400	(28)	51 160
本期发生额	51 160	本期发生额	51 160

所得税费用

(29)	23 200	(30)	23 200
本期发生额	23 200	本期发生额	23 200

本年利润

(28)	495 229		
(30)	23 200	(28)	553 000
(31)	34 571		
本期发生额	553 000	本期发生额	553 000

根据 T 形账编制科目汇总表，如附表 8-23 所示。

附表 8-23　科目汇总表

20××年 12 月 31 日　　　　单位：元　　　　科汇第 1 号

借方发生额	会 计 科 目	贷方发生额
200	库存现金	2 000
627 140	银行存款	514 720
240 000	原材料	304 600
456 900	库存商品	386 000
456 900	生产成本	456 900
45 600	制造费用	45 600
197 750	应收账款	30 000
	累计折旧	36 260
2 000	其他应收款	2 000
	应付利息	38 500
100 000	短期借款	120 000
90 000	应付账款	108 480
135 000	应付职工薪酬	153 900
268 940	预收账款	268 940
	盈余公积	3 457.10
66 914.20	利润分配	68 028.10
	应付股利	30 000
31 200	应交税费	99 159

（续）

借方发生额	会 计 科 目	贷方发生额
51 160	管理费用	51 160
553 000	主营业务收入	553 000
3 500	营业外支出	3 500
12 000	销售费用	12 000
38 500	财务费用	38 500
4 069	税金及附加	4 069
386 000	主营业务成本	386 000
	实收资本	50 000
553 000	本年利润	553 000
23 200	所得税费用	23 200
4 342 973.20	合计	4 342 973.20

会计主管：　　　　　记账：　　　　　审核：　　　　　制表：

（3）登记总分类账户和有关明细分类账户。

1）根据收款凭证、付款凭证登记"库存现金日记账"和"银行存款日记账"（略）。

2）根据收款凭证、付款凭证和转账凭证登记有关明细分类账（略）。

3）根据科目汇总表登记总分类账。科目汇总表账务处理程序下总分类账的登记如附表8-24～附表8-53。

附表8-24　库存现金总账　　　　　　　　　　　　　　　（单位：元）

20××年		凭证号数	摘　要	借　方	贷　方	借或贷	余　额
月	日						
12	1		期初余额			借	2 600
	31	科汇1	1～31日发生额	200	2 000		
	31		本月合计	200	2 000	借	800

附表8-25　银行存款总账　　　　　　　　　　　　　　　（单位：元）

20××年		凭证号数	摘　要	借　方	贷　方	借或贷	余　额
月	日						
12	1		期初余额			借	850 000
	31	科汇1	1～31日发生额	627 140	514 720		
	31		本月合计	627 140	514 720	借	962 420

附表8-26　原材料总账　　　　　　　　　　　　　　　　（单位：元）

20××年		凭证号数	摘　要	借　方	贷　方	借或贷	余　额
月	日						
12	1		期初余额			借	145 000
	31	科汇1	1～31日发生额	240 000	304 600		
	31		本月合计	240 000	304 600	借	80 400

附表 8-27　库存商品总账　　　　　　　　　（单位：元）

20××年		凭证号数	摘要	借方	贷方	借或贷	余额
月	日						
12	1		期初余额			借	136 030
	31	科汇1	1~31日发生额	456 900	386 000		
	31		本月合计	456 900	386 000	借	206 930

附表 8-28　生产成本总账　　　　　　　　　（单位：元）

20××年		凭证号数	摘要	借方	贷方	借或贷	余额
月	日						
12	1		期初余额			平	0
	31	科汇1	1~31日发生额	456 900	456 900		
	31		本月合计	456 900	456 900	平	0

附表 8-29　制造费用总账　　　　　　　　　（单位：元）

20××年		凭证号数	摘要	借方	贷方	借或贷	余额
月	日						
12	31	科汇1	1~31日发生额	45 600	45 600		
	31		本月合计	45 600	45 600		

附表 8-30　应收账款总账　　　　　　　　　（单位：元）

20××年		凭证号数	摘要	借方	贷方	借或贷	余额
月	日						
12	1		期初余额			借	75 000
	31	科汇1	1~31日发生额	197 750	30 000		
	31		本月合计	197 750	30 000	借	242 750

附表 8-31　累计折旧总账　　　　　　　　　（单位：元）

20××年		凭证号数	摘要	借方	贷方	借或贷	余额
月	日						
12	1		期初余额			贷	250 030
	31	科汇1	1~31日发生额		36 260		
	31		本月合计		36 260	贷	286 290

附表 8-32　其他应收款总账　　　　　　　　　（单位：元）

20××年		凭证号数	摘要	借方	贷方	借或贷	余额
月	日						
12	1		期初余额			平	0
	31	科汇1	1~31日发生额	2 000	2 000		
	31		本月合计	2 000	2 000	平	0

附表 8-33　固定资产总账　　　　　　　　（单位：元）

20××年		凭证号数	摘　要	借　方	贷　方	借或贷	余　额
月	日						
12	1		期初余额			借	1 434 000
	31	科汇1	1~31日发生额				
	31		本月合计			借	1 434 000

附表 8-34　短期借款　总账　　　　　　　　（单位：元）

20××年		凭证号数	摘　要	借　方	贷　方	借或贷	余　额
月	日						
12	1		期初余额			贷	200 000
	31	科汇1	1~31日发生额	100 000	120 000		
	31		本月合计	100 000	120 000	贷	220 000

附表 8-35　长期借款总账　　　　　　　　（单位：元）

20××年		凭证号数	摘　要	借　方	贷　方	借或贷	余　额
月	日						
12	1		期初余额			贷	240 000
	31	科汇1	1~31日发生额				
	31		本月合计			贷	240 000

附表 8-36　预收账款总账　　　　　　　　（单位：元）

20××年		凭证号数	摘　要	借　方	贷　方	借或贷	余　额
月	日						
12	1		期初余额			平	0
	31	科汇1	1~31日发生额	268 940	268 940		
	31		本月合计	268 940	268 940	平	0

附表 8-37　应付账款总账　　　　　　　　（单位：元）

20××年		凭证号数	摘　要	借　方	贷　方	借或贷	余　额
月	日						
12	1		期初余额			贷	115 000
	31	科汇1	1~31日发生额	90 000	108 480		
	31		本月合计	90 000	108 480	贷	133 480

附表 8-38　应付职工薪酬总账　　　　　　　　（单位：元）

20××年		凭证号数	摘　要	借　方	贷　方	借或贷	余　额
月	日						
12	1		期初余额			平	0
	31	科汇1	1~31日发生额	135 000	153 900		
	31		本月合计	135 000	153 900	贷	18 900

附表8-39 盈余公积总账 （单位：元）

20××年		凭证号数	摘 要	借 方	贷 方	借或贷	余 额
月	日						
12	1		期初余额			贷	108 500
	31	科汇1	1～31日发生额		3 457.10		
	31		本月合计		3 457.10	贷	111 957.10

附表8-40 实收资本总账 （单位：元）

20××年		凭证号数	摘 要	借 方	贷 方	借或贷	余 额
月	日						
12	1		期初余额			贷	1 000 000
	31	科汇1	1～31日发生额		50 000		
	31		本月合计		50 000	贷	1 050 000

附表8-41 利润分配总账 （单位：元）

20××年		凭证号数	摘 要	借 方	贷 方	借或贷	余 额
月	日						
12	1		期初余额			贷	729 100
	31	科汇1	1～31日发生额	66 914.20	68 028.10		
	31		本月合计	66 914.20	68 028.10	贷	730 213.90

附表8-42 应付股利总账 （单位：元）

20××年		凭证号数	摘 要	借 方	贷 方	借或贷	余 额
月	日						
12	1		期初余额				0
	31	科汇1	1～31日发生额		30 000		
	31		本月合计		30 000	贷	30 000

附表8-43 应交税费总账 （单位：元）

20××年		凭证号数	摘 要	借 方	贷 方	借或贷	余 额
月	日						
12	1		期初余额			平	0
	31	科汇1	1～31日发生额	31 200	99 159		
	31		本月合计	31 200	99 159	贷	67 959

附表8-44 管理费用总账 （单位：元）

20××年		凭证号数	摘 要	借 方	贷 方	借或贷	余 额
月	日						
12	1		期初余额			平	0
	31	科汇1	1～31日发生额	51 160	51 160		
	31		本月合计	51 160	51 160	平	0

附表8-45 主营业务收入总账

（单位：元）

20××年		凭证号数	摘要	借方	贷方	借或贷	余额
月	日						
12	1		期初余额			平	0
	31	科汇1	1~31日发生额	553 000	553 000		
	31		本月合计	553 000	553 000	平	0

附表8-46 营业外支出总账

（单位：元）

20××年		凭证号数	摘要	借方	贷方	借或贷	余额
月	日						
12	1		期初余额			平	0
	31	科汇1	1~31日发生额	3 500	3 500		
	31		本月合计	3 500	3 500	平	0

附表8-47 销售费用总账

（单位：元）

20××年		凭证号数	摘要	借方	贷方	借或贷	余额
月	日						
12	1		期初余额			平	0
	31	科汇1	1~31日发生额	12 000	12 000		
	31		本月合计	12 000	12 000	平	0

附表8-48 财务费用总账

（单位：元）

20××年		凭证号数	摘要	借方	贷方	借或贷	余额
月	日						
12	1		期初余额			平	0
	31	科汇1	1~31日发生额	38 500	38 500		
	31		本月合计	38 500	38 500	平	0

附表8-49 应付利息总账

（单位：元）

20××年		凭证号数	摘要	借方	贷方	借或贷	余额
月	日						
12	1		期初余额			平	0
	31	科汇1	1~31日发生额		38 500		
	31		本月合计		38 500	贷	38 500

附表8-50 主营业务成本总账

（单位：元）

20××年		凭证号数	摘要	借方	贷方	借或贷	余额
月	日						
12	1		期初余额			平	0
	31	科汇1	1~31日发生额	386 000	386 000		
	31		本月合计	386 000	386 000	平	0

附表 8-51　税金及附加总账　　　　　　　　　　　　　　（单位：元）

20××年		凭证号数	摘要	借方	贷方	借或贷	余额
月	日						
12	1		期初余额			平	0
	31	科汇1	1~31日发生额	4 069	4 069		
	31		本月合计	4 069	4 069	平	0

附表 8-52　本年利润总账　　　　　　　　　　　　　　（单位：元）

20××年		凭证号数	摘要	借方	贷方	借或贷	余额
月	日						
12	1		期初余额			平	0
	31	科汇1	1~31日发生额	553 000	553 000		
	31		本月合计	553 000	553 000	平	0

附表 8-53　所得税费用总账　　　　　　　　　　　　　　（单位：元）

20××年		凭证号数	摘要	借方	贷方	借或贷	余额
月	日						
12	1		期初余额			平	0
	31	科汇1	1~31日发生额	23 200	23 200		
	31		本月合计	23 200	23 200	平	0

（4）月末，根据要求对账、结计各账户本期发生额及余额（略）。

第九章　财务报告

一、单项选择题

1. D　2. C　3. B　4. B　5. D　6. B　7. C　8. C　9. A　10. D

二、多选题

1. ACDE　2. ABCD　3. ABC　4. ACE　5. ABD　6. ACD　7. ABCD　8. CD　9. ACD
10. ABCD

三、判断题

1. √　2. ×　3. ×　4. ×　5. √　6. ×　7. ×　8. ×　9. ×　10. ×　11. ×　12. ×

四、业务题

1. 资产负债表编制练习。

资产负债表如附表9-1所示。

附表 9-1　资产负债表

编制单位：甲企业　　　　　　　　　20××年12月31日　　　　　　　　　会企01表
（单位：元）

资产	期末余额	年初余额	负债和所有者权益（或股东权益）	期末余额	年初余额
流动资产			流动负债		
货币资金	963 220		短期借款	220 000	
交易性金融资产			交易性金融负债		
衍生金融资产			衍生金融负债		
应收票据及应收账款	242 750		应付票据及应付账款	133 480	
预付款项			预收款项		
其他应收款			合同负债		
存货	287 330		应付职工薪酬	18 900	
合同资产			应交税费	67 959	
持有待售资产			其他应付款	68 500	
一年内到期的非流动资产			持有待售负债		
其他流动资产			一年内到期的非流动负债		
流动资产合计	1 493 300		其他流动负债		
非流动资产			流动负债合计	508 839	
债权投资			非流动负债		
其他债权投资			长期借款	240 000	
长期应收款			应付债券		
长期股权投资			其中：优先股		
其他权益工具投资			永续债		
其他非流动金融资产			长期应付款		
投资性房地产			预计负债		
固定资产	1 147 710		递延收益		
在建工程			递延所得税负债		
生产性生物资产			其他非流动负债		
油气资产			非流动负债合计	240 000	
无形资产			负债合计	748 839	
开发支出			所有者权益（或股东权益）		
商誉			实收资本（或股本）	1 050 000	
长期待摊费用			其他权益工具		
递延所得税资产			其中：优先股		
其他非流动资产			永续债		
非流动资产合计	1 147 710		资本公积		
			减：库存股		
			其他综合收益		
			盈余公积	111 957.10	
			未分配利润	730 213.90	
			所有者权益（或股东权益）合计	1 892 171	
资产总计	2 641 010		负债和所有者权益（或股东权益）总计	2 641 010	

2. 利润表表编制练习。

利润表如附表9-2。

附表9-2　利润表　　　　会企02表

编制单位：甲企业　　　　20××年度　　　　（单位：元）

项　目	本期金额	上期金额
一、营业收入	553 000	
减：营业成本	386 000	
税金及附加	4 069	
销售费用	12 000	
管理费用	51 160	
研发费用		
财务费用	38 500	
其中：利息费用	38 500	
利息收入		
资产减值损失		
信用减值损失		
加：其他收益		
投资收益（损失以"－"号填列）		
其中：对联营企业和合营企业的投资收益		
净敞口套期收益（损失以"－"号填列）		
公允价值变动收益（损失以"－"号填列）		
资产处置收益（损失以"－"号填列）		
二、营业利润（亏损以"－"号填列）	61 271	
加：营业外收入		
减：营业外支出	3 500	
三、利润总额（亏损总额以"－"号填列）	57 771	
减：所得税费用	23 200	
四、净利润（净亏损以"－"号填列）	34 571	
（一）持续经营净利润（净亏损以"－"号填列）		
（二）终止经营净利润（净亏损以"－"号填列）		
五、其他综合收益的税后净额		
（一）不能重分类进损益的其他综合收益		
1. 重新计量设定受益计划变动额		
2. 权益法下不能转损益的其他综合收益		
3. 其他权益工具投资公允价值变动		

(续)

项　　目	本期金额	上期金额
4. 企业自身信用风险公允价值变动		
（二）将重分类进损益的其他综合收益		
1. 权益法下可转损益的其他综合收益		
2. 其他债权投资公允价值变动		
3. 金融资产重分类计入其他综合收益的金额		
4. 其他债权投资信用减值准备		
5. 现金流量套期储备		
6. 外币财务报表折算差额		
⋮		
六、综合收益总额	79 319	
七、每股收益		
（一）基本每股收益		
（二）稀释每股收益		

参 考 文 献

[1] 中华人民共和国财政部. 企业会计准则 [M]. 北京：经济科学出版社，2006.
[2] 中华人民共和国财政部. 企业会计准则应用指南2018年版 [M]. 上海：立信会计出版社，2018.
[3] 企业会计准则编审委员会. 企业会计准则详解与实务 [M]. 北京：人民邮电出版社，2018.
[4] 全国税务师职业资格考试教材编写组. 税法 [M]. 北京：中国税务出版社，2018.
[5] 中国注册会计师协会. 会计 [M]. 北京：中国财政经济出版社，2018.
[6] 平准. 会计基础工作规范详解与实务 [M]. 北京：人民邮电出版社，2018.
[7] 李占国. 基础会计学 [M]. 北京：高等教育出版社，2017.
[8] 路国平，黄中生. 中级财务会计 [M]. 北京：高等教育出版社，2018.
[9] 李占国. 基础会计学专项实训与习题集 [M]. 北京：高等教育出版社，2017.
[10] 中华人民共和国财政部. 企业会计准则讲解 [M]. 北京：人民出版社，2010.
[11] 葛家澍. 会计学 [M]. 北京：高等教育出版社，2008.
[12] 刘永泽，陈文铭. 会计学 [M]. 3版. 大连：东北财经大学出版社，2012.
[13] 陈莺. 基础会计 [M]. 3版. 北京：北京理工大学出版社，2011.
[14] 王艳茹. 会计学原理 [M]. 2版. 北京：中国人民大学出版社，2011.
[15] 徐晔，张文贤，祁新娥. 会计学原理 [M]. 4版. 上海：复旦大学出版社，2011.
[16] 潘琰. 会计学原理 [M]. 北京：科学出版社，2011.
[17] 中华人民共和国财政部. 企业会计准则第14号——收入 [EB/OL]. （2017-7-25）[2018-10]. http：∥www.cfen.com.cn/zxpd/zcfg/201707/t20170725_2658107.html.
[18] 中华人民共和国财政部. 企业会计准则第42号——持有待售的非流动资产、处置组和终止经营 [EB/OL]. （2017-5-16）[2018-10]. http：∥www.kjs.mof.gov.cn/zhengwuxinxi/zhengcefabu/201705/t20170516_2601445.html.